西辽河流域早期青铜文明

内蒙古哲学社会科学研究十五规划项目

席永杰 王惠德 孙永刚 ● 等著

北方文明講壇

内蒙古人民出版社

图书在版编目(CIP)数据

西辽河流域早期青铜文明/王惠德等著.—呼和浩特:内蒙古人民出版社,2007.11

(北方文明讲坛/席永杰主编)

ISBN 978-7-204-09416-5

Ⅰ.西… Ⅱ.王… Ⅲ.青铜器(考古)—研究—赤峰市
Ⅳ.K876.414

中国版本图书馆 CIP 数据核字(2008)第 001551 号

作者名单

席永杰　王惠德　崔岩勤
任晓辉　孙永刚

目录

第一章　西辽河流域考古时代的时空框架 ……………………………… (1)
第一节　西辽河流域自然环境的基本特征 ……………………………… (1)
一、西辽河流域的地貌特征 ……………………………… (1)
二、西辽河流域的气候、水文特征 ……………………………… (2)
三、西辽河流域的坨甸景观 ……………………………… (3)
第二节　人类与环境 ……………………………… (3)
一、第四纪 ……………………………… (3)
二、全新世 ……………………………… (10)
三、环境演变是文明兴衰的自然基础 ……………………………… (22)
第三节　西辽河流域全新世环境变化 ……………………………… (28)
一、距今 8500～6000 年前西辽河流域环境演变 ……………………………… (28)
二、距今 6000～5000 年西辽河流域环境演变 ……………………………… (32)
三、距今 5000～3500 年西辽河流域环境演变 ……………………………… (34)
第四节　环境演变与考古学文化传承与变异 ……………………………… (41)
一、兴隆洼文化的分布 ……………………………… (42)
二、赵宝沟文化与红山文化 ……………………………… (43)
三、小河沿文化的衰落 ……………………………… (47)
四、夏家店下层文化的勃兴 ……………………………… (50)
第二章　夏家店下层文化发现与研究 ……………………………… (54)
第一节　考古学文化发现、命名与遗址分布 ……………………………… (54)
一、考古学文化的发现与命名 ……………………………… (54)

二、夏家店下层文化遗址分布 …………………………………… (57)
第二节　夏家店下层文化性质分析 ……………………………… (64)
一、房址与聚落群 ………………………………………………… (64)
二、生产工具与生业选择 ………………………………………… (68)
三、陶器与制陶技术 ……………………………………………… (69)
四、丧葬习俗与礼制 ……………………………………………… (72)
五、占卜及宗教信仰 ……………………………………………… (74)
六、装饰物 ………………………………………………………… (75)
七、动物骨骼分析 ………………………………………………… (75)
第三节　考古学文化类型划分与年代分期 ……………………… (76)
一、类型划分 ……………………………………………………… (76)
二、分期与年代 …………………………………………………… (83)
第四节　夏家店下层文化源流、族属推断……………………… (100)
一、文化源流……………………………………………………… (100)
二、考古学文化的族属问题……………………………………… (102)
第三章　夏家店下层文化石城研究……………………………… (108)
第一节　夏家店下层文化石城研究概况………………………… (108)
一、石城的发现…………………………………………………… (108)
二、20世纪中叶以来的调查与发掘 …………………………… (109)
第二节　夏家店下层文化石城分布……………………………… (114)
一、半支箭河中游的夏家店下层文化遗址……………………… (114)
二、敖汉旗发现的石城遗址……………………………………… (116)
三、其他地区的石城遗址………………………………………… (117)
第三节　石城的考古学研究……………………………………… (117)
一、类型及特征…………………………………………………… (117)
二、地形的选择…………………………………………………… (119)
三、石城的分布规律和营造风格………………………………… (120)
四、石城的内部结构……………………………………………… (123)
第四节　石城的功能研究………………………………………… (125)
一、石城的军事功能……………………………………………… (125)
二、政治意义……………………………………………………… (126)
三、祭祀功能……………………………………………………… (127)

第四章　夏家店下层文化青铜器、彩绘陶器、玉器 ……………………（129）
第一节　中国早期青铜文化的发现与研究 ……………………………（129）
一、中国早期青铜文化的发现及分区 ……………………………（129）
二、中国早期青铜文化遗址出土的铜器及特点 ……………………（131）
第二节　夏家店下层文化青铜器 ……………………………………（133）
一、夏家店下层文化青铜器的考古发现 …………………………（133）
二、夏家店下层文化青铜器的种类及特点 ………………………（136）
三、夏家店下层文化青铜器制作工艺技术 ………………………（142）
四、西辽河流域矿产资源及早期青铜冶炼遗物的发现与研究 ……………………………………………………………（144）
五、从出土铜器看夏家店下层文化与周边文化的关系 ………（146）
第三节　夏家店下层文化彩绘陶器 …………………………………（148）
一、夏家店下层文化彩绘陶器的考古发现 ………………………（148）
二、大甸子墓地出土彩陶纹饰的特点 ……………………………（150）
三、夏家店下层文化彩绘陶器纹饰内涵 …………………………（156）
四、彩陶与墓葬的关系 ……………………………………………（158）
第四节　夏家店下层文化玉器 ………………………………………（159）
一、夏家店下层文化玉器的考古发现 ……………………………（159）
二、大甸子墓地出土的玉器及相关问题 …………………………（160）
第五章　夏家店下层文化所代表的古代文明 …………………………（169）
第一节　西辽河流域历史文化传统 …………………………………（169）
一、人本主义传统的奠基 …………………………………………（169）
二、文化交流的典范 ………………………………………………（170）
三、神权政治 ………………………………………………………（171）
四、有文则明 ………………………………………………………（173）
五、兼容并包 ………………………………………………………（174）
第二节　夏家店下层文化与古史传说 ………………………………（175）
一、三皇传说表象的背后 …………………………………………（175）
二、五帝时代与中国古代文明 ……………………………………（176）
三、三代与文明 ……………………………………………………（178）
第三节　夏家店下层文化文明的特征 ………………………………（179）
一、关于国家形成途径的认识 ……………………………………（180）
二、夏家店下层文化文明特征 ……………………………………（181）

第六章　夏家店下层文化与周邻地区考古学文化的关系……………（183）
第一节　夏家店下层文化与周邻地区考古学文化的关系………（183）
一、夏家店下层文化时期周邻地区的考古学文化及特点……（183）
二、夏家店下层文化与周邻地区考古学文化的关系…………（193）
第二节　夏家店下层文化的消失及流向……………………………（199）
一、夏家店下层文化消失的原因…………………………………（200）
二、夏家店下层文化的流向………………………………………（203）
结　语………………………………………………………………………（211）
参考文献……………………………………………………………………（230）

第一章

西辽河流域考古时代的时空框架

第一节　西辽河流域自然环境的基本特征

西辽河流域地处内蒙古高原向平原的过渡地带，北部为大兴安岭南段山地，燕山山地屏于西南，构成一个半环形。西辽河流域位于内蒙古自治区的东南部，西北界为七老图山，南界为努鲁尔虎山，北界为松辽分水岭，东部与东北平原相连。西辽河发源于七老图山的光头山，主要支流有老哈河、西拉沐沦河、教来河、新开河及乌尔吉沐沦河，干流全长 830 千米，流域面积 14.84×10^4 平方千米。这些大河及其支流的两岸都有平缓的台地，十分有利于人类的生存。

一、西辽河流域的地貌特征

西辽河流域地貌北、西、南三面环山，中为平原。整个地势西高东底，海拔从 2100 米降到 120 米，地势起伏大，类型复杂，有山地、熔岩台地、丘陵、沙地和平原。其中山地、台地、丘陵面积约占 64%，平原面积约占 36%，大致可以分三个区。

1. 大兴安岭与松辽分水岭

本区土地面积 62000 平方千米。大兴安岭南段，位于西辽河流域西北部，西拉沐沦河以北，其走向为北北东，海拔 1000～1500 米，北部低，南部高，主峰黄岗梁海拔 2067 米。中生代流纹岩、粗面岩为构成山体的主要岩石，第三纪玄武岩分布亦广，山间盆地风沙层分布普遍。山地东西两侧不对称，西面坡度平缓，接连内蒙古高原；东面从中山区往东南，依次为低山、丘陵、残丘和台地，呈不明显的阶梯状，海拔 200～1000 米。东北部的松辽分水岭相对高度 50～100 米，海拔 200 米左右，西端与大兴安岭东侧低山丘陵相连，地势较高，外营力以风为主，地表完整，呈微波起伏，坡度极为和缓。

2. 燕山北麓丘陵与台地

位于西辽河流域的西南部和南部，土地面积 32359 平方千米。西南部在大地构造上，位于大兴安岭和东西向的阴山构造带的接触地区，故山势零乱。七老图山呈北北西走向，海拔 1500～1700 米，山势险峻。第三纪以来，玄武岩沿断裂喷发而形成熔岩台地，台地面平坦宽广，海拔 1000～1800 米，西高东低，坡度平缓，由于河流下切，造成许多峡谷。南部努鲁尔虎山，呈东北—西南走向，海拔 1000 米左右，顶部平坦。其北侧为低山、丘陵与台地，层层下降至西辽河平原，大部分海拔 500～700 米。总地势西南高，东北低。少冷河、老哈河、教来河等均发源于南部山地，支流较多，分割强烈，地形破碎，部分丘顶基岩裸露，丘坡下部沟蚀强烈，切沟密布，水土流失严重。

3. 西辽河平原

位于西辽河流域东部，呈楔形向西尖灭于南北山地丘陵之间，顶点至巴林桥，东西长约 200 千米，南北宽 100～200 千米，土地面积为 15640 平方千米，一般海拔 120～320 米，西高东低，比降 1/1000～1/2500，同时南北向中央倾斜。现代冲积平原主要位于教来河—西辽河—新开河的河间地带和西拉沐沦河下游两岸及乌尔吉沐沦河三角洲地区，平原的南北西三面呈马蹄形分布着波状沙地，平原下部为深厚的冲积—洪积粗沙砾层，上部为不厚的风积细沙。

二、西辽河流域的气候、水文特征

西辽河流域属于温带大陆性季风气候区，年均温 6～7℃，≥10℃积温 3000～3200℃，无霜期 150～160 天，年降水量 300～450 毫米。这一带地区光照充足，年日照时数多数地区在 2800～3100 小时。这一地区气候的最大特点是雨热同期，即农作物的生长期同时也是雨季。这种气候条件是北方旱作农业区比较理想的气候，是早期农耕文化形成的必要条件之一。西辽河流域位于暖温带半湿润气候向中温带半干旱气候的过渡带，也是半湿润森林景观向半干旱草原景观的生态过渡带，对全球变化反应极其敏感，成为全球变化和陆地生态系统研究的关键地区。

西辽河流域水资源的总水量约 30×10^8 立方米，其中河川径流量与地下水径流量各占 50%。地表水资源集中在几条大河，其中老哈河占 40%，西拉沐沦河占 30%，乌尔吉沐沦河占 20%，教来河占 10%。

三、西辽河流域的坨甸景观

西辽河中下游地区，原为草原地带，由于土地资源利用不合理，在灌区南北两侧形成了沙地。东西长 200～450 千米，南北宽 50～250 千米，面积 38416 平方千米。西部海拔 400 米左右，东部降至 200 米左右。它的北侧是大兴安岭低山丘陵区，南侧是努鲁尔虎山山前黄土丘陵区，周围山地碎屑岩风化物组成了坨甸地的物质基础，在人类活动的影响下，形成了沙丘和波状沙地。

第二节　人类与环境

一、第四纪

第四纪（Quaternary）是地球历史的最新阶段，始于距今 250 万年前左右[①]。若地球年龄以 45 亿年计，则第四纪仅占其中的 0.0056%。地球历史经历了漫长的岁月。人类历史上第一个对地球历史进行划分的是奥代诺（Arduino），他依据意大利北部地层，在 1976 年将地球历史划分为原始纪（Primitive）、第二纪（Secondary）和第三纪（Tertiary），其中第三纪指破碎的松散砾石及其他堆积物形成的时代，实际就是指的第四纪。几乎同时，列赫曼（Lohman）依据德国哈乐兹山地层，划分了原始层（Urgebirge）、第二层（FoezeGebirge）和冲击层（AngeschwemmtGebirge），其中冲击层指第四纪时期的堆积物。第四纪（Quaternary）一词，由德努瓦耶（Desnoyers）于 1829 年首创。他依据法国巴黎盆地的研究，

① 夏正楷：《第四纪环境学》，北京大学出版社，2002 年 6 月。

把地球历史划分为四个时期，并把最近的一个时期称之为第四纪。稍后，雷布尔（Rebour）给第四纪以较明确的定义：第四纪地层指那些含有大量现代种属动植物化石和孢粉的松散堆积物。1839 年，莱伊尔（Lyell）提出更新统（Pleistocene）的术语，把含有现代动植物种属占 90%以上的海相地层和含有人类骨骼、文化遗迹的陆相地层，称为更新地层，并提出以现代（Recent）来泛指地球最表层。1869 年杰维斯提出以全新世（Holocene）来取代现代。1881 年，第四纪这一术语被第二界国际地质会议正式使用。

第四纪是地球发展历史中的重要一页，进入第四纪后全球气候明显降温，出现地球历史上第四次大规模的冰川活动。受冰川进退的影响，地球表面系统发生一系列的重大变化，如大气环流格局的改观、气候带迁移、海面升降、沙漠扩大和缩小、生物迁徙等。在第四纪时期，高等生物（被子植物和哺乳动物等）空前繁衍，它们在种属组成和生态特征上与第三纪相比有显著的差别。人类的出现和发展是第四纪最重要、最突出的特征，是地球演化历史的一次飞跃。第四纪地壳运动十分活跃，它使地球表面形态大大改观。地表形态的变化，给全球环境变化以巨大的影响。

第四纪是地球历史的最新阶段，是新生代最后一个纪。这一时期形成的地层称为第四系。第四纪包括更新世和全新世两个阶段，二者的分界以地球上最近一次冰期结束，气候转暖为标志，大约在距今一万年前后。

第四纪也是生物界发展的最新阶段，现代海陆分布及地貌起伏形势已经形成，但新构造运动仍很强烈，气候变化和气候波动仍很频繁，周期性的出现过冰川活动，堆积了引人注目的大面积黄土，特别是出现了有智能的人类，成为占有和改造地球的主人，从这个意义上讲，地球的历史进入了一个空前的、崭新的时代。

1. 继续向现代演化的生物界

第四纪生物界总的面貌已和今天相似，以西北欧为例，在现生植物中大约有 80%在第四纪开始时就已经存在了。但动物界变化较大，特别是哺乳动物发展很快，第四纪哺乳动物和上新世相比（以欧洲及其相邻的亚洲地区为例），在 119 个种中，仅有 6 个种是在上新世生存过的。即使在第四纪生存过的哺乳动物，也是一茬茬地绝灭，一批批地新生。在第四纪后期，既距今 15000～9000 年前，还发生过大型陆生哺乳动物大规模绝灭事件。自然环境变化迅速，再加上人类出现后的狩猎活动，是导致哺乳动物绝灭的重要因素。

当然环境条件的变化也是导致动物界适应环境加速发展的因素。1948年第18届国际地质大会确定，以真马、真牛、真象的出现作为划分更新世底界的标志。说明这些哺乳动物从第三纪以来演化极为迅速。在第三纪初期，即已出现了最初的灵长类。大约在第四纪初期，古代猿类的一支，开始向人类的方向发展。随着人类的出现，地球的历史进入了一个全新的阶段。

2. 频繁而普遍的新构造运动

第四纪虽然已形成现代全球构造和地理面貌，但新构造运动却在时时刻刻改变和塑造着新的面貌。青藏高原的隆起对于全球气候的变化，更具有显著影响。大约在4000万年至5500万年以前（相当于第三纪始新世），全球的气温相对平稳，比较暖和。随着高原渐渐升起，大气循环和风向都发生了变化，从而形成今天北半球格局迥异的植被组成情况。并且，西藏高原的隆起导致了这个地区季风的形成。高原上空聚集的热空气不断上升，并且由于印度洋海面上吹来的湿润凉爽空气发生位移，从而造成了每年的雨季。正是这些降雨，带走了空气中大量的CO_2，含有CO_2的降水与裸露岩石发生反应，加促岩石风化，所溶解的碳酸钙物质经河流流入海洋，于是具有硬壳的海生动物便有了取之不尽的食物来源。而最终这些物质将沉积海底，形成石灰岩。虽然西藏高原和喜马拉雅山只占全球陆地面积的5%，但是流入全球海洋中的沉积物几乎有25%来自这个地区。大气中CO_2大量减少，致使全球气温变低。今天地球的气温比5000万年前低12～15℃。

3. 第四纪的下限

第四纪下界如何确定，至今在国际上仍有不同意见。实际上它涉及到一些基本理论问题，由于第四纪有海相陆相之分，二者很难找到共同的标准。1977年，国际第四纪会议建议，以意大利的弗利卡（Vrica）剖面作为上新统和更新统的分界剖面，其地质年龄今定为164万年。有的学者认为第四纪下限应定在人类出现时开始，地质年龄定在距今350万年前至330万年前。中国地质学者认为第四纪应定在黄土沉积的下界，因为黄土沉积反映的是气候和环境发生了显著的变化。黄土开始沉积时间距今248万年前，故第四纪开始暂定在距今248万年前。

第四纪最具有特色的沉积物应该算是黄土。中国、欧洲、北美和南美都有大面积黄土分布。中国北方黄土分布广，总面积约38万平方千米，主要分布于甘肃、陕西、山西、河南以及河北、内蒙古等地区，是世界上黄土发育最好和分布面积最大的地区。黄土层一般厚100～200米，最厚可达300多米。黄土是在特定环境下形成的一种粉砂性（间含亚砂、亚黏）、多钙性、多孔隙、多垂直节理的松散土状堆积，粒级为0.05～0.001毫米，组成矿物成分有石英、长石和未分解的角闪石、辉石、黑云母等碎屑，有时含哺乳动物和蜗牛等化石。原生黄土一般没有明显层理。黄土在黄土塬区保存较好，堆积厚而连续。刘东生等[①]根据黄土性质和动物化石，把黄土地层划分为早更新世午城黄土（Q_1）、中更新世离石黄土（Q_2）和晚更新世马兰黄土（Q_3）。午城黄土一般为黄红色，离石黄土为淡棕色，马兰黄土为黄灰色。习惯上把前二者称老黄土，后者称新黄土。在距今240多万年以前黄土已经开始堆积。气候干冷时，黄土堆积速度快，形成黄土堆积；气候转为温湿时，黄土堆积速度减缓，成土作用加强，形成土壤层。在连续黄土剖面中，共夹有30多层古土壤层，记录了第四纪时期古气候波动变化的历史。在240多万年中至少经历了24个气候旋回。关于黄土的成因是一个反复争论的问题。欧洲和北美的黄土分布在冰川作用区外围，黄土剖面中夹有古土壤层。一般认为这些黄土是冰碛物和冰水沉积物的粉砂颗粒，被风吹扬搬运到冰川作用区外围地带堆积而成的，黄土是冰期的产物，古土壤层是间冰期的产物。中国黄土主要分布于干旱沙漠地区外围。一般认为中国黄土主要是西北沙漠、戈壁地区的粉砂颗粒，被西风急流携带到目前的黄土塬区，降落堆积而成。黄土由风力搬运堆积，大约有下列依据：(1)黄土基本无层理；(2)黄土中矿物颗粒多具棱角；(3)黄土中含有角闪石、辉石、黑云母等矿物，反映干燥气候条件，若气候潮湿这些矿物早就风化分解了；(4)黄土颗粒有自西而东、自北而南逐渐变小的趋势，说明黄土颗粒是由西风吹扬而来的；(5)黄土厚度（在甘肃一般为50～100米）有自西而东、自北而南逐渐变小的趋势；(6)在同一地区自山下到山上常可见到都有黄土分布；(7)黄土地形常和被黄土覆盖的古地形基本一致，说明只有风力搬运才能铺天盖地的堆积；(8)黄土中常发现鸵鸟蛋、蜗牛等干燥区动物化石。

4. 第四纪大冰期

大冰期冰川分布：根据地质记录，大约在晚第三纪，即距今1400万～1100万年前[②]冰期已开始，但到第四纪才出现冰期和间冰期交替的现

---

① 刘东生等：《黄土与环境》，科学出版社，1985年。

② 宋春青等：《地质学基础》（第四版），高等教育出版社，2006年。

象。在冰期最寒冷时期，北半球高纬地区形成大陆冰盖，格陵兰冰盖把格陵兰和冰岛全都覆盖了；劳伦大冰盖覆盖了整个加拿大，并向南延伸到纽约和辛辛那提一带；斯堪的那维亚冰盖达到北纬 48°，几乎把欧洲的一半都掩埋住，冰盖最大厚度约达 3000 米；西伯利亚冰盖占据了西伯利亚北部，大约达到北纬 60°；许多高山地区，如阿尔卑斯山、高加索山、喜马拉雅山等都出现了较大规模的山地冰川。在南半球，南美南端、澳大利亚东南部、新西兰等地也都发现第四纪冰川的遗迹。这些冰川曾经发生过多次进退，并且每次活动都遗留下具有特色的冰川堆积物。第四纪冰川活动历史就是根据冰碛物的研究结果而恢复的。

冰期的划分与对比：欧洲阿尔卑斯山区是研究第四纪冰川的典型地区。1909 年，德国 A·彭克和 E·布吕克纳根据阿尔卑斯山冰川沉积物研究结果，划分为恭兹、民德、里斯、玉木四个冰期和三个间冰期。其后，世界各地根据当地冰川沉积物研究的结果都划分出相应的冰期，并与阿尔卑斯山冰期对比。经过对欧洲阿尔卑斯山冰川沉积的研究，认为典型的四次冰期是距今 70 万～80 万年前发生的冰期，在这四次冰期之前又划分出多瑙和比伯两次冰期。在 20 世纪 30 年代，李四光根据对庐山冰川遗迹的研究，把中国第四纪冰川划分为鄱阳、大姑、庐山三个冰期。近年对中国西部新疆、祁连山、西藏、云南等地高山冰川进行了深入研究，在 3000 米以上的高山地带发现距今约一万年前的冰川遗迹，如遗留在高山顶上的冰川湖，称这次冰期为大理冰期。第四纪冰川是客观存在，气候曾经出现多次寒暖交替也是事实。但对中国东部是否普遍存在过第四纪山地冰川，当前还存在着争论。

植被迁移和海平面升降：由于冰期和间冰期的更替，导致生物迁移和海平面变化。在冰期期间，气候寒冷干旱。如在距今 1.8 万年前为玉木冰期最盛时期，北半球中纬地区气温下降 10～15℃，苔原由北纬 60°移到北纬 45°，中国多年冻土南界南移到北纬 40°。植物则随冰期和间冰期大陆冰盖的进退，发生周期性南北迁徙现象，植被移动范围最大可达纬度 30°。目前正处于冰后期，也可能是另一个间冰期，但地球历史上有的间冰期气温比现在高 2～3℃。

第四纪冰期，海平面有明显的升降变化。冰期来临时，地球表面大量水分以冰的形式积累在大陆冰盖和山地冰川中；间冰期时冰盖和冰川融化，大量的水回归海洋。据推算，末次冰期时冰川体积约为 71.36×10^6 立方千米，现在全球冰川体积约为 24.06×10^6 立方千米，冰期比现在约

多 47.30×10^6 立方千米，相当于海水面下降 132 米。故在冰期，许多浅海滩露出海面，甚至使原来为海水隔绝的大陆或岛屿有部分相连，为生物迁徙提供了条件。末次冰期结束后，海面逐渐回升，大约到距今 6000 年前时，海平面达到现在的位置。

5. 人类的出现

人类的出现是第四纪的重大事件，也是第四纪生物发展史上的一次重大飞跃。人会劳动和制造工具，从这个意义上看，人类已脱离了动物范畴，因此第四纪实际上是人类时代。人类由猿类分化出来，并逐步发展为现代人，是通过劳动和若干次飞跃而实现的。真正的劳动是从制造工具开始的。人类的进化过程可以分四个阶段，即古猿、直立人（猿人）、早期智人（古人）和晚期智人（新人）。

（1）古猿阶段：人是从古猿中的一支演化而来的。在中新世和上新世地层中曾发现过若干种古猿化石，国际上普遍认为人类分化是从腊玛古猿（Ramapithecus）开始的，其时间大约为距今 1400 万～800 万年前。腊玛古猿是从猿到人的一个过渡类型，是人类最早的祖先。从 1932 年以来，曾先后在印度、希腊、土耳其、匈牙利、巴基斯坦、肯尼亚等地方发现腊玛古猿化石。1980 年 12 月 1 日，在中国云南禄丰县石灰坝上新世地层中发现腊玛古猿头骨化石，对研究人类起源和进化具有重要意义。腊玛古猿已从四肢着地到可以直立行走，这是从猿到人迈出的具有决定意义的一步；同时这种古猿能够本能地使用天然工具（木棒、石块），但还不能制造工具，因此，许多学者认为它只是古猿中的一个进步类型，是人猿分化点上的重要一支。

（2）直立人（猿人）阶段：直立人是人类的直接祖先，大约生存于距今约二百万年前到三四十万年前。直立人头骨低平，眉脊骨突出，牙齿较大，具有猿和人的中间性质。他们已经能够制造石器，是最早能制造工具的人。直立人过去称为猿人，目前认为猿人应该归于人属的直立人，故把猿人阶段改称直立人（Homoerectus）阶段。

直立人阶段可分为早期直立人和晚期直立人。早期直立人以在非洲坦桑尼亚奥杜威峡谷发现的早更新世能人（Homohabilis）为代表，化石地点有旧石器，地层年代距今为 175 万年。晚期直立人以爪哇直立人和北京直立人为代表，他们都生活在中更新世早期。爪哇直立人是 1891 年发现的，过去称为爪哇猿人。北京直立人（Homoerectus Pekingensis）化石是 1929 年 12 月在北京周口店龙骨山首先发现的，当时被命名为北京中国猿人（Sinanthropus Pekingensis）。北京直立人生活时代距今约24万～50万年前（黄培华曾测定年龄为57.8万年，1989年）。到目前为止，已发掘出40个左右的男女个体和约10万件石器，并发现世界上人类用火的遗迹。此外，还发现了100多种动物化石。他们遗留的化石之丰富，在周口店居住时间之长，都堪称世界第一。1964年在陕西蓝田公王岭又发现了一个直立人头盖骨，称蓝田人，时代稍早，距今约60万～100万年前。1965年在云南元谋还发现了两颗直立人牙齿化石，称元谋人，时代更早，经古地磁测定，其年龄为170万年。1980年在安徽和县龙潭洞发现了完好的直立人头骨化石，称为和县人，同时发现30多种哺乳动物的化石。1982年在山东沂源县骑子鞍山发现直立人化石和大量哺乳动物化石。在陕西大荔县段家乡还发现大荔人，已经接近早期智人，距今约20万年。特别引起国内外重视的是1993～1994年在南京江宁县汤山镇雷公山葫芦洞先后发现两具直立人头骨和一枚牙齿（右上第三臼齿）化石及大量北方动物群（与周口店动物群相同或类似）化石，时代为中更新世晚期，距今30万年前。这一发现为研究当时古气候、环境、动物群的迁徙、古人类演化及长江发展史提供了重要资料。这一阶段的文化属于早期旧石器文化。在欧洲与此相当的有阿布维利文化、阿舍利文化、克拉克当文化等。

（3）早期智人（古人）阶段：又称尼安德特人阶段，距今约10万年前到5万年前，属中更新世晚期和晚更新世早期。文化阶段相当于旧石器中期。早期智人已能用兽皮蔽体，人工取火御寒，广泛采用修理石核技术来制造石器，后期可能已具备了组成原始社会的条件。我国已发现的化石有广东曲江县的马坝人（距今12万年前）、湖北西部的长阳人（距今19.6万年前）、山西襄汾的丁村人（距今10万年前）等。欧洲的莫斯特文化、西亚的勒瓦娄哇文化与此阶段文化相当。

（4）晚期智人（新人）阶段：又称克鲁马奴人阶段，大约生活在距今2.8万～1万年前，相当于晚更新世后期。文化期相当于旧石器时代晚期。晚期智人在同自然界斗争的过程中，劳动经验和技能都有了更大的进步，已经用火煮食物，用骨针、兽皮缝制衣服，并开始捕鱼。此外，还能从事艺术活动，制造装饰品。1933年在周口店发现山顶洞人，同时还发现不少钻孔的石珠、蚌壳、兽齿等装饰品以及缝制衣服的骨针等。1951年在四川发现资阳人。除此，广西柳江、内蒙古乌审旗等地也都有所发现。另外，早年在鄂尔多斯地区发现的河套人，近年也将其归属于晚期智人。欧洲的晚期智人文化分为奥瑞纳、梭鲁特、马格德林三期。这一阶段的人类化石除具有某些原始性质外，已基本上和现代人相似，并逐渐发展成为现代全世界的各色人种。

二、全新世

1. 全新世概述

全新世（Holocene）是由Gervais于1869年第一次提出“全新世”这个术语后经国际第24届地质学会推荐，并为1932年国际第2届第四纪会议批准使用。并规定其底界10kaB. P. 。新仙女木事件（Younger Dryas Event，简称YD）的命名，来源于欧洲斯堪的纳维亚埋藏在地下的Ctopertala Dryas植物的叶子和果实。这种植物是当地新仙女木期气候变冷的指示物。YD事件是约11～10kaB. P. （14C年龄）期间一次气温骤降的短暂事件，系末次冰消过程中气候非线性反馈的结果。这次突然变冷事件最初在丹麦被发现，用以表述在西北欧地区末次冰期向冰后期过渡（或称“冰期—全新世过渡期”，约15～8kaB. P. ）气候变暖过程中的一次持续时间约1ka（格陵兰冰芯：1. 15～1. 3ka）的气候恶化和严重的环境灾变事件。后来在北大西洋沿岸地区的许多孢粉资料中得到证实。由于缺乏该区以外YD事件的资料，因此YD事件当时被认为是局部事件。温孝胜等[①]认为，由于在11～10kaB. P. 期间发生新仙女木事件，那么把全新世的底界定在距今10kaB. P. 左右应是合适的（此为14C年龄，若转换为日历年则应为11. 5kaB. P. 左右，即YD事件结束，以YD事件结束为标志的全新世划分最为合适）；约在8kaB. P. 时开始了中全新世暖期，此年龄亦可作为早中全新世的分界；各地证据表明，3kaB. P. 是环境激烈变化的时间，可作为晚全新世的开始时间。另外，也有不同的分界年龄，如丁锡祉（1994年）综合我国已有的万余个14C数据提出，早全新世为10000～7000aB. P. ，中全新世为7000～2500aB. P. ，晚全新世为2500aB. P. 至今。

当世界进入全新世早期环境，由于晚冰期寒冷气候下，海面较底，地面被切割侵蚀而成深谷纵横，这时开始迅速堆积、填平，沉积速率都在10毫米/a以上。因为气候已经较暖，海面相对升高，一方面大量冰融水回返大海，另一方面降水量也有所增多，不少沟谷堆积物颗粒也相应变粗，但近海岸带的河口地区，由于海面升高，水流速度减缓，这时反而以

---

① 温孝胜、彭子成、赵焕庭：“中国全新世气候演变研究的进展”，《地球科学进展》，1999年，第14（3）期。

快速堆积了较厚的淤泥层，覆盖在晚更新世黄土之上；在冰川或冰流区附近，大量冰融水沙砾层、冰湖沉积物覆盖于冰碛物之上，标志冰川退缩沉积序列。

气候回暖，冰川消融，海水快速上升，沿海陆地被淹，大陆度减小，气候带北移，引起动植物群逐渐北迁。这些自然因子的改变，环境总特征与晚冰期完全不同。

全新世以来，气候和环境经历了多次幅度大、持续时间长、影响范围广的变化；同时，人类社会也经历了农业的起源与发展、古代文明社会兴起与衰落等一系列对人类发展进程产生重大影响的演化阶段。越来越多的证据表明，人类社会发展固然有其内在的演化规律，地理和环境因素的影响作用也不可忽视，如果缺乏古文化发展的环境背景知识，单纯利用社会因素，很难客观地认识古文化变迁的原因，因此，二者之间的关系一直是人们关注并进行深入研究的重要课题。

全新世是第四纪最后一个分期，它与更新世的分界是以第四纪最后一次冰期结束，气候由寒转暖为标志，因此也称冰后期（postglacial)。全新世自然环境与更新世比，更和现在一样，生物几乎都是现代种。全新世延续至今的时间很短，但自然地理状况仍然在不断地变化。全新世海面变化比较显著，冰后期海面迅速上升，距今 11000 年前时，海面上升到-60 米位置。距今 6000 年前时，海面上升到目前位置，但仍有一定幅度的波动。

2. 全新世气候波动

随着全球性气候转暖，大量冰川消融，北半球几大冰流中心迅速消退，全球气候开始从寒冷的晚冰期气候向温暖的冰后期过渡。全新世气候总特点是温暖潮湿的，但气候发展是相当复杂的，经过若干冷暖和干湿气候变化回旋，冷暖温差一般在 5～6℃，最大变幅可达 7～8℃；降水量随温度变化而相应的发生多次变化。因此全新世虽是末次冰期之后的一个新的间冰期，但它并非是持续温暖的一万年。

全新世气候变化经历多次冷暖和干湿交替的复杂过程。北半球冰后期开始以来，出现了四次新冰期，分别是以距今 8200aB. P. 冷事件为标志的第一次新冰期、5800～4900aB. P. 的第二次新冰期、3300～2400aB. P. 的第三次新冰期和 450～30aB. P. 的第四次新冰期（小冰期）。近来很多研究展示了更为详细的全新世气候波动，依据 Paul 等人①对全球 50 余个古气候记录的综合集成研究，全新世出现了六个主要的气候快速变化时期：9000～8000aB. P.、6000～5000aB. P.、4200～3800aB. P.、3500～2500aB. P.、1200～1000aB. P. 和 600～150aB. P.。

3. 国外对全新世气候的研究

早在三十多年前，Denton 和 Karlén 曾经根据北半球的冰川进退划分了全新世以来的四个新冰期，并认为全新世气候比孢粉和海洋沉积物所记录的变化复杂，而且这些变化似乎遵循着千年尺度的变化模式，但是他们这种观点并未受到广泛的关注。相反，后来的一些证据更多地倾向于全新世气候异常稳定，很少有证据表明全新世期间经历过冰期发生的气候突然变化，如格陵兰冰岩芯氧同位素记录显示，除了 12000aB. P. 和 8200aB. P. 前后发生的降温事件外，全新世时期的气候基本没有多大的变化。但是，近些年来具有较高精确度测年的古气候记录表明，全新世的气候并不稳定，存在着百年—千年尺度的变化。稍早时期，O'rien 等在分析全新世格陵兰冰芯化学成分时，发现在 11300 年以来，陆源粉尘的沉积通量（粉尘通量）以约 2600 年周期变化，表明了千年尺度的气候震荡并没有随着冰期的结束而结束。随后，受上述 O'Brien 等人研究的鼓舞，Bond 等对北大西洋全新世深海沉积物进行了研究，目的是看上述的周期性气候事件是否在深海沉积物中留下印记。根据北大西洋沉积中冰岛玻璃及染赤铁矿颗粒峰值的变化特征，Bond 等发现全新世北大西洋气候曾发生过一系列急速的重组，每次气候的重组都影响了冰山漂移碎屑沉积物（Ice Rafted Debris-IRD）的沉积。他们一共识别出八次 IRD 事件，其发生时间的峰值分别在约 11100aB. P.、10300aB. P.、9400aB. P.、8100aB. P.、5900aB. P.、4200aB. P.、2800aB. P. 和 1400aB. P.（校正年龄），研究者将其相应地命名为全新世事件 1、2、3……（Holocene event），这些事件变化周期为 1470±500a，从而进一步证实了全新世千年尺度的环境变化。上述千年尺度的气候波动并不仅仅局限于高纬度地区，在中低纬度的热带和亚热带地区，全新世气候也经历了较为强烈的波动。de Monocal 等在北非亚热带地区海洋沉积物的研究表明，该地区在全新世期间的海洋表面温度也发生了至少六次周期为 1500±500a 的降温事件，而且这种周期与上

① PaulA. Mayewski, Eelco E. Rohling, J. Curt Stager, et al. Holocene climate variability. Quaternary Research 2004, 62.

述北大西洋记录的气候事件所反映出的1470±500a周期并无多大的差别。不仅如此，这两个地区的气候事件在发生时间上也比较吻合，从而暗示这些气候事件发生的广域性，甚至全球性。

Denton和Karlén早在1973年就根据欧洲和北美山地冰川进退历史提出全新世气候不稳定性问题。遗憾的是一直没有引起学术界的重视，直至近年，格陵兰冰芯中[①]可溶性杂质含量也显示了类似的变化规律后人们才开始关注全新世气候的研究。全新世高分辨率的古气候研究主要集中在冰芯、树轮、深海沉积、湖泊纹泥及石笋等自然档案中，最近1000年来的研究也表现在模拟实验上。研究区域以北半球中高纬度及低纬度地区为主，南半球记录很少。研究内容强调突变事件的捕捉上，如8200aB. P. 事件、中晚全新世的转型、全新世适宜期、中世纪暖期及小冰期的气候特征逐渐清晰。气候驱动机制的探讨也做了大量工作。区域性甚至全球性的气候对比的研究相对较少，原因是目前具有独立时标的记录不多。

在北半球中高纬度地区最引人注目的记录是位于格陵兰中部的相距仅30千米的GISP2和GRIP冰芯$\delta^{18}O$曲线（Grootes et al，1993；Southon，2002），两支冰芯信号几乎完全一致，由于全新世时标是建立在冰层数年基础上，已成为众多古气候记录的参照标准。随后在距GRIP西北部325千米处又获取了另一支高分辨率的North GRIP冰芯（Johnson，2001），其$\delta^{18}O$信号比GRIP强。例如8200aB. P. 事件和小冰期都有明显表达，在全新世适宜期（8. 6～4. 3kaB. P. 段）的信号也比GRIP强0. 6‰。还揭示了全新世第一个1500年有几次温度波动及上一个世纪的变暖趋势。北美欧洲的冰川进退历史（Denton和Karlén，1973）气候变化周期为2500年（冰进900年，冰退1750年）。主要冰进阶段为600～0aB. P. 、1250～1050aB. P. 、3300～2400aB. P. 、5800～4900aB. P. 和8000aB. P. 。冰川进退的夏季温度变幅可达3. 5℃。由于7000年大气14C变化同冰进冰退的波动有很好的相关性，说明冰川进退直接受太阳辐射影响，也表明14C可作为气候替代指标。Bond等[②]通过对北大西洋深海沉积物的研究，发现北大西洋周围的冰川融水事件发生频率为1470±500年，与GISP2冰芯δ^{18}

---

① O ‘Brien, S. R. , Mayewski, P. A. , Meeker, L. D. , et al. Complexity of Holocene climate as reconstructed from a Greenland ice core. Science 1995, 270.

② BondG. , Showers, W. , Cheseby, M. , et al, A pervasive millenial-scale cycle in North Atlantic Holocene and glacial climates. Science 1997, 278.

O气温曲线功率谱分析结果基本一致，充分说明了全新世气候的不稳定性可能是末次冰期不稳定气候的延续。欧洲北部芬兰花粉资料重建了11000年以来的温度序列，认为全新世热极在8000～4500aB. P. 段，其中8000～5800aB. P. 段的年均温度比现在高1.5～2.0℃，4500aB. P. 以来开始降温，降幅为1.5℃。此温度序列同North GRIP δ^{18}O记录相似，说明北欧与北大西洋地区有共同的全新世温度趋势。北半球过去千年的温度重建①表明，工业革命（1850年）前的温度变化主要是太阳辐射和火山活动引起的，工业革命之后的急剧变化属人为温室气体驱动，并清楚地显示20世纪后期的温室效应已经超出过去1000年的自然变化水平，高于末次间冰期全球温度的最好估计值。Bond等②证实北大西洋全新世表层水温变化受太阳辐射影响，太阳辐射对北大西洋的1500年循环起基础作用。由于表层水温变化可能放大太阳辐射并向全球传播。北欧爱沙尼亚花粉记录表明，全新世热极为8000～4500aB. P. 段，比现今温度高2.5℃，8200aB. P. 段温度下降1.5～2.0℃。格陵兰及北欧气温资料表明全新世受北大西洋海表温度影响显示四个波动阶段：早全新世热极延续至6.7kaB. P.；6.7～3.7kaB. P. 因受冰漂事件影响降温；3.7～2kaB. P. 气温回暖；2～0.5kaB. P. 温度再次下降。O′Brien等③建立的格陵兰冰芯地球化学指标序列揭示了全新世气候的五个冷期（0～600aB. P.、2400～3100aB. P.、5000～6000aB. P.、7800～8800aB. P. 和11300aB. P. 年前），其中0～600aB. P. 的变幅最高，与欧洲小冰期（LIA）同步。冰岛盆地深海沉积粒度指标序列④重建的全新世深水流变化历史表明，深层水具有1500年的变化周期，较快的深水流对应较暖的气候。欧洲树轮记录引起古气候学者的极大关注，其中最具影响力的是全新世时段基于树轮的In-

---

① Crowley T. J.. Causes of climate change over the past 1000 years. Science 2000, 289.

② Bond, G., Kromer, B., Beer, J., et al, Persistent solar influence on North Atlantic climate during the Holocene. Science 2001, 294.

③ O'Brien, S. R., Mayewski, P. A., Meeker, L. D., et al. Complexity of Holocene climate as reconstructed from a Greenland ice core. Science 1995, 270.

④ Bianchi, G. G., McCave, I. N, Holocene periodicity in North At lantic climate and deep-ocean flow south of Iceland. Nature 1999, 397.

tcal98 曲线[1]，已成为其他自然档案的时标参照物。Woodhouse 等（1998 年）利用树轮资料，并以历史文献记录、考古和湖泊沉积等作参照，对美国中西部过去 2000 年发生的干旱历史进行了总结，划分出几个明显的干旱期，即 250～550aAD、700～900aAD、950～1100aAD、12 世纪中期、13 世纪和 16 世纪的干旱期。2004 年，美国缅因州大学的 Paul 等[2]十多位专家对全球五十余个古气候记录进行了综合集成研究表明：这些古气候记录涉及到海洋、冰芯、湖泊、树轮、孢粉、洞穴沉积等信息载体，应用了海洋沉积岩芯 GP、HSG、有孔虫 $\delta^{18}O$、海表温度、冰芯 $\delta^{18}O$、Na^{+}、K^{+}、^{10}Be 浓度、大气甲烷浓度、大气二氧化碳浓度、SO42-残差、湖泊水位、纹泥厚度、孢粉比率、$CaCO_3$ 比率、硅藻比率、树轮 Δ14C 残差、洞穴次生碳酸盐 $\delta^{18}O$ 和 $\delta^{13}C$ 等多种参数，各种记录搜集的标准时段几乎覆盖整个全新世，样品分辨率高，定年准确（不确定性小于 500 年），公开发表以及覆盖区域广泛。研究结果表明全新世气候是不稳定的。

低纬度地区的全新世研究主要来自湖泊和深海沉积记录，其中季风区受到特别关注。低纬地区在开始于早全新世的湿润期中途发生普遍干旱（de Menocal et al，2000），阿拉伯海和热带非洲的夏季风显著减弱，加勒比海的信风强度或降水剧烈波动，普遍持久的干旱发生在海地、亚马逊盆地、巴勒斯坦和非洲。热带非洲冰芯记录（Thompon et al，2002）提供 11700 年的气候变化历史，表明三个突变气候阶段：8300aB. P.、5200aB. P. 和 4000aB. P. 前，其中 4000 年前是非洲历史上最大的干旱期。西非海面温度（SST）记录（de Menocal et al，2000）表明了全新世系列千年尺度的降温事件，其中最后一次为小冰期（1300～1850AD），温度下降 3～4℃，这些冷事件与北大西洋海面温度（SST）记录同步，表明全新世千年尺度的气候变化在高低纬度之间是同相位的。印度西北部干湖记录（Enzel et al，1999）表明，在干旱背景下存在持续 150 年的湿润期（7200～5500aB. P. ），5500aB. P. 以后向干旱化发展。

南半球全新世记录不多，主要为南极冰芯及南美的湖泊沉积记录。南极 11 支冰芯同位素记录提供了时间分辨率为 20～50 年的南极全新世气候

① Stuiver M，Remier P J，Bard E et al. INTCAL 98 radiocarbon age calibration，24000-0 cal BP. Radiocarbon 1998，40.

② Paul A. Mayewski，Eelco E. Rohling，J. Curt Stager，et al. Holocene climate variability. Quaternary Research 2004，62.

历史。全新世适宜期为 11500～9000aB. P. 和 7000～5000aB. P.，东部地区稍晚（6000～3000aB. P.），共显示了九个千年尺度的气候波动，其中暖期持续时间比冷期短，前者 800 年，后者 1200 年。南半球，极地东南部大气环流减弱，降雪累积率降低以及温度变化趋势上南极东西部不同且可变（Ciais et al，1994；Masson et al，2000）。罗斯海的冰川退却，继续了全新世较早时期开始的一种趋势（Conway et al，1999），同期非洲南部东西两侧的海表温度变暖，智利的降水增加，很可能是南半球中纬西风带增强的原因。在南半球，新西兰冰进和极地冰芯记录显示了大气环流加强和在长期的夏季辐照增加趋势上的普遍降温，东南部非洲普遍寒冷，中纬度智利在 6000～5000aB. P. 期间比较干旱，但 3500～2500aB. P. 时段比较湿润（Van et al，2000）。4200～3800aB. P. 和 1200～1000aB. P. 时段的快速气候变化证据记录较少，但这些记录显著的同步性和宽时段分布仍揭示了较早时期气候的全球遥相关。在南半球，极地风力几乎没有变化，4200～3800aB. P. 的增暖发生在南乔治亚岛，在南极半岛和维多利亚大陆的湖泊沉积记录中亦有显示，1200～1000aB. P. 期间新西兰冰进和东南部非洲为干冷环境。南半球，南极半岛是温暖的（Mosley，1996），但南极东部却是寒冷的（Jouzel et al，1983；Morgan et al，1997），南极洲东部和阿蒙森海的风力增强（Kreutz et al，1997），南乔治亚寒冷，新西兰冰进以及智利降水不稳定但普遍增多，本格拉海表温度下降以及非洲南部出现一个显著的冷干时期。

关于全新世气候不稳定性的机制、原因，研究者提出了一些理论或假说，其中强调内因，如盐度震荡机制[①]、火山活动[②]，重视外因的有“亚轨道周期”[③] 和太阳活动[④]等。最近学术界越来越倾向于太阳活动是全新

① Mikolajewicz U，Crowley T J，Schiller A，et al. Modeling teleconnections between the North Atlantic and NorthPacific during the Younger Dryas. Nature，1997，387.

② Rampino M P.，Self S. Volcanic winter and accelerated glaciation following the Toba super-erntion. Nature，1992，359.

③ McIntyre，A.，Molfino B. Forcing of Atlanic equatriial and subpolar millecnnial cycles by precession. Science，1996，274.

④ Wigley T M L.，Kelly P M.，Holocene climate change，14Cwiggles and variations in solar irradiance. Philosophical Transactions of the Royal Society of London，1990，330A.

世千年气候事件变化的主要因素。如 Bond 等[①]把全新世北大西洋浮冰记录与大气 14C 产率记录和格陵兰冰芯 10Be 记录分别进行了统计，得到相关系数 r=0.44～0.56；而同为反映太阳活动变化的 14C 与 10Be 记录之间的相关系数为 0.6。同时，用浮冰记录与 14C 和 10Be 记录之间进行交叉谱分析，证明它们间在百年至千年尺度上具有统计上的显著相关。据此他们提出，在过去的 12000 年期间，北大西洋浮冰的增加都是与太阳辐射输出的减少紧密相关的，在全新世百年和千年尺度上，太阳变化是北大西洋浮冰记录所指示的气候变化的最可能原因。

4. 国内对全新世气候研究

在全球气候变化总趋势影响下，我国全新世气候变化既反映全球性特点，又具有中国区域气候变化的特殊性和复杂过程。因此对中国全新世气候变化不能简单地与北欧经典气候分期进行对比，更不能简化气候发展过程。即使在我国境内，由于东部和西部自然环境相差较大，全新世气候变化幅度、时间、气候旋回以及影响深度等都有不同程度的差别。

总体来说，全新世气候并非通常所认为的比较稳定，相反，全新世期间发生了多次降温突变事件。这些准周期性的降温事件打断了全新世早中期整体上较为湿润的环境。

大量的研究表明百年—千年尺度的降温事件也广泛存在。周卫建等[②]对若尔盖高原高分辨率的泥炭沉积的研究，翦知湣等[③]对冲绳海槽沉积物所记录的黑潮变动研究，洪业汤等[④]对青藏高原泥炭氧碳同位素的研究，陈发虎等[⑤]对夏季风边缘区石羊河终闾湖泊沉积记录等研究表明，我国全

① Bond G., Kromer B, Beer Jet al. Persistent solar influence on north Atlantic climate during the Holocene. Science, 2001, 294.

② 周卫建、卢雪蜂、武振抻等："若尔盖高原全新世气候变化的泥炭记录与加速放射性碳测年"，《科学通报》，2001 年，第 46（12）期。

③ Jian, Z. M. Wang, P. X., Saito, Y., Wang, J. L. Pflau-mann, U., Tadamichi, O., Cheng, X. R. Holocene variability of the Kuroshio Current in the Okinawa Trough, northwestem Pacific Ocean. Earth and Planetary ScienceLeners, 2000, 184.

④ Hong Y. T, HongB., Lin Q. H., Zhu Y. X., Shibata Y. Hiruta M., Uchida M, Leng X. T., Jiang H. B, Xua H., Wang H., Yi L. Correlation between Indian Ocean summer monsoon and North Atlantic climate during the Holocene. Earth and Planetary Science Leners, 2003, 211.

⑤ 陈发虎、朱艳、李吉均等："民勤盆地湖泊沉积记录的全新世千百年尺度夏季风快速变化"，《科学通报》，2001 年，第 46（17）期。

新世气候发生了一系列气候突变事件，这些事件既可以与上述高纬北大西洋浮冰碎屑事件一一对比，又可与低纬海面的一些降温事件相对应，并具有百年至千年尺度的准周期，反映了气候的不稳定性以及千年尺度的韵律在中纬度地区同样存在。

国内全新世气候研究已取得一定成果，冰芯、黄土、深海沉积、湖泊记录等材料占有相当的优势。根据黄土、花粉、湖水面资料①研究表明，中国气候具有穿时性特点，即以东亚季风或有效湿度为标志的全新世气候适宜期峰值在东北部为 10000～8000aB. P.，中部为 10000～70000aB. P.，长江中下游地区为 7000～5000aB. P.，南部地区为 3000aB. P. 左右，西南部 11000aB. P. 左右，西南地区偏早的原因同印度季风的干扰有关。He 等②对中国全新世穿时性问题也作了进一步的研究，认为全新世气候适宜期在西北地区出现最早，华南最晚，而且西北地区气候变幅较大，反映西北地区是气候响应的敏感区。中国西北部地区最干旱期在 3000aB. P. 左右（zhang et al，2000）。黄土高原孢粉记录③研究表明 9～3. 8kaB. P. 时段为全新世湿润期，3. 8kaB. P. 以来夏季风开始衰退，气候趋向干旱。方修琦等④通过对万年来中国寒冷事件的功率谱分析表明，全新世的冷暖变化具有 500、1000 和 1300 年的周期。华北泥炭记录⑤揭示的 4. 8～4. 4kaB. P. 时段降温事件在北半球带有普遍性。姚檀栋等（1992 年）对敦德冰芯记录的研究表明，3kaB. P. 左右是过去 5000 年中气候变化的一个界限，在此之前，气候较温暖，此后开始变冷。施雅风等（1999 年）用古里雅冰芯的 $\delta^{18}O$ 序列和累积量，恢复了中国西部近 2000 年来的气候变化。姚檀栋等（1997 年）研究了取自昆仑山古里雅冰帽地区钻取的三根冰芯。分析表明，约在 10. 5kaB. P. 时升温，进入全新世，在 9～8kaB. P.

① 吴锡浩、安芷生、王苏民等："中国全新世气候适宜期东亚夏季风时空变迁"，《第四纪研究》，1994 年，第 1 期。

② He Y.，Wilfred H. Theakstone，Zhang Zhonglin，et al. Asynchronous Holocene climatic changeacross China. Quaternary Research 2004，61.

③ 安成邦、冯兆东、唐领余："黄土高原西部全新世中期湿润气候的证据"，《科学通报》，2003 年，第 48（21）期。

④ 方修琦、葛全胜、郑景云："全新世寒冷事件与气候变化的千年周期"，《自然科学进展》，2004 年，第 14（4）期。

⑤ 靳桂云、刘东生："华北北部中全新世降温事件与古文化变化变迁"，《科学通报》，2001 年，第 46 期。

时有降温过程，7～6kaB.P. 是全新世最暖期，平均温度高于现在1.5℃；约在5kaB.P. 左右，开始急剧降温，至近代又上升。

杨怀仁（1987年）认为全新世的气候阶段性演化过程很明显。早全新世为升温期，中全新世为高温期，晚全新世为降温期，或者是有四次冷暖交替变化：7000～5000aB.P. 为高温期，2900～2300aB.P. 为寒冷期（也称新冰期），1200～900aB.P. 为小气候最宜期，约550～125aB.P. 为小冰期，这四次冷暖变化叫做“全新世气候的四大事件”。

全新世大暖期，施雅风称之为Megathermal，国外称为高温期（Hysithermal）或气候最适宜期（Climatic Optimum），是由Hafsten于1976年首先提出，时期为8.2～3.5kaB.P.。中国的全新世大暖期，施雅风等定为8.5～3kaB.P.，延续5.5ka，期间有多次剧烈的气候波动和寒冷事件，与竺可桢提出的仰韶温暖期相当。依施雅风的研究，中国全新世大暖期内的气候波动情况，8.5～7.2kaB.P.，为温度不稳定，由暖变冷阶段；7.2～6.0kaB.P.，气候稳定暖湿，为大暖期鼎盛时期（Megathermal Maximum）；6.0～5.0kaB.P.，气候激烈波动，降温；5.0～4.0kaB.P.，气候好转，此时期有较多古人类文化遗址；4.0～3.0kaB.P.，气候一度恶化，如曾发生特大洪水，但暖湿气候一直持续至3.0kaB.P.。

全新世气候总的趋势是转向温暖，进入温暖的间冰期。但在这个间冰期中，气候冷暖波动非常明显。以欧洲为例，公元前12000年气温迅速上升，但到公元前约10000年，气候又转为寒冷；前8500～前7600年、前1000～前500年，又都处于寒冷期；在1550～1850年这一阶段，又是一个明显的寒冷期，称“小冰河期”，年平均气温比现在约低2℃。19世纪以后，气候又转为温暖，冰川后退。中国全新世气候变化规律大致和欧洲相同。竺可桢根据中国古代物候记录，曾论述近5000年来的温度变化，明显存在四个温暖期和四个寒冷期（图1）。

第一温暖期：公元前3000～前1000年（仰韶文化时代至殷墟时代）；第一寒冷期：公元前1000～前850年（殷末周初）；第二温暖期：公元前770～公元初（春秋至秦汉时代）；第二寒冷期：公元初～公元600年（三国至南北朝时期）；第三温暖期：公元600～1000年（隋唐时代）；第三寒冷期：公元1000～1200年（宋金时代）；第四温暖期：公元1200～1300年（宋末元初）；第四寒冷期：公元1400～1900年（明清时代）。在前2000年中，即从仰韶文化到安阳殷墟时期，黄河流域年平均温度比现在高2℃，冬季平均温度高3～5℃。在后3000年中，气候有一系列冷暖波动，周期约为400～800年，年平均温度变化范围为0.5～1℃。竺可桢认为气候波动是世界性的。

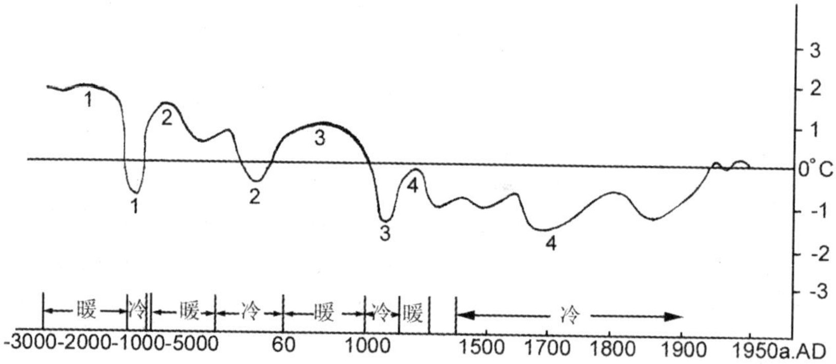

图1 中国近五千年气温变化曲线

总体上，在全新世中期全球气候变化差异性很大，节奏并不一致。中国地形地貌复杂，又处在具有复杂变率的东亚季风控制范围内，所以气候具有明显的地区差异①。在中国北部，王奉瑜等（1997年）对察素齐泥炭的研究表明，内蒙地区9.1～7.4kaB.P.干冷；7.4～5.0kaB.P.气候激烈波动，前期温干，后期温湿；4.1～1.35kaB.P.气候趋于干旱；7.4～4.1kaB.P.为温暖期，5.0～4.1kaB.P.为最适期。黄翡等（2004年）通过对内蒙古中东部太仆寺旗全新世古土壤剖面的植硅体和孢粉组合研究认为10～8.7kaB.P.冬季风偏强，气候冷湿；8.7～7kaB.P.夏季风加强；7.0～5.0kaB.P.温暖湿润；5.0～3.0kaB.P.夏季风减弱，气候冷干。翟秋敏等（2000年）对内蒙古安固里淖和泊江海子两个湖泊的钻孔剖面进行了沉积学分析表明：8.4kaB.P.以来，研究区经历了全新世大暖期的增温阶段（8.4～7.3kaB.P.）、鼎盛阶段（7.3～6.2kaB.P.）、气候波动阶段（5.5～5kaB.P.）、亚稳定湿润阶段（5～3kaB.P.）。在中国西部，姚檀栋等人通过对古里雅冰芯的研究发现约在10.5kaB.P.时升温，进入全新世，在9～8kaB.P.时有降温过程，而在7～6kaB.P.时段是全新世最暖期，平均温度高于现代1.5℃；朱士光等探讨了关中地区全新世以来的气候变化，认为该区在全新世早期（10～8kaB.P.）时气温较现今低5～6℃；中期，仰韶文化期（7～5kaB.P.），气温高于现今2℃，在中全新世

① 安芷生、刘晓东："东亚季风气候的历史与变率"，《科学通报》，2000年，第45(3)期。

后期的龙山文化期（5～4kaB. P.），气温有所下降，但仍较现今温暖。陈发虎等[①]通过对阿拉善高原居延泽和潴野泽剖面及钻孔的孢粉记录研究得出 7～5kaB. P. 间东亚夏季风边缘区存在大范围干旱，可能跟青藏高原区变冷引起的夏季风衰退有关。在中国东部，王开发等（1996 年）认为上海地区约在 7.0kaB. P. 或 6.4～5.6kaB. P. 气候温暖；5.6～5.2kaB. P. 气温比以前凉干，比现今大约低 1.5℃；5.2～3.8kaB. P. 早期温暖湿润，中期气温凉干，晚期转暖。于世永等（2000 年）从太湖流域的文化断层、埋藏古树、泥炭和自然层型剖面分析对比中发现本区降水量的明显增加开始于 8kaB. P.，7.5～4kaB. P. 总的看为高海面和新石器文化发展时期，但其间有相对的海面波动，即 7～6.5kaB. P. 为高海面期，6.3～5.6kaB. P. 为低海面期，4.5～4kaB. P. 为低海面期，3.8～3.5kaB. P. 为高海面期。王苏民、羊向东等对采自江苏高淳县湖之沉积柱样进行了 AMS 和 LCS 14C 测年，还进行了 TOC 及孢粉分析研究。全柱分三个阶段：13.7 米以下，即 11kaB. P. 以前，属第一阶段。约从 13.7 米开始，至 13.1 米，即约 11～10.5kaB. P.，气候迅速增温，木本植物增加，草本植物减少，$\delta^{13}C$ 较负；至 6.85 米，即 10.5～7.2kaB. P.，木本植物占 60％～90％，比以前更温暖。但其中含两个小冰期：8.9～8.4kaB. P. 及 7.8～7.4kaB. P.。此为第二阶段。6.85 米以上属第三阶段。即从 7.2kaB. P. 开始，为由早全新世进入中全新世之过渡阶段，气候波动频繁，阔叶林明显减少，表明气温有所下降。约在 6.6kaB. P. 以后，木本植物再次增加，气温又趋温湿。在中国南方，黎广钊等通过研究广西沿海有孔虫的氧同位素，认为 10～8kaB. P. 时期，气候偏凉干；8～6kaB. P. 为热湿气候；6～4kaB. P. 时气候炎热潮湿，平均气温高于现今 3～5℃；4～2.5kaB. P. 气温偏凉。李平日等（1988 年）分析了珠江三角洲 23 个钻孔中的 200 个样品，结论是全新世时期该区气候变幅不大，约从 7.5kaB. P. 起属南亚热带海洋性季风气候，期间几次波动；5～4.5kaB. P. 时变凉，4.5～3.4kaB. P. 时炎热，但 3kaB. P. 以来仅有小的波动；6kaB. P. 以后之海面与现今接近，有过 5 次高于现今 1～1.5 米之高海面。林玉石等（2001 年）通过对云南宁蒗泸沽湖地区的洞穴石笋研究认为 6568aB. P. 前凉湿间暖，偏冷，植（草）被较好。至 4184aB. P.

① 陈发虎、吴薇、朱艳等："阿拉善高原中全新世干旱事件的湖泊记录研究"，《科学通报》，2004 年，第 49（1）期。

间，凉温湿间凉干，是转暖过渡期，主跃变在4396～4749aB. P. 间，植被好。4184aB. P. 至今，温暖湿润间冷（凉）干，转冷，植（草）被良好，局部转草被，近期趋向荒漠化。

关于中国中全新世气候系统的复杂性，客观方面是冰后期冰量消减、气温回升，由海气相互作用驱动的热量传输过程与气候内部固有的周期性波动相互叠加而决定的本质特征，中全新世气候以冷—暖—冷—暖的四阶段的基本形式波动。7～6kaB. P. 我国大部分地区处于气候最宜期，温度比现在高2～3℃，但是东部湿润，西部干旱。

三、环境演变是文明兴衰的自然基础

就环境演变对人类的影响而言，早在20世纪初期美国地理学家亨丁顿就明确指出自然环境的变化对人类影响的问题（普雷斯顿·詹姆斯，1982年），但在那个不承认环境存在变化占主流的时代，人们不仅不接受他的观点，而且把他的观点作为地理环境决定论的代表加以批判，有关环境演变影响的研究也因此沉寂多年。随着自然环境存在不同时间尺度变化的科学概念的建立，对古地理环境演变规律认识的深入，沉寂多年的有关环境演变对人类社会影响的研究也日益增多，大量成果揭示出环境变化对人类社会确实存在深刻的影响，人类历史进程中所发生的许多重大事件都存在着环境演变的背景。古埃及、古印度及两河流域文明的衰亡可归因于严重的气候变干，而在文明史上全球变暖给欧洲、亚洲和北美洲带来过繁荣时代；在历史上，气候寒冷与干旱时期，使农业减产，从而导致了民族大迁移，这种准周期性气候变化的周期大约为1200a（许靖华，1998年）。越来越多的证据显示气候变化是导致史前和历史早期文明崩溃的基本力量。

从地理环境的角度考察，中华文明之所以具有“多元一体结构”特征，最主要的是得益于环境类型的多样性及其对全球变化响应的独特性。从整体看，中华文明是一种生态适应幅度极宽的文明，能适应各种幅度的气候变化。尽管区域性的文明衰落与间断现象在中华文明发展的历史上屡见不鲜，但中华文明从整体的意义上讲是连续的，这种连续正是通过政治、经济和文化中心在空间上的不断迁移来实现的。

中华文明发展与环境演变的关系表明，尽管并非所有的暖期中华文明都繁盛，但中华文明繁盛的时期往往是各种时间尺度上的暖期。之所以存在上述对应关系，是因为环境的变化及由此而引发的资源供需关系改变和

自然灾害强度与频度变化也是一个不容忽视的原因。气候处于暖期时，整体上有相对优越的自然资源条件，这为生产与文化的发展提供有利的环境条件，因而也必然会促进文明的兴旺。在进入文明社会之前的旧石器时代，古人类、古文化繁衍时期大都与气候环境较好的古土壤发育时期相对应，古土壤发育期温暖、湿润的气候环境无疑为古人类的发展提供了良好的条件[①]。

环境极端恶化对中华文明产生严重冲击的同时也促使文明发生重大变革，中华文明的起源和发展具有“连续性”特征，但从具体区域看（比如西辽河流域），文明发展在这个“连续”的演进过程中，也出现某种程度的文化倒退甚至“断裂”，这种现象往往与重大环境恶化事件相联系。然而，环境恶化事件对中华文明发展的影响并不能全都看成是消极的，人们对不利环境影响的积极响应在一定程度上也是社会与文明发展的机遇。相对苛刻的气候和地貌条件，使人们认识到自然环境的许多限制都是人类难以逾越的，承认自然的限制，顺应自然一直是中国古代人地关系认识的重要方面。但自然环境的强大限制力量并没有导致地理环境决定论，中华民族对不利环境挑战的态度不是消极承受，而是主动适应。先民在对不利环境影响的适应过程中不断开拓创造、不断积累经验，从而促进社会的更大进步。

环境时刻都在发生演变，但并不是所有的变化都能对文明的发展产生显著影响，只有超过某一临界值的重大环境演变事件才会把环境演变对人类的影响扩展到社会政治经济的层次，影响到社会发展进程，因此，识别那些对中华文明发展进程产生深刻影响的重大环境演变事件，是揭示环境演变对中华文明影响的基础。传统上一般将文化或文明的发展与衰落、社会崩溃的原因归结于社会本身，如战争、人口压力、森林毁灭、资源枯竭等。但随着高分辨率气候演化序列的建立、气候事件和考古学文化转变年代的精确厘定，发现一些考古学文化的转变往往与一些气候事件在发生时间上表现出较大的一致性，环境因素在文化转变过程中的作用逐渐得到重视。

重大的与突然的环境变化事件在历史上从来就没有间断过，存在于各种时空尺度之中，而且影响着人类社会的发展。然而人类并未因为这些事件的发生与影响而停止前进的脚步。这说明人类对环境变化存在着积极的响应机制与响应措施。对环境演变影响的适应是孕育中华文明独特文化内

---

① 刘嘉麒、吕厚远、袁宝印、靳桂云：“人类生存与环境演变”，《第四纪研究》，1998 年，第 1 期。

涵的重要因素，中华文明是中华民族主动地适应环境及其演变的产物，是中华民族的智慧与特定环境有机结合的结晶。全新世以来，气候和环境经历了多次变化幅度大，持续时间长，影响范围广的气候事件；同时，人类社会也经历了农业的起源与发展、古代文明社会兴起与衰落等一系列对人类发展进程产生重大影响的演化阶段。越来越多的证据表明，人类社会发展固然有其内在的演化规律，地理和环境因素的影响作用也不可忽视，如果缺乏古文化发展的环境背景知识，单纯利用社会因素，很难客观地认识古文化变迁的原因。

人类文化的兴衰，特别是农业文化的兴衰与地理环境有密切关系，越是在文化发展的早期阶段，这种特点表现得越强烈。西辽河流域处于我国北方农牧业交错地带，是从半干旱向干旱过渡的地区，这里是对环境变化反应敏感的生态系统过渡带。历史时期西辽河流域的气候与生态环境经历了巨大变化，这些变化可归结于气候与环境的自然演化，同时叠加了人类活动影响而共同作用的结果。一定的土地利用方式与特定的气候环境相联系，当气候条件发生变化时，土地利用方式也会发生相应的变化。受气候波动的影响，西辽河流域的土地利用方式经历了多次农牧交错发展的过程。西辽河流域曾先后出现过兴隆洼文化、赵宝沟文化、红山文化、小河沿文化、夏家店下层文化与夏家店上层文化，创造了灿烂的中华古代文明。各种研究结果表明，全新世大暖期期间西辽河流域气候温和，雨量丰沛[1]。该区域当时应为森林草原景观。这一时段的西辽河流域不仅气候温和湿润，而且植被繁茂，这里即有平原也有山丘，山前黄土台地是人们喜欢居住的地方，农业生产是与自然环境相互依赖性最强的生产部门，由于大面积的森林能够涵蓄水量，当时区域内水源丰富，早期沙地面积收缩，古土壤发育。因此从兴隆洼文化、赵宝沟文化直到红山文化时期，西辽河流域就一直是中华远古人类从事农牧业生产活动的重要场所，西辽河流域也就成为我国北方新石器——青铜时代文化遗址的集中分布区，西辽河流域因其地理优势成为东北最早传入农耕文化的地区。历史上西辽河流域有过剧烈的冷暖干湿气候变化过程，并导致了西辽河流域早期文化形成过程与经济形态呈现出一种非直线的演进过程，出现过多次的停滞、低落甚至倒退的现象。

---

[1] 施雅风、孔昭宸、王苏民等："全新世大暖期鼎盛阶段的气候与环境"，《中国科学》（B辑），1993年，第23（8）期。

西辽河流域史前文化在空间的分布和时间上的演替，取决于人类自身的进步，也与自然环境有密切的关系。从兴隆洼文化、红山文化、夏家店下层文化，原始农业不断发展和扩大，主要是人类自身进步的结果，也与全新世大暖期适宜的气候环境有关。而红山文化在极盛时期突然中断和夏家店下层发达的农业文化被夏家店上层的畜牧业文化所取代等文化断层事件，则主要应归结于气候的恶化。

任晓辉[①]对西辽河流域赤峰地区全新世埋藏古土壤的研究表明（见表1），埋藏古土壤与考古学文化有强烈的对应关系。

表1　西辽河流域赤峰地区全新世埋藏古土壤理化性质及序列

剖面地点	有机质（%）	pH	$CaCO_3$（%）	14C测定年龄（aB. P.）
乌兰敖都	3.62	7.85	无	215±70
半拉山	1.62	8.09	无	923±70
好鲁库	1.27	7.77	无	1205±70
乌兰敖都	2.49	7.09	无	1605±70
松树山	1.20	7.96	无	1850±70
苞米营	4.83	7.62	无	3190±80
四道杖房	1.70	7.63	无	4010±85
热水塘	4.51	7.32	无	5220±90
热水塘	4.41	7.36	无	7060±90
松树山	1.39	7.78	微	7760±105
乌兰敖都	7.05	7.19	无	8220±110
乌兰敖都	6.06	7.52	无	8595±110

① 任晓辉："赤峰地区全新世环境演变对考古学文化的影响研究"，《红山文化研究——2004年红山文化国际学术研讨会论文集》，文物出版社，2006年6月。

古土壤发育一般反映自然环境比较优越，气候相对的温暖湿润，pH值是沉积环境酸碱度的定量标志，一般在温暖湿润的气候条件下，生物繁盛的环境中pH值常呈现低值（酸性），而在相对干旱气候条件下，生物稀疏的环境中pH值常出现高值（碱性）；$CaCO_3$的含量与气候的干湿变化有直接关系，一般在北方中纬度半干旱的气候条件下，$CaCO_3$含量较高，如在中国北方干旱半干旱地区的土壤中$CaCO_3$的平均含量为10%～20%，甚至更高，而在热带亚热带的湿润环境中$CaCO_3$的平均含量很低，甚至不含。赤峰地区全新世埋藏古土壤层发育的剖面中都出现了低$CaCO_3$含量、低pH值和高有机质含量，反应这一时期为温暖湿润的气候阶段，这与孢粉组合和其他证据所反映的情况是一致的。

乌兰敖都剖面8000～7000aB.P.泥炭层及土壤层发育，可以看出当时降水远多于现在。泥炭层一般发育在湖泊边缘的浅水沼泽环境下，它是当时湖水面稳定滞留的标志，所以它的出露高程与当时古湖面的高程大致相当。泥炭层的存在表明，在相对潮湿的气候背景下往往有较好的植物条件和较高的生物生产量，在一个相对稳定时期内形成相应的土壤层。热水塘剖面中7000～5000aB.P.发育的埋藏古土壤厚度达180cm，腐殖质层约60cm。很明显，从这两个剖面中可以看出，8000～5000aB.P.阶段为本区暖湿气候。苞米营、四道杖房和半拉山等处剖面，都有一个4000～3000aB.P.的埋藏古土壤层发育，其主要特点是腐殖质深厚，但含量不高，pH值在7～8之间，$CaCO_3$反应无或微弱，此土壤应是半湿润暖湿带发育的草原土壤。从这几个剖面中可以看出，4000～3000aB.P.阶段为本区暖湿气候。乌兰敖都剖面、半拉山剖面、好鲁库剖面显示在2000～1000aB.P.土壤层发育，气候相对温暖湿润。表1中赤峰地区共八个全新世地层剖面，降廷梅同时也做了孢粉取样和分析，从孢粉组合所得出的看法与古土壤分析基本一致，并与土壤分析相互印证。从以上分析得知，全新世以来西辽河流域赤峰地区埋藏古土壤分布大体有三个集中期：（1）8000～5000aB.P.；（2）4000～3000aB.P.；（3）2000～1000aB.P.。相对而言，非古土壤期有两个时期分别是5000～4000aB.P.和3000～2000aB.P.。通过分析现归纳如下。

表 2　赤峰地区全新世埋藏古土壤、农业文化高峰期、农业文化发展期的对应关系

时段/aB. P.	埋藏古土壤	农业文化高峰期	农业文化发展时期
8000～5000	第一期古土壤集中分布	第一次农业文化高峰期（红山文化）	扩展期
5000～4000	非古土壤期	小河沿文化	收缩期
4000～3000	第二期古土壤集中分布	第二次农业文化高峰期（夏家店下层文化）	扩展期
3000～2000	非古土壤期	夏家店上层文化	收缩期
2000～1000	第三期古土壤集中分布	第三次农业文化高峰期（辽域契丹文化）	扩展期

通过对西辽河流域赤峰地区全新世埋藏古土壤、农业文化高峰期、农业文化发展期的分析得出如下结论：（1）8000～5000aB. P. 第一期埋藏古土壤集中发育期，气候适宜，赤峰地区迎来了第一次农业文化高峰期（红山文化），属农业文化扩展期。（2）农业文化收缩期（小河沿文化），此期正是非古土壤期（5000～4000aB. P. ）。（3）4000～3000aB. P. 第二期埋藏古土壤集中发育期，气候适宜，赤峰地区迎来了第二次农业文化高峰期（夏家店下层文化），属农业文化扩展期。（4）农业文化收缩期（夏家店上层文化），此期正是非古土壤期（3000～2000aB. P. ）。（5）2000～1000aB. P. 第三期埋藏古土壤集中发育期，气候适宜，西辽河流域赤峰地区迎来了第三次农业文化高峰期（辽或契丹文化），属农业文化扩展期。

环境变迁与文明演进之间的关系比较复杂，需要具体分析。总体上讲，环境变化对人类一方面提出了挑战，另一方面也为先民提供了机遇。人类响应环境变化的方式受生产技术条件、人口数量、当时的知识水平等人类社会本身的影响和所处的地理环境、环境变化的幅度、频率等自然环境因素的影响。环境变化与文化变化之间的关系可以简单总结出几种模式。其一，如果环境变化幅度较小，尚在人类适应能力的范围之内，环境变化对人类文化的某些方面可能起到一个促进的作用，即适当的环境变化往往会促进文明的演进。这是因为在未超过人类适应范围内，为了生存和应对挑战，人类必须在生产技术上、社会组织上做出适应性改进和调整。

在这种积极的适应过程中，人类不断积累经验，从而在社会组织技术方面却得到了锻炼，一旦气候好转，往往得到加速发展。其二，如果自然环境变化的幅度较大，超出了人类适应能力的范围，环境变化将可能对人类社会产生更多的负面影响，对文化产生一种抑制作用，有时甚至直接导致文化的衰退。其三，即使一些气候事件变化幅度比较大，对早期文化造成了较大的负面影响，但其正面的影响也不可忽视。正如美国著名的历史学家斯塔夫阿诺斯对 4000aB. P. 气候事件的评述一样，一方面导致古老的帝国衰落，旧的社会制度瓦解，世界古代文明消失，另一方面，它又促进了世界古典文明的兴起。在中国，4000aB. P. 气候事件一方面与中原周围地区新石器文化的衰落有关，另一方面，又是中原地区以夏朝建立为标志中国古代文明产生的催化剂。

环境变迁在古文化和社会发展中的作用是不可忽视的。但环境影响的方式以及影响的结果并不具有固定的模式，不能简单地认为环境好转，文化兴，环境恶化，文化衰，必须具体问题具体分析。在探讨古代社会和文化演进时，不能够将环境视为常量，相反，重视环境变化无疑将有助于我们更好地理解早期社会演进的时间、步调和机制。

第三节　西辽河流域全新世环境变化

一、距今 8500～6000 年前西辽河流域环境演变

全新世是最近一次冰川消融期，又称冰后期，其时段约 11000aB. P. 至今，对应深海氧同位素一阶段，其气候经历了升温期—高温期—降温期这样一个间冰期气候变化过程。全新世中期是一个温暖时期，全新世暖期盛期出现在 7000～6000aB. P.，当时年均温度可能比现在高 3℃[①]。8200aB. P. 前后一次降温被称为“全球寒冷（GlobalChill）事件”[②]。该气

① 施雅风、孔昭宸、王苏民等：“全新世大暖期鼎盛阶段的气候与环境”，《中国科学》（B 辑），1993 年，第 23（8）期。

② Perry C A，Hsu K J. geophysical，archaeological，and historical evidence support a solar-output model for climate change. Proceedings of National Academy of Science of USA，2000，97（23）.

候事件在许多地区标志着全新世最适宜期的开始。在中东地区表现为200年左右的干旱，它直接导致了黎凡特和美索不达米亚北部地区的居民放弃了农业定居生活[①]。

全新世早期气温的回升带来了原始农业文化的萌芽，随着末次冰期的结束，气温开始回升，为人类文化的发展带来了转机。全新世早期的升温事件，造成长时间的温湿气候为冰后期人类的发展提供了良好的条件，从而西辽河流域小河西文化产生。在小河西文化阶段，分布着暖温带落叶阔叶林景观，自然景观适宜原始采集渔猎文化的发展。继小河西文化之后，兴隆洼文化萌芽，是典型的原始农业、狩猎和采集并存的混合型经济。遗址数量增多，空间分布呈现明显的扩散趋势，在西拉沐沦河以北的大兴安岭山地都有兴隆洼文化遗址的分布。但是，升温事件伴随着急剧降温事件的发生，剧烈的气候波动对生产力水平低下的兴隆洼文化是灾难性事件。大约在 7.3kaB. P. 左右，兴隆洼文化结束。从小河西文化的产生、兴隆洼原始农业文化的萌芽与气候事件的耦合关系来看，在全新世早期阶段，人类文化的发展在很大程度上依赖于自然环境（尤其是气候条件）的变化[②]。全新世早期（10～7.3kaB. P.），气候波动明显。10～8.9kaB. P.、8.5～7.7kaB. P. 为暖温期，暖温带落叶阔叶林景观带向西北推移，尤其是 8.5～7.7kaB. P. 暖温期暖温带落叶阔叶林景观北推三个纬度左右。西拉沐沦河以南的低山丘陵、黄土台地—平原为典型的暖温带落叶阔叶林景观或暖温性森林草原景观，中部平原为疏林草原景观，西北高原为草甸草原景观，部分地区分布云杉林。大兴安岭山前丘陵平原为暖温性至温性典型草原景观，山地丘陵为温性森林草原景观。8.9～8.7kaB. P. 和 7.7～7.3kaB. P. 时段发生了两次强烈降温事件，暖温带落叶阔叶林景观带南移到燕山努鲁儿虎山一线，本区整体上为温性草原景观。西北高原为温性草甸草原景观。北部中低山应为温性或冷温性森林草原景观。

在 8500～6000aB. P.，西辽河流域现代河流水系尚未形成，本区主要为宽广的山间黄土堆积平原及湖沼。当时人类游弋在黄土平原、湖沼及其周围的山麓地带，从事渔猎、采集和原始农作。6500aB. P. 前后，河流水系形成并发生下切，黄土堆积平原被分割为黄土台塬和河谷。根据14C测

---

① Weiss H and Bradley R S. What drives soci et al collapses? Science, 2001, 291.

② 胡金明、崔海亭、李宜垠：“西辽河流域全新世以来人地系统演变历史的重建”，《地理科学》，2002 年，第 5 期。

年和地层沉积速率推测，沉积年代约为8400～6200aB. P.，本区为蒿—桦—椴孢粉组合[①]，以草本花粉占绝对优势，为总数的94.2％～97.1％，草本植物花粉主要为蒿（78.5％～88.0％）、虎耳草（0～7.9％）、唇形科（1.1％～5.1％）、禾本科（0～3.4％），还有零星的伞形科、苍耳等；木本植物花粉中主要有桦（1.1％～3.7％）、椴（0.7％～1.1％）、松（1.1％）、栎（0～1.1％）、榆（0～1.1％）等。孢粉组合中木本植物花粉含量相对较少，但孢粉图式显示，这一阶段乔木植物花粉含量是本剖面中最高的，表明当时赤峰地区虽以草原植被为主，但在沟谷或土壤水分较好的地方有小片的阔叶林生长。反映这一时期本区为温暖湿润的草原气候特征，可与本区的兴隆洼文化期（8000aB. P. 左右）对比[②]。

兴隆洼文化各遗址中发现的生产工具，主要为石器和少量的骨器工具。石器中以打制石器数量最多，典型器是一种有肩锄形器，是用于松土的工具。此外，还有铲形器、石磨盘、石磨棒、骨锥、匕形器、鱼镖等生产工具。无论是与相邻地区的考古文化对比，还是从兴隆洼文化遗址中出土的生产工具推测，这个新石器文化是有农业存在的。但是以打制石器为主的农业生产工具所反映的事实是这一时期的农业生产水平还是很低的，仅仅依靠这样落后的农业生产来维持那么大规模定居人口的生活需要是很难想像的。从遗址中出土的大量植物果核（胡桃楸）和鹿骨、狍骨等遗物的情况看，采集业和狩猎业仍在兴隆洼文化经济组成中占有相当大的比重。实际上，由原始农业、采集业和狩猎业等多种经济成分构成的复合型（或广谱型）土地利用方式是兴隆洼文化大规模定居聚落稳定发展的基础。这一点很难从当地现代地理环境条件去理解。燕北地区的兴隆洼文化各遗址基本分布在现代温带草原和温带森林草原地区，气候条件冷而干旱，自然状态下单位面积土地所能提供的食物数量很有限。在这样的自然环境条件下，即使是复合型的土地利用方式，也很难保证兴隆洼文化所表现的定居生活需要。解决问题的关键是必须复原当时人们生活的自然环境，必须从当时的自然环境条件去理解当时人们所采取的土地利用方式。

兴隆洼文化遗址中找到了许多原始农业工具、捕鱼具、动物遗骨和木

① 许清海、杨振京、崔之久等："赤峰地区孢粉分析与先人生活环境初探"，《地理科学》，2002年，第4期。

② 中国社会科学院考古研究所内蒙古工作队："内蒙古敖汉旗兴隆洼遗址发掘简报"，《考古》，1985年，第10期。

炭，因此较充分地说明本区当时有森林、草原、湖沼、农田，气候温润。当地先人既狩猎捕鱼，也种植作物和放牧。兴隆洼遗址中发现完整的胡桃楸（Juglans mandshurica）果实，鉴于胡桃楸多生长在土质肥厚、湿润、排水良好的沟谷和山坡，既是组成北方暖温带夏绿阔叶林的主要乔木树种，又是森林草原带的山地夏绿林和针叶林中的伴生树种[①]，故在通辽市大青沟以及敖汉旗大黑山仍有生长。但作为现今气候偏干旱的敖汉旗在距今 8000 年前左右，胡桃楸可能与桦、松混交共同组成暖温带夏绿林和针叶混交林。当时气候温暖湿润，由杜鹃组成的灌丛分布林下。在森林区及森林草原带的岩石上、山地岩石上或石缝中则匍匐生长着喜温干的中华卷柏。由乔木科的蒿、蓼组成的草原占有一定的面积，就赤峰大范围看，当时的植被很可能接近内蒙的夏绿阔叶林和草原过渡带。孔昭宸推测当时赤峰地区年均温为 6.5～7.5℃，最冷月（1 月）均温为-11～-12℃，最热月均温是 23～24℃，≥10℃的年积温有 3000～3200℃，年降水量 400～500 毫米[②]。

研究结果表明[③] 7000aB. P. ～6000aB. P. 是全新世气候的最适宜期，中纬度地区的年平均温度比现在高 3～4℃，降水量增加，暖温带落叶阔叶林带北推约三个纬度。

夏正楷等研究表明[④]在林西县西拉沐沦河南岸的马家沟营子古土壤层（黑沙土）厚 0.8 米，14C 年龄为 6380±110aB. P.，所含孢粉相当丰富，草本占 97.5%，其中蒿属占 89.9%，毛茛科 1.5%，紫菀类 1.5%，唐松草 2.5%，兰刺头属 1.0%；蕨类为喜湿的中华卷柏，占 4%；木本占 0.5%，主要为松科。这一孢粉组合代表了植被比较繁盛的温干疏林草原环境，由于植被覆盖较好，更新世形成的科尔沁沙地，在此期间趋于固定，沙地面积缩小，以兴隆洼、赵宝沟和红山文化为代表的早期农业在西拉沐沦河流域兴起。在白音长汗围沟兴隆洼时期的文化层（7800aB. P. 左右）中，孢粉含量较高，其中草本占 91.3%，有蒿属、藜科、菊科等。

---

① 中国科学院内蒙古宁夏考古队：《内蒙古植物》，科学出版社，1985 年。

② 孔昭宸、杜乃秋、刘观民等："内蒙古自治区赤峰市距今 8000～2400 年间环境考古学的初步研究"，《环境考古研究》（第一辑），科学出版社，1991 年。

③ 施雅风、孔昭宸、王苏民："中国全新世大暖期的气候波动与重要事件（J）"，《中国科学（B 辑）》，1992 年，第 12 期。

④ 夏正楷、邓辉、武弘麟："内蒙古西拉沐沦河流域考古文化演变的地貌学分析（J）"，《地理学报》，2000 年，第 55（3）期。

蕨类有喜湿的中华卷柏、石松等，占7.3%。木本占1.4%，为松属。代表温干的疏林蒿藜草原环境。在敖汉旗小山遗址，赵宝沟时期的文化层（7000aB. P. 左右）中，木本植物花粉明显增多，占45.5%，有松属、椴属、栎属和蔷薇科。草本占12.1%，有蒿属、藜科、禾本科和菊科等。蕨类占42.5%，有喜湿的中华卷柏、石松等。代表比较温暖湿润的森林草原环境。

进入全新世大暖期，气候的好转带来赵宝沟文化的产生。赵宝沟文化的形成发展期（7～6kaB. P.）正是全新世大暖期的鼎盛阶段，本区自然景观为典型的暖温带森林景观，文化景观为耜耕农业文化。稳定暖湿的气候促进本区耜耕农业文化发展，为后来的红山文化兴起奠定了基础。赵宝沟文化时期的自然环境与兴隆洼文化时期相差不多，仍然保持暖温带的气候条件。敖汉旗小山遗址和翁牛特旗小善德沟遗址中出土的胡桃楸（Juglans mandshurica）果实、中旱生乔灌木李属（Prunus sp.）种子和桦木（Betula）树皮表明，赵宝沟文化分布地区仍存在着由胡桃楸和桦树组成的落叶阔叶林，在林下或空旷地带生长着由李属组成的灌木或小乔木[①]。

二、距今6000～5000年西辽河流域环境演变

全新世中期，即大约5500aB. P. 前后的气候转变是世界上许多地区全新世最为显著的气候变化之一。如在太平洋地区ENSO重新活跃；阿尔卑斯山沉寂已久的冰川开始发育；非洲发生“撒哈拉干旱”事件（Sahara Ariditv）或“气候危机（Climatic Crises)”；这次气候事件导致非洲撒哈拉沙漠中的绿洲重新沙化，湖泊减少或干涸，当地居民或改变生活方式，由定居的农业变为游牧，或被迫迁徙。该降温事件在中国地区也有较为明显的反映[②]。在考古上被称为仰韶中期寒冷期[③]。该降温事件导致黄河中上游地区早期人类的遗址数量减少，人类由高阶地向低阶地方向迁

① 孔昭宸、杜乃秋、刘观民等：“内蒙古自治区赤峰市距今8000～2400年间环境考古学的初步研究”，《环境考古研究》（第一辑），科学出版社，1991年。

② 施雅风、孔昭宸、王苏民等：“中国全新世大暖期气候与环境的基本特征”，《中国全新世大暖期气候与环境》，海洋出版社，1992年。

③ 吕厚远：“新石器以来的北温带草原文化与气候变迁”，《文物保护与考古科学》，1991年，第3（2）期。

移①；草原文化南下②；江浙一带遗址数量减少以及先民饮食结构的可能改变③；两湖地区的屈家岭文化和山东海岱地区的大汶口文化向中原地区传播④。

全新世中期 5500aB. P. 前后是全新世气候演化的一个重要时期，是一些地区新石器文化衰落的主导因素，但这一时期也是古文化和人类社会发展的一个重要时期，主要表现为社会大改组、大分化，如原始氏族制度的解体、文明的形成。在中国，这一时期考古学文化出现了重要的变化。主要表现的一些文明因素开始出现，社会复杂性增强；西辽河流域的红山文化（晚期）进入其繁盛时期。当时社会发生贫富分化。遗址规模和内涵的悬殊，反映出聚落出现分级趋势。红山文化坛、庙、冢等礼制性建筑的兴建，部落之间冲突的加剧和扩大，预示着社会复杂化加剧。总之，在这一时期，许多此前不见的社会复杂化因素相继涌现，社会正处在剧烈的动荡之中。

这次气候事件对中国新石器文化的影响比较复杂，这些复杂的社会现象的出现，除了社会本身发展的因素外，很可能还与气候转变导致的资源紧张和资源重新分配有关⑤。

红山文化存在的年代大约在 6000～5000aB. P.，当时的环境条件整体来说仍比较好，但比兴隆洼文化与赵宝沟文化时期要差一些。从北京地区⑥和内蒙古达里诺尔地区⑦的研究结果看，红山文化时期，全新世气候鼎盛期已接近于结束，自然环境条件表现出下降的趋势。但是红山文化的

---

① 吴文祥、刘东生：“5500aB. P. 气候事件在三大文明古国古文明和古文化演化中的作用”，《地学前缘》，2002 年，第 9（1）期。

② deMenocal P B，Ortiz J，Guinerson，et al. Abrupt onset and termination of the Africa Humid period：rapid climate responses to gradual insolation forcing. Quaternary Science Reviews，2000，19.

③ 施少华：“中国全新世高温期中的气候突变事件及其对人类的影响”，《海洋地质与第四纪地质》，1993 年，第 13（4）期。

④ Liu L. The development and decline of social complexty in northern China：Some environmental and Social factors. Indo-Pacific Prehistory Association Bulletin，2000，4.

⑤ 吴文祥、刘东生：“5500aB. P. 气候事件在三大文明古国古文明和古文化演化中的作用”，《地学前缘》，2002 年，第 9（1）期。

⑥ 张子斌、王丁、丁嘉贤：“北京地区一万三千年来自然环境的演变”，《地质科学》，1981 年，第 3 期。

⑦ 李容全：《内蒙古高原湖泊与环境变迁》，北京师范大学出版社，1990 年。

内涵表现却恰恰相反，无论在建筑规模、制陶工艺和石器、玉器制作上，都显示出这是一支高度发达的新石器——铜石并用文化，是燕北地区“之”字纹文化系统发展的鼎盛时期。在巴林左旗大坝、二道梁子，敖汉旗西台等地的红山时期文化层（5500aB. P.）中[①]，草本一般占70.9%～88.5%，有蒿属、藜科、禾本科、毛茛科和菊科；蕨类占10.3%～26%，有喜湿的中华卷柏、石松等；木本占1.2%～3.1%。代表比较温干的疏林草原环境。文化层的孢粉组合表明，气候以温暖干燥为主，在适宜的气候条件下，植物生长繁盛，沙地趋于固定，这为原始农业的出现和迅速发展提供了重要的保证。

红山文化兴起，开始了本区耜耕农业文化的第一次繁荣。红山文化遗址数量明显增加，耜耕农业相当发达。红山文化时期，本区东南部成为红山文化群体的分布中心，遗址点十分密集，同时文化群体不断拓展新的生存发展空间，文化开始扩散。尽管红山文化已经是比较发达的耜耕农业文化，但以石器为生产工具的原始农业文化对气候等自然条件的依赖性大。大约在5kaB. P.（降温事件）以后红山文化开始衰落，随后进入了本区史前原始农业文化的第一次衰落期——小河沿文化阶段。

三、距今5000～3500年西辽河流域环境演变

全新世暖期并不是一个持续的温暖时期，期间存在数次变冷事件。世界各地在5000aB. P. 左右普遍存在变化幅度较大的短期降温气候事件。中国各地区的环境变化记录发现，在5000aB. P. 左右也存在一次降温过程。王开发[②]根据中国各地全新世孢粉植物群、动物化石、西部冰川的消长、海平面变化以及天文背景等研究证实，在中国全新世温暖期中，确实存在一次降温事件，时间在5000～4000aB. P.。郭盛乔等[③]根据宁晋泊地区隆尧县王庄剖面，通过孢粉分析发现在5400～4900aB. P. 出现了一个

---

① 夏正楷、邓辉、武弘麟：“内蒙古西拉沐沦河流域考古文化演变的地貌学分析(J)”，《地理学报》，2000年，第55（3）期。

② 王开发：“全新世温暖期中低温事件的初步研究（J)”，《第四纪研究》，1990年，第2期。

③ 郭盛乔、王玉海、杨丽娟等：“宁晋泊地区冰消期以来的气候变化（J)”，《第四纪研究》，2000年，第20（5）期。

冷事件。孙建中等[①]通过研究河北省坝上地区赋存于黄土与古土壤、古沙丘与古土壤和湖泊沉积物中的环境变化信息，得出了坝上地区一万年以来环境变化特征，即经历了多次冷干与暖湿的波动，5700～4600aB. P. 为干冷气候，形成 60 厘米厚的灰黄色沙层，湖泊处于低水位。夏正楷等[②]根据古土壤与孢粉记录将全新世温暖期阶段科尔沁沙地的进退分为四个阶段，其中在 5000～4000aB. P. 有一次明显的扩展过程。靳桂云等[③]通过对太师庄泥炭 14C 测年、孢粉和氧同位素分析，认为华北北部在 4800～4200aB. P. 气候发生突变，出现了降温事件。此次降温事件结束后气温迅速反弹，维持了很长一段温暖气候期，西辽河流域的自然环境为大面积的暖温带针叶、阔叶混交林景观。但值得注意的是夏朝建立为标志的中国古代文明也在大致同一时期形成。这说明本地区这一时期的降温事件是全新世大暖期气候波动的产物，具有全球性。考古资料表明本地区这一时期挖掘出来的生产工具减少，且多以牧业为主，包括以农业为主的红山文化结束于 5000aB. P. [④]，同样反映西辽河流域气候在这一时段恶化。在辽宁南部地区，则在 5000aB. P. 前后出现气温下降，降水减小的趋势[⑤]。根据在内蒙古中东部地区沉积层中乔木花粉含量与灌木、草本花粉含量的比值，建立了综合气候变化曲线，曲线显示出 4500aB. P. 前后是一个很明显的低温偏干时期[⑥]。辽西北地区环境变化信息表明[⑦] 5000～4400aB. P. 环境为冷干。本段植物孢粉组合中木本植物花粉占 34%左右，草本植物花粉占 66%左右。乔本植物中以栎属、松属占优势，松属早期含量较少，晚期增多，栎属早期含量较多，晚期减少。云杉属、榆属花粉也占有一定比

① 孙建中、盛学斌、刘云霞：“坝上地区一万年来的环境变化（J）”，《第四纪研究》，2000 年，第 20（3）期。

② 夏正楷、邓辉、武弘麟：“内蒙古西拉沐沦河流域考古文化演变的地貌学分析（J）”，《地理学报》，2000 年，第 55（3）期。

③ 靳桂云、刘东生：“华北北部中全新世降温气候事件与古文化变迁（J）”，《科学通报》，2001 年，第 46（20）期。

④ 邓辉：“全新世大暖期燕北地区人地关系的演变（J）”，《地理学报》，1997 年，第 52（1）期。

⑤ 贵阳地化所：“辽宁省南部一万年来自然环境的演变”，《中国科学》，1977 年，第 6 期。

⑥ 崔海亭、孔昭宸：“内蒙古东中部地区全新世高温期气候变化的初步分析”，《中国全新世大暖期气候与环境》，海洋出版社，1992 年。

⑦ 张小咏、李永化、刘耕年等：“辽西北地区全新世中期以来环境变迁”，《海洋地质与第四纪地质》，2004 年，第 24（4）期。

例。草本植物主要为蒿属、黎科，含量不足5%。根据现代植被特征，这一时段属于森林草原景观，气候温凉偏干。

大暖期鼎盛阶段结束于5kaB. P. 左右，随后进入了亚稳定的暖湿期（5～4kaB. P.），气温有所下降，降水也有所减少，西辽河流域自然景观的南北分异更加突出。流域南部为暖温带气候，低山丘陵区分布有暖温带落叶阔叶林，在土壤相对瘠薄的地带有松林分布。北部平原区为典型草原。内蒙古高原东南缘为草甸草原，松林在部分地区成为优势森林群落类型，同时还有桦林、栎林的存在。中北部变干明显，丘陵平原以温带半干旱偏湿型草原为主。西北高原演变为草甸草原。中部的科尔沁沙地古土壤的发育经历了一个明显的低谷阶段。因此，流域中北部自然环境不再适宜农业文化的发展，农业文化在这一地区消失。本区南部仍然保持着相对暖湿的气候，小河沿文化群体主要生活在这一地区。但遗址的密度明显低于红山文化，这一方面与气候变化有关，另一方面可能与红山时期文化群体对这一地区自然景观的干扰有关，区域自然景观可能发生了一定程度的退化。小河沿时期文化景观规模和农业生产水平的下降、文化景观分布北界的南移等，与气候和区域自然景观的演变趋势基本对应，表明气候的变化对这一阶段文化的发展起到了主要的影响作用。

科尔沁沙地的第一次扩展出现在5000～4000aB. P. 的小河沿文化时期[①]。在我国北方沙地可以普遍见到上述大暖期中最厚的古土壤层被厚层风沙覆盖。风沙层中夹有2～3层古土壤，是大暖期中最适宜时期结束之后气候逐渐恶化，并具有明显波动的产物[②]。在科尔沁沙地，根据该期风沙层中古土壤夹层的14C年龄分别为5050±180aB. P.、4650±120aB. P.和4470±90aB. P. 推知风沙层的年龄大致在5000～4000aB. P.[③]。气候恶化引起的沙地复活和扩大，势必造成农田破坏，可耕地减少，农业经济迅速衰落，红山文化被小河沿文化所取代，后者不仅在分布范围上要远远小于红山文化，而且在文化内涵上也落后于前者，代表着一次文明的退步，

---

① 夏正楷、邓辉、武弘麟："内蒙古西拉沐沦河流域考古文化演变的地貌学分析（J）"，《地理学报》，2000年，第55（3）期。

② 施雅风、孔昭宸、王苏民等："中国全新世大暖期气候与环境的基本特征（A）"，《中国全新世大暖期气候与环境（C）》，中国海洋出版社，1992年。

③ 裘善文、李取生、夏玉梅等："东北西部沙地古土壤与全新世环境（A）"，《中国全新世大暖期气候与环境（C）》，中国海洋出版社，1992年。

土地沙化可能是造成这次文明退步的主要原因。

西辽河流域 4000aB. P. 前后河流再次明显下切，形成了阶地（即现在的二级阶地）和新的河漫滩。阶地的形成为夏家店文化时期的人类提供了一个更加安全和适合农作的场所，阶地地势平坦，土质肥沃，取水方便，易于排水而又无水灾之患，是当时最理想的人居环境，而河流下切形成的新漫滩也是当时人类的活动场所。

靳桂云等[①]在研究华北北部太师庄泥炭剖面时认为 4300～3380aB. P. 植被状况较好，发育针阔叶混交林草原植被。

大暖期晚期阶段，暖湿气候得以延续，但有变干的趋势。流域南部地区仍为暖湿气候，自然景观为暖温性森林草原，分布有蒙古栎林。北部平原地区为典型草原，山地丘陵分布松林和落叶阔叶林。

许清海等研究表明[②]，本地区蒿—藜—中华卷柏孢粉组合中草本花粉继续占绝对优势（84.6%～92.6%），其次为蕨类孢子（6.2%～14.6%）。草本花粉中以蒿占绝对优势（53.2%～82.7%），其次有藜科（1.5%～22.5%）、紫苑（0.8%～6.4%）、蓼（0.5%～3.1%）、菊科（0.8%～1.9%），夹有少量虎耳草、荨麻、伞形科和茜草等。蕨类植物主要有中华卷柏（5.8%～14.6%），夹有少量的荫地蕨。沉积年代约为 4000～2500aB. P. 。本阶段孢粉组合中木本植物花粉最少，相反蕨类植物有明显增多。但在本阶段早期，有少量的栎、桦等花粉，反映在本阶段赤峰地区植被以草原为主，气候温干，较上一阶段晚期自然环境略有好转。这一阶段，本区有早期夏家店下层文化（4000～3300aB. P. ）和晚期夏家店上层文化（3000aB. P. 左右）遗存[③]。考古发现，夏家店下层文化时期的先人以旱作农业为主，自然环境虽然比最宜期差一些，但总体还是比较好的[④]。从孢粉组合中蕨类植物中华卷柏的增多可以看出，当时人类活动有

---

① 靳桂云、刘东生：“华北北部中全新世降温气候事件与古文化变迁（J）”，《科学通报》，2001 年，第 46（20）期。

② 许清海、杨振京、崔之久等：“赤峰地区孢粉分析与先人生活环境初探”，《地理科学》，2002 年，第 4 期。

③ 孔昭宸、杜乃秋、刘观民等：“内蒙古自治区赤峰市距今 8000～2400 年间环境考古学的初步研究（A）”，《环境考古研究》（第一辑）（C），科学出版社，1991 年；邓辉：“全新世大暖期燕北地区人地关系的演变（J）”，《地理学报》，1997 年，第 52（1）期。

④ 郭盛乔、王玉海等：“宁晋泊地区冰消期以来的气候变化（J）”，《第四纪研究》，2000 年，第 20（5）期。

所加剧。中华卷柏是我国暖温带典型的先锋物种，在自然植被，尤其是森林植被人为破坏后它能迅速繁盛起来，中华卷柏的繁盛与否，与人类活动关系密切①。

气候对夏家店下层文化遗址的分布具有重要的制约作用。4～3kaB. P.，本区进入了大暖期的晚期阶段。4～3kaB. P. 大暖期暖湿的气候特征依然延续，但气候稍变温干。本区南北自然景观的分异保持了上一阶段的基本特点，中北部地区不适合史前农业文化群体的生存发展，未发现有夏家店下层文化的遗址。但孢粉、炭屑和古土壤的发育年代等证据表明，本区南部地区气候仍然相对暖湿，适宜于农业文化的发展，南部地区成为夏家店下层文化的分布中心。

大暖期的结束与畜牧业文化的兴起在 3.3kaB. P. 左右，夏家店下层文化被夏家店上层文化取代，本区开始了畜牧业文化的第一次繁荣，文化发生了转型。气候演变是文化转型的重要原因。4～3kaB. P. 时段，气候一直有变凉干的趋势，但前期阶段变化幅度相对较小，大约在 3kaB. P. 左右，气候变干变冷趋势明显。旱作农业受气候影响大，气候的明显变冷变干导致夏家店下层农业文化发生衰退。而畜牧业文化能够适应相对冷干的气候，从而在这一地区产生。3.5kaB. P. 左右，我国北方生态过渡带中南部的朱开沟文化逐渐由早期的农业经济为主的文化过渡到鄂尔多斯青铜器文化②。

另外，自然环境的退化也是夏家店下层农业文化沉寂的原因。夏家店下层文化阶段，本区南部文化遗址分布非常密集，密度大大超过了本区现代村落的密度。大规模的人口对土地和森林资源的需求变大，而定居型农业文化又会带来土地的退化，气候的变干变冷又会加剧了自然环境的退化。本区青铜器文化主要是接受外来青铜器文化的影响而发展的。自夏家店下层文化时起，西辽河流域就开始接受鄂尔多斯文化和中原文化的影响。在 3.5kaB. P. 左右，鄂尔多斯地区发达的青铜器文化沿着长城沿线传入东部地区，为夏家店上层文化的发展带来了先进的铸铜技术，出现柄

① 郭盛乔、王玉海等："宁晋泊地区冰消期以来的气候变化（J）"，《第四纪研究》，2000 年，第 20（5）期。

② 施雅风、孔昭宸、王苏民等："中国全新世大暖期的气候波动与重要事件（J）"，《中国科学》（B 辑），1992 年，第 12 期；田广金："论内蒙古中南部史前考古（J）"，《考古学报》，1997 年，第 2 期。

体联铸的青铜短剑、铜刀等。

小黑石沟墓地大型墓葬和宁城县南山根101号墓中出土有黄河流域贵族墓中常见的青铜礼器，可见本区青铜器文化的发展与黄河流域的文化有着密切的关系①。

夏家店下层文化层的孢粉组合或木炭碎块的研究表明②，当时的树种为松（Pinus）、栎（Quercus）、胡桃（Juglans）、白蜡（Fraxi2nus）、榆（Ulmus）、桦（Betula）、云杉（Picea）和冷杉（Abies）等，并含有栗属（Castanea）、无患子科（Sapindaceae）和槭树科（Anacardiaceae）等喜暖种类的花粉。孔昭宸等人根据敖汉旗大甸子遗址的孢粉组合研究的结果为油松（Pinustabulaeformis）、栗（Castanea）、白蜡（Fraxinus）、榆（Ul2mus）、胡桃（Juglans）、云杉（Picea）和冷杉（Abies）。因此，他们认为，距今3500年前，赤峰黄土丘陵区生长着暖温带针阔混交林③。夏家店下层文化时期，居民生活的自然环境分布着油松林，以蒙古栎为建群树种的暖温带落叶阔叶林及沟谷杂木林。此研究中油松占的比例很高（近69%），说明此时的气候很适合油松的生长，是温暖湿润的。然而蒙古栎也占有较高的比例（14%），蒙古栎种群发展与气候干暖化具有一致性，对冷湿环境不适应。这说明在一定程度上气候是向干暖化发展，这与周晓峰等人④提出的内蒙古现代环境中暖干波动所造成的环境恶化现象至少形成于中全新世时期的看法是一致的。

科尔沁沙地的第二次收缩出现在4000～3300aB. P. 的夏家店下层文化时期。当时正值大暖期中又一个比较适宜的时期，气候暖湿，波动缓和。西拉沐沦河流域与我国北方其他沙地一样，发育了全新世大暖期中另

① 中国科学院考古研究所内蒙古工作队："宁城南山根遗址发掘报告（J）"，《考古学报》，1975年，第1期；施雅风、孔昭宸、王苏民等："中国全新世大暖期的气候波动与重要事件（J）"，《中国科学》（B辑），1992年，第12期。

② 崔海亭、李宜垠、胡金明．利用木炭碎块显微结构复原青铜时代的植被．科学通报，2002，47（19）．

③ 孔昭宸、杜乃秋、刘观民："内蒙古自治区距今8000～2400年间环境考古的初步研究"，《环境考古研究》（第一辑），科学出版社，1991年。

④ 周晓峰、张远东、孙慧珍："气候变化对大兴安岭北部蒙古栎种群动态的影响"，《生态学报》，2002年，第22（7）期。

一层较厚的古土壤。董光荣等[①]在翁牛特旗测得该土壤层14C年龄为4010±85aB.P.和3190±80aB.P.。

老哈河的王祥沟，一级阶地沉积物下部黑淤泥层的14C年龄为3980±80aB.P.，其孢粉组合中，草本占79.7%，其中蒿属占66.2%，藜占3.8%，菊科占4.2%，禾本科占1.7%，紫菀类占0.4%，豆科占1.3%，麻黄占0.8%，其他占1.2%；蕨类有卷柏和环纹藻，占1.3%；木本占19%，主要为铁木占10.1%，榛占6.8%，松科占1.7%，桦占0.4%。在敖汉旗喇嘛洞山的相当于这一时期文化层中，孢粉含量较高，其中草本占72.5%，以蒿属和藜为主。木本占6.7%，有松科、桦属和栎属。蕨类占20.8%，有中华卷柏和石松。表明较为温湿的森林草原环境[②]。

良好的气候有助于植被的恢复和土壤的发育，沙地趋于固定，沙化面积减少，农田扩大，促进了夏家店下层文化时期农业经济的发展，并达到空前的水平。

夏家店文化上层年代存在于3000aB.P.以后是无疑的，即相当于本阶段的后期，这一阶段，孢粉组合中蒿花粉增多，且藜科花粉也占一定优势，反映气候温干。3000aB.P.前后，正是全新世大暖期结束的时期[③]。当时自然环境进入一个降温期，本区植被温性森林减少，草原面积扩大，从考古发现看[④⑤]当时由原来以农业为主的先人生活方式中，畜牧业成分有了明显的增加。

---

① 董光荣、金炯、高尚玉等："晚更新世以来我国北方沙漠地区的气候变化（J）"，《第四纪研究》，1990年，第3期。

② 夏正楷、邓辉、武弘麟："内蒙古西拉沐沦河流域考古文化演变的地貌学分析（J）"，《地理报》，2000年，第55（3）期。

③ 施雅风、孔昭宸、王苏民："中国全新世大暖期的气候波动与重要事件（J）"，《中国科学》（B辑），1992年，第12期。

④ 孔昭宸、杜乃秋、刘观民等："内蒙古自治区赤峰市距今8000～2400年间环境考古学的初步研究（A）"，《环境考古研究》（第一辑）（C），科学出版社，1991年。

⑤ 邓辉："全新世大暖期燕北地区人地关系的演变（J）"，《地理学报》，1997年，第52（1）期。

第四节　环境演变与考古学文化传承与变异

全新世以来，人类一直生息在西辽河流域。其中，8500～6000aB. P. 的兴隆洼—赵宝沟文化时期，人类主要从事渔猎、采集和原始农作。6000～5000aB. P. 的红山文化时期，原始农业得到极大的发展，并成为主要的生产活动，本区出现了农业经济的第一次繁荣。前三种早期考古文化都流行在陶器表面装饰“之”字纹的做法，属于“之”字纹文化系统，其发展的时间基本与全新世气候最宜期（8000～5000aB. P.）相应。在5000～4000aB. P. 的小河沿文化时期，出现较晚的小河沿文化则属于从“之”字纹文化系统向青铜时代的“绳纹”文化系统转变的过渡类型，处于极盛时期的红山文化突然衰落，农业经济出现大的滑坡。在4000～3300aB. P. 的夏家店下层文化时期，本区进入了青铜器文化时代，史前农业发展到较高阶段，农业又一次得到极大的发展，本区出现了农业经济的第二次繁荣。在3300～2800aB. P. 的夏家店上层时期，文化性质发生根本的转变，农业经济被畜牧业经济所替代，畜牧业文化在本区第一次盛行，文化遗址的分布范围超过了夏家店下层文化。考古文化的兴衰，尤其是农业文化的兴衰，与地理环境的演变有密切的关系。西辽河流域全新世以来考古学文化性质见表3。

表3　西辽河流域全新世以来考古学文化性质

文化类型	时段（aB. P.）	文化性质
小河西文化	10000～8150	采集、渔猎
兴隆洼文化	8150～7350	采集、渔猎、原始农业并存；定居文化
赵宝沟文化	7150～6150	进入粗耕农业阶段，驯化—渔猎—采集占重要地位，社会分工开始，定居文化
红山文化	6660～4870	发达的粗耕农业，采集、渔猎成为补充，进一步社会分工；定居文化
小河沿文化	4600～4100	渔猎农业并重，农业较红山时期明显衰退
夏家店下层文化	4100～3300	史前农业发达，渔猎成为补充，家畜饲养盛行；定居文化，聚落有功能分化
夏家店上层文化	3200～2200	畜牧业占主体，晚期出现农业文化，青铜器发达；聚落遗址发现少

一、兴隆洼文化的分布

进入冰后期，随着气候的逐渐变暖，自然环境发生了变化，在新环境下，原始人群的生产活动也随之改变，导致了旧石器时代的结束，而开始了向新石器时代的过渡。兴隆洼文化是迄今所见西辽河流域最早的新石器时代文化，农业和牧业的出现虽然大大改变了人类的生活状况，但是，由于这两种新的经济部门还处于原始阶段，生产的产品还不能满足社会的最低需要，因此古老的采集和渔猎在整个社会的经济生活中仍然占有重要地位。

兴隆洼文化（8000～6500aB. P.）遗址的分布范围很广，北至克什克腾旗富顺永，西至赤峰市红山区大五十家子，东至奈曼旗福盛泉，南至燕山南麓。主要分布于西拉沐沦河流域和燕山南北，包括整个赤峰市和通辽市的西南部以及医巫闾山到北京之间的辽西、冀东北地区。生产工具以掘土用的打制石锄为主，也有翻土用的磨制石铲、砍伐用的石斧和加工食物用的石磨盘、石磨棒等，标志当时农业已经出现，并有了一定的发展。但鱼镖、兽骨和大量胡桃楸果实的出土，标志渔猎和采集在经济生活中仍占相当重要地位，属生产力低下，渔猎、采集和原始农业并存的早期农业阶段，这样一种经济面貌，与当时黄河中下游地区以农业为主的生产形态构成了较为明显的差别。

兴隆洼文化的空间分布为西起冀辽山地，东至辽河下游地区，向南越过燕山山地抵达北京平原，向北则分布到大兴安岭南段的山前地区①。兴隆洼文化的空间分布，不仅仅代表了一种以“之”字纹筒形罐为典型陶器群的考古文化的空间延伸范围，而且反映了一种在特定的自然环境下形成的人地生态系统综合体在特定时间的空间分布。兴隆洼文化分布的北界，不仅代表了一群特定时代的人们所创造的考古文化的北界，也反映了全新世气候最宜期暖温带气候在燕北地区的分布北界。与现代位于燕山一线的暖温带界线相比，当时的暖温带大约北推了 2～3 个纬度。这个从文化分布上所推断的气候变化幅度，与邻近地区全新世研究中所证明的气候带北

① 邓辉：“全新世大暖期燕北地区人地关系的演变（J）”，《地理学报》，1997 年，第 52（1）期。

移幅度基本是一致的[①]。

兴隆洼文化遗址或遗存的分布有一个共同的特点，绝大多数位于临近湖沼或河流的黄土台地上。在这样的地貌部位，疏松而肥沃的黄土可以利用原始的石器工具经营农业。周围的湖沼、河流可以提供渔蚌之利。生长在周围河谷低地或山前平原上的暖温带森林可供稳定地采集食物，生活于林下或草地上的鹿、狍又成为当时人们的肉食来源。这样的自然环境无疑是兴隆洼文化能够发展的最优之地。

根据 14C 测年及考古类型学研究，兴隆洼文化是已知燕北地区诸考古文化中最早的一种。代表陶器群是一些装饰“之”字纹的筒形罐。兴隆洼文化的聚落遗址规模一般都比较大，其中首次发掘的兴隆洼遗址代表性最突出。这个遗址位于敖汉旗宝国吐乡兴隆洼村东南一块平缓黄土台地的西南缘，属于赤峰—宁城黄土丘陵地区。黄土台地相对高度 20 米，聚落遗址沿着黄土台地的西南缘整齐地分布。由东南向西北约有十一二排房址，每排房址数目不等，长者十几间，短者七八间，每排房址之间是非常规整排列的灰坑。聚落四周有围沟环绕，包围的遗址面积有 10×10^3 平方米多，约一百多间半地穴房址。遗址选择在黄土台地的西南坡，背风向阳，山脚下有泉水出露。显然，这是一处精心选择，有周密规划的大规模新石器时代的居住遗址[②]。其他的兴隆洼文化遗址，如林西县白音长汗、阜新市查海等遗址，同样反映了兴隆洼文化时期聚落遗址规模大和精心布局的特点。

二、赵宝沟文化与红山文化

赵宝沟文化和红山文化的环境特征为暖湿，进入铜石并用时代晚期转为温湿，到了早期青铜时代则出现了凉干的气候环境[③]。

赵宝沟文化期（7000～6000aB. P.），农业生产得到了初步发展，狩猎活动已大为减少。到了红山文化期（6000～5000aB. P.）农业生产和生

---

① 崔海亭、孔昭宸：“内蒙古东中部地区全新世高温期气候变化的初步分析”，《中国全新世大暖期气候与环境》，海洋出版社，1992 年。

② 中国社会科学院考古所内蒙工作队：“内蒙古敖汉旗兴隆洼遗址发掘简报”，《考古》，1985 年，第 10 期。

③ 史培军等：“内蒙古农牧交错地带环境考古研究——内蒙古考古文化分布与自然环境及其演变关系分析”，《内蒙古文物考古》，1993 年，第 1、2 期。

产力水平又有了极大的提高，农业社会进入了极盛时期，社会经济的发展促进了人口快速增长。农业经济的发展为西辽河流域迈进文明社会打下了坚实的基础。然而，在红山文化的晚期阶段以及以后的一段时期发达的农业经济体系彻底解体了。受 5000aB. P. 左右寒冷事件的影响，以旱作农业为主的红山文化迅速衰落，与后期的小河沿文化，无论在文化内涵上还是在时间上都出现了明显的“断层”[①]。

赵宝沟文化经过发掘的遗址主要有内蒙古自治区敖汉旗的赵宝沟、小山和河北省迁安新庄等地。生产工具以磨制石器为主，加工精良，新型翻土工具——尖弧刃石耜和改进型砍伐工具——扁平石斧以及规整的石磨盘、石磨棒等大量出土。大型扁平石斧的功能之一，当是原始居民进行火耕农业时用来砍到树木。表明当时的农业生产力水平较兴隆洼时期已有了明显的提高和发展。与兴隆洼文化相比兽骨的数量明显减少，甚至用动物骨骼为原料的制骨业也不如过去兴盛，这说明到了赵宝沟文化期狩猎活动大为减少，这是与当时农业的初步发展相适应的。

赵宝沟文化遗址点多分布在台塬及其上部的缓坡地，但在较低海拔处的河流二级阶地的沉积物中也有发现。赵宝沟文化进入耜耕农业阶段，驯化—渔猎—采集占重要地位，社会分工原始，属定居文化。

目前所发现的赵宝沟文化聚落遗址，一般都保存较差。保存情况比较好的只有敖汉旗的赵宝沟遗址，虽然限于发掘工作，对聚落的整体规模和布局的情况仍不十分清楚，但还是可以看出赵宝沟文化的聚落规模要超过兴隆洼文化。房址四壁和居住面抹草拌泥，则反映了建筑技术上的进步性[②]。

赵宝沟文化石器工具的制造水平同样显示出进步性。打制石器已经退居次要地位，代之以大量精致的磨制石器。磨制石器的典型器是一种扁长的石斧和石耜，石耜多通体磨光，扁平，圆凸刃。与兴隆洼文化打制有肩石锄相比，翻土工具有了很大的进步。

赵宝沟文化的聚落规模超过兴隆洼文化，两者的自然环境条件相差不多，自然状态下单位面积土地所能提供的食物数量并没有增加，显然，农业水平的提高是赵宝沟文化聚落规模扩大的经济基础。磨制精良的石耜等

① 许宏：“‘连续’中的‘断裂’(J)”，《文物》，2001 年，第 2 期。

② 中国社会科学院考古所内蒙队：“内蒙古敖汉旗赵宝沟一号遗址发掘简报”，《考古》，1988 年，第 1 期。

翻土工具，间接地反映了当时的农业土地利用水平要超过兴隆洼文化时期。赵宝沟文化时期暖温带气候的分布范围基本上与兴隆洼文化时期一致，西拉沐沦河并不成为自然环境的界线，其北部的大兴安岭山前地带同样有适合赵宝沟文化发展的自然环境条件。

赵宝沟阶段农业文化的长期积累，带来了红山时期农业文化的繁荣。西辽河流域东南部的低山丘陵、黄土台地区遗址密集，成为当时红山文化景观的中心，老哈河上游黄土丘陵台地、西拉沐沦河以北的山前丘陵平原区都有广泛分布，红山农业文化景观在空间上呈现区域性集聚和扩散的趋势，形成了较大规模的农业文化景观。与红山文化同时并存的还有分布在乌尔吉沐沦河流域的富河文化，它是典型的定居文化，狩猎采集业在它的社会经济形态中占绝对主导地位，但也存在一定程度的农业成分。

红山文化因 1935 年内蒙古自治区赤峰市红山后遗址的发掘而得名，最初被称为赤峰第一期文化，1954 年定名为红山文化。红山文化主要分布于内蒙古自治区东南部、辽宁省西部、河北省北部地区，相对年代与仰韶文化大致相当。磨制石器不仅制作精美，而且器型规一，有石锄、石斧、石刀、石锛、石犁、石耜、石磨盘、石磨棒等，其中石犁和石刃锋尖锐，数量众多，是主要的翻土工具。出土有大量的炭化谷物和家猪遗骸，并发现有铜环和铸铜用的陶范。

红山文化时期，原始农业文化第一次繁荣，西辽河流域东南部形成了区域文化景观的中心，文化在空间既集聚又扩散，北部的西拉沐沦河和乌尔吉沐沦河流域都有大量的红山文化遗址的发现。

红山文化遗址的密度远远超过兴隆洼和赵宝沟时期。红山文化已进入铜石并用时代，当时生产技术和生产力水平有极大的提高，人口骤增，是农业生产大发展的时期。红山文化在新石器时代晚期已经出现，但其作为历史舞台的主角占据整个燕山地区当应是赵宝沟文化结束以后的事了。作为铜石并用时代早期的红山文化可分为两个阶段。前段为西水泉类型，以敖汉西台聚落为代表①；后段为牛河梁类型，以牛河梁祭祀中心为代表②。考古资料表明，经过了赵宝沟文化时期的多文化割据局面后，红山文化迅

① 杨虎："敖汉旗西台新石器时代及青铜时代遗址"，《中国考古学年鉴》(1988 年)，文物出版社，1989 年。

② 辽宁省文物考古研究所："辽宁牛河梁红山文化'女神庙'与积石冢群发掘简报"，《文物》，1986 年，第 8 期。

速崛起，占据了燕山南北的广大地区，向西已经到了张家口地区。红山文化遗址一般分布比较密集，仅敖汉旗就发现了502处，大约每16平方千米有一处红山文化的遗址。这些聚落遗址在敖汉旗自南向北逐渐增大。面积较小者为4000～5000平方米，较大者为30000～100000平方米，最大者达2～3平方千米。聚落遗址多以河流为纽带，以大聚落为中心，周围有若干小聚落共同构成一个聚落群。聚落多分布在地势平缓开阔，靠近水源的向阳坡地或台地上。其地势比现代村庄高出10～20米，而比赵宝沟聚落要低①。

红山文化时期，自然条件比较优越，特别是与中原仰韶文化庙底沟类型发生“碰撞”后，红山文化在赵宝沟文化原有的耜耕农业和原始手工业的基础上迅速提高，耜耕农业比较发达，制陶有进一步的发展，一般在聚落遗址较高的地方发现有窑址，有的两三个聚落共用一个窑址区，专门的玉器加工制造业占有很重要的地位。在敖汉旗董家营子聚落中发现了较多有切割痕的碎玉废料，可能是一处专门制造玉器的场所。在崇尚祭祀中，可能已经产生了专职的神权阶层，可见阶级分化和社会分工已十分明显。特别是后段红山文化社会发展水平之高，中华民族国家起源已见端倪。

红山文化是一支定居的考古文化，但是保存完好的红山聚落遗址迄今尚未见正式报道。最能代表红山文化建筑水平和文化发达程度的遗址，是近些年在燕北地区陆续发现的红山文化积石冢建筑群。从目前的材料看，这一类遗存在辽宁西部黄土丘陵地区的分布最集中、最典型。其中保存最好，规模最大，代表红山文化高度发达的建筑艺术水平的，是牛河梁遗址②。牛河梁遗址位于凌源、建平交界处的低缓黄土丘上，呈EN-WS走向。在它的西北和南侧也各有一座黄土丘，但以牛河梁的海拔高度最大，形成北高南低的主梁顶。沿着三座黄土丘的山脊线，都有红山文化的积石冢分布，构成一组分布面积约50平方千米的墓地群。整个遗址区以坐落在牛河梁顶部的女神庙为中心，女神庙本身是一南北向布局的多室殿堂，其中出土大型泥塑女神头像。女神庙以南约900米是一组沿山坡东西向分布的五座大型积石冢。积石冢由大量白色石灰岩堆垒而成，中间一座为圆

① 邵国田：“概述敖汉旗的红山文化遗址分布”，《中国北方古代文化国际学术研讨会论文集》，中国文史出版社，1995年。

② 辽宁省文物考古研究所：“辽宁省牛河梁红山文化‘女神庙’与积石冢群发掘简报”，《文物》，1986年，第8期。

坛式建筑，其余四座皆为方形，对称分布在东西两则。积石冢群与北部梁顶的女神庙南北呼应，构成整个遗址区的核心，并形成一条南北向的中轴线。这一组精心建造，规模宏大的中心性祭祀建筑，从另一个侧面反映出红山文化的高度发达，其人口已有相当规模，否则很难完成这样大的建筑工程。红山文化的制陶业也表现出很大的进步性。陶系中泥质陶的比例大大增加，与夹砂陶的比例基本持平。新的器形，如泥质陶钵、盆、罐、瓮等大量出现，这个时期还出现了彩陶。兴隆洼文化、赵宝沟文化中盛行的夹砂陶罐的做法仍然流行，筒形罐上装饰的“之”字纹更富有特色。生产工具中，磨制石器的种类多且数量大，代表性的器物有长条形弧刃石斧、鞋底形石耜、桂叶形或长方形双孔石刀、石磨盘、石磨棒等。这一类器物一般与农业有关，反映了红山文化的农业生产已发展到比较高的水平。与磨制和打制石器共出数量不少的细石器，这一石器制作传统至少在兴隆洼文化中已经出现，到红山文化时仍保持一定的数量，说明以农业为主的红山文化中，渔猎经济仍占有一定的比例，成为农业经济的补充成分。红山文化的空间分布与兴隆洼文化的空间分布范围大体相当，但是文化遗存的密度要远远超过后者，表明红山文化时的人口数量有了很大的增加。兴隆洼、红山两种文化各自所处的自然环境有比较大的差异，红山文化时期的自然环境要差一些，而单位面积土地上承载的人口数量却在增加，生产技术的进步、农业生产水平的提高当是根本原因。

红山文化阶段，遗址点明显增多，表明这一时期出现了原始农业文化的繁荣。延续了一千多年繁荣的红山文化终于在距今 5000 年前后衰落。文化内涵的研究表明，小河沿文化与红山文化之间具有明显的承袭关系，从红山文化到小河沿文化，逐渐进入衰落阶段，导致这一现象的发生原因主要是气候恶化。

三、小河沿文化的衰落

大约在 5kaB. P. 前后，繁荣的红山农业文化衰退，小河沿文化产生，目前发现并报道的小河沿文化聚落遗址少，与红山文化相比，小河沿文化景观的分布北界明显偏南。

小河沿文化时期常见形制多样的石斧和制作精良的石铲，而红山时期普遍使用的先进翻土工具——石耜和石犁几乎绝迹。小河沿文化的分布范围比红山文化明显变小，且遗址数量锐减。表明农业生产技术和生产力水平较之红山文化时期有明显的退步。此时，陶器表面装饰“之”字纹的传统逐渐消失，小河沿文化的陶器很少见到“之”字纹装饰，而代之以几何纹和来自燕山以南地区的绳纹。小河沿文化遗存发现很少，而且大多数遗存是墓葬，居住址仅发现敖汉旗小河沿乡一处。遗址位于白斯朗营子村西南，老哈河东岸的黄土台地上，高出老哈河床20～25米。发现的四座小河沿文化房址全部为半地穴式，有两类形态：一为圆形双室，一为椭圆型。圆型双室房址内未发现柱洞，推测为半地穴蒙古包式建筑；椭圆型房址内有柱洞，但数量很少，建筑形式也比较原始。由此情况看，小河沿文化的定居生活表现出很大的不稳定性，很可能是一种半定居性质的。房址内发现成堆的螺蛳、蚌壳及动物碎骨，似乎说明渔猎经济成分的比例占得很大①。

与红山文化时期相比，小河沿文化中的农业工具大量减少，农业水平也明显低于红山文化期。这种大范围的生产经济形态的突然转变，很难从这一地区文化自身的发展进程中找到合理的解释。西辽河流域新石器时代的原始农业经济中，主要的种植作物是粟类。粟类作物对气候变化十分敏感，若遇低温或干旱就会出现只长苗不结穗的现象。因此，红山文化显示一个较大的“空白”阶段。在这阶段内该地区绝非无人活动，但不管怎样，红山文化后段一经结束，昔日繁荣，动荡的社会局面骤然消失。

根据小河沿文化层的存在年代，可以认为小河沿文化是在5000～4000aB. P. 冷期中发展起来的。从红山文化与小河沿文化的陶器质地、类别、形制和陶纹饰等方面的演变趋势，可以看出小河沿文化的多种因素是继红山文化晚期发展演变而来的，小河沿文化处于红山文化向夏家店下层文化发展的过渡阶段。小河沿文化分布稀少，其文化特征及其所代表的社会发达程度均明显低于红山文化，与在定居的农业经济条件下发展起来的红山文化相比，小河沿文化在许多方面都表现了停滞或倒退的特征。

小河沿文化已经发掘的地点有内蒙古敖汉旗白斯朗营子（属小河沿乡）、石羊石虎山和翁牛特旗石棚山。常见形制多样的石斧和制作精细的石铲，而石耜和石犁几乎没有，遗存的性质介于红山文化与夏家店下层文化之间。

小河沿文化遗址点多分布在台塬及其上部的缓坡地，但在较低海拔处的河流二级阶地的沉积物中也有发现，小河沿文化渔猎和农业并重，农业

---

① 辽宁省博物馆、昭乌达盟文物工作站、敖汉旗文化馆：“辽宁敖汉旗小河沿三种原始文化的发现”，《文物》，1977年，第12期。

较红山文化时期明显衰退。小河沿文化阶段，遗址点的数量急剧减少，文化发生衰退。如果说红山文化阶段遗址点的分布如同闪烁的“繁星”，而小河沿时期只剩下“文明”的点点星光。尽管小河沿文化发现的遗址点为数不多，但在教来河流域，从南到北、从高到低都有该文化遗址点的分布。

小河沿遗址出土的陶器中，泥质陶的数量大大下降。无论是陶土的加工，还是陶器的制作，都显得比红山文化粗糙、落后。陶器纹饰中基本不见“之”字纹，取而代之的是自燕山以南地区的细绳纹，小河沿文化中普遍出现的陶豆同样反映出这种南北文化系统交流的现象。从小河沿文化陶器的特点可以看出，虽然当地最富于区域文化特点的“之”字纹基本消失了，出现了大量由南方传来的新的文化因素（包括与大汶口文化相象的葬式），但是旧的文化传统仍占有相当大的比例，表现出外来文化因素与当地文化因素相互融合的特点，这也从另一方面显示出这一文化的不稳定性与变化性。总的来看，小河沿文化中的农业工具不如红山文化中的数量多，红山文化中常见的鞋底形石耜、双孔桂叶形石刀皆不见。由农业工具数量变少的情况看，小河沿文化的农业水平不高，至少要低于红山文化的农业水平。小河沿文化所处的自然环境，是全新世8000～5000aB. P. 气候鼎盛期之后一段比较差的时期。

虽然这次降温在各地区发生的时间并不一致（由于14C测年误差或区域差异等原因），但是在5000aB. P. 前后存在一次温度较低的冷期是可以肯定的。燕北地区流行了几千年的“之”字纹文化传统，到了小河沿文化时期基本消失了，自然环境的变化可能起了主导的作用。新石器时代的生产力水平毕竟还是很低的，频繁的低温、干旱或其他自然灾害足以导致脆弱的农业经济崩溃，“之”字纹流行时期恰恰是8000～5000aB. P. 全新世环境最好的时期，“之”字纹文化系统的发展与气候最宜期相伴始终，自然环境条件肯定对文化的发展起过很重要的作用。一旦文化所依赖的环境条件不存在了，文化的衰落也就成为必然，小河沿文化的遗存数量很少，远远小于红山文化的遗存密度，反映了这一时期人口数量在减少。生产工具则反映出农业水平下降的现象，房屋建筑、制陶工艺也同样反映了这一趋势。新出现的大量的南方文化因素，与当地文化传统相融合，恰恰揭示出当时的社会经济结构的不稳定性。可以说，环境恶劣时期反复的气候波动是这一文化现象最好的解释。

四、夏家店下层文化的勃兴

在 4000aB. P. 左右，夏家店下层文化兴起，本区进入了青铜器文化时代，史前农业发展到较高阶段。

在 4000aB. P. 前后，西辽河流域考古文化发展到青铜时代，陶器表面流行装饰绳纹，与当地新石器时代的“之”字纹文化系统形成鲜明的差别。

在西辽河流域接续小河沿文化的是夏家店下层文化。小河沿文化与夏家店下层文化的陶器有一定的共同因素，磨光黑陶、樽、豆、彩绘和绳纹等陶质器类和纹饰都具有不同程度的划时代性，为红山文化所未见或少见，而在夏家店下层文化都得到发展，显示出明显的传承关系。夏家店下层文化的 14C 测年数据在 4000～3300aB. P.，主要分布于燕山山地，北至西拉沐沦河畔，东达医巫闾山，西抵河北省张家口地区。与中原夏商时代基本一致（最近结束的夏商周断代工程将夏朝的开始年代置于大约 2070BC）[1]。

这一时期是大温暖期晚期中又一个比较适宜的气候暖温时期，区域内发育了全新世大温暖期中另一层较厚的土壤层，良好气候有助于植被的恢复和土壤的发育，促进了夏家店时期农业的发展，并达到空前的水平[2]。可以认为夏家店下层文化是在 4000～3000aB. P. 暖期阶段发展起来的，到目前为止，本地区已发现众多以夏家店文化下层为代表的早期青铜的文化遗址，夏家店文化下层文化遗址分布广，密度大，几乎遍及整个西辽河流域[3]。

从遗址中出土的生产工具来看，当时的生产经济状态与土地利用方式是以农业为主，但仍含有很多牧业成分。这一时期是西辽河流域社会发展的又一文明昌盛时期，文化遗址多密集分布在黄土台地、丘陵地区及河谷地带。由夏家店文化下层出土的大量农用工具（石锄、石铲、石镰刀）、家畜（牛、羊、猪、狗）骨骼可以推断夏家店文化下层时代的人们以旱作

---

① 夏商周断代工程专家组：《夏商周断代工程 1996～2000 年阶段成果报告简本（M）》，世界图书出版公司，2000 年。

② 夏正楷、邓辉、武弘麟：“内蒙古西拉沐沦河流域考古文化演变的地貌学分析（J）”，《地理学报》，2000 年，第 55（3）期。

③ 李殿福：“吉林省库伦、奈曼两旗夏家店下层文化遗址分布与内涵（J）”，《文物资料丛刊》，1983 年，第 7 期。

农业为主，过着定居生活。

石器主要为磨制的翻土工具——扁平的石铲和石锄。骨器有镞、铲和锥。发现有微型铜器和铸铜用的陶范。炭化谷物、储粮窖穴和家猪遗骸出土普遍。文化遗址无论在数量上还是在规模上，都远远超过红山文化时期，表明当时人口剧增，农业生产和生产力水平又有了极大的提高，农业社会进入一个新的极盛时期。

夏家店下层文化遗址分布范围最广，从丘陵台地顶部到河流阶地等不同地貌单元都有大量遗址点，而“山城”成为该文化聚落形态的一大特点。夏家店下层文化史前农业发达，渔猎成为补充，家畜饲养盛行。定居文化，聚落有功能分化。

夏家店下层文化的一个引人注目的特点是遗址分布的密度很大，如在赤峰以西的西路嘎河两岸的遗址分布，几乎超过现代居民点的密度①。在大凌河支流上游地区，也十分密集地分布着夏家店下层文化遗址，连绵不断地分布于略高于现代村落的黄土台地上。仅仅在奈曼旗南部的黄土台地、丘陵地区就发现了46处夏家店下层文化遗址，其密度之大，由此可见一斑②。夏家店下层文化遗址密度大，以赤峰地区为例共发现2700多处，其中2000多处在敖汉旗。遗址主要分布在翁牛特旗羊肠子河—老哈河中游一线以南的黄土丘陵台地上，包括教来河流域、孟克河流域、老哈河流域上中游，从本区现代自然景观来看，这正好是科尔沁沙地以南的黄土丘陵台地区。目前已知的夏家店下层文化遗址分布最北到西拉沐沦河，最南到河北大厂县、北京附近，东至辽河下游。

夏家店下层文化的居住址，无论在分布密度上，还是在建筑规模上，都是史前西辽河流域诸考古文化中空前绝后的，有些遗址已经具备原始城的性质③。从发现的大量房屋遗址看，夏家店下层文化的房屋修筑得非常坚固，并且表现出长期使用的痕迹。这说明当时人们过着非常稳定的定居生活，很少发生人口移动现象④。

---

① 中国社会科学院考古所：《新中国的考古发现和研究》，文物出版社，1984年。

② 李殿福：“吉林省库伦、奈曼两旗夏家店下层文化遗址分布与内涵”，《文物资料丛刊》，1983年，第7期。

③ 佟柱臣：“赤峰东八家石城址勘查记”，《考古通讯》，1957年，第6期。

④ 辽宁省文物干部培训班：“辽宁北票县丰下遗址1972年春发掘简报”，《考古》，1976年，第3期。

夏家店下层文化虽然属于青铜文化，但生产工具仍然以石器为主。生产工具种类很多，专门化发展很明显。以石、骨质材料制作的农业生产工具构成夏家店下层文化工具的主要成分。最有特色的农业生产工具是窄顶宽刃边的打制石锄、长方形磨制石铲、横断面为长方形或三角形的磨制石刀。这些很典型的农业生产工具反映出当时的经济形态与土地利用方式是以农业为主的。由夏家店下层文化的聚落遗址、生产工具、粮食作物遗存、动物骨骼等方面的分析结果看，夏家店下层文化时期的人们以旱作农业为主要土地利用方式，过着稳定的定居生活。渔猎业仅作为补充成分，同时饲养一些猪、羊、牛、狗等家畜。夏家店下层文化的空间分布主要集中于赤（峰）—宁（城）黄土丘陵及奈曼、库伦二旗以南的黄土台地地区。其北界基本以西拉沐沦河为界限，大约北纬43°以南一线。这个分布北界与红山文化北界相比，有很明显的南退现象，大约偏南一个纬度。夏家店下层文化存在的4000～3000aB.P.期间，自然环境是比较好的，但与最宜期相比，温度要低一些，降水量也要少一些，从相邻地区的研究结果看，这个时期比最宜期的平均温度下降大约1℃。温度偏低和降水量减少，对夏家店下层文化以磨制石器经营的旱作农业肯定会起很大的制约作用。夏家店下层文化的分布北界波动于北纬43°以南一线，恰恰说明了自然环境条件对人类活动的影响。考古文化的空间分布与自然环境的变化表现出一致的现象。文化的分布北界，实际代表了当时旱作农业的分布北界，是当时的自然环境条件与生产力水平相互协调的结果。

夏家店下层文化在3.3～3.2kaB.P.左右逐渐被夏家店上层文化取代，西辽河流域发生了文化的转型，畜牧业文化在本区第一次盛行，文化遗址的分布范围超过了夏家店下层文化。

夏家店上层文化分布广泛，其南界与夏家店下层文化基本一致，北界则要超过前者，一直分布到大兴安岭南段地区，夏家店下层文化旱作农业区的北界被打破了。夏家店上层文化的存在时间，一般认为在西周早期到战国早期或中期。从时间上看，夏家店上层文化与夏家店下层文化在燕北地区并不衔接，中间有一段缺失，即商代晚期阶段。两种青铜文化不仅在时间上相互不衔接，而且两者的文化面貌也有极大的差异，明显属于两个不同的文化系统，两者之间是替代而不是演替的关系。夏家店上层文化的房址发现不多，从目前的材料看，夏家店上层的居住址，无论是房址数量，还是建筑技术水平，都要远逊于夏家店下层文化，而大规模的聚落遗址则一直没有发现。夏家店上层文化的生产工具也有很大的变化，下层文化中富有特色的农业生产工具，如磨制的扁平有肩石铲、横截面呈三角形的石刀、打制的亚腰形石锄等全部消失了。只有一种用于刈割用的弧背半月形穿孔石刀，松土的农具则基本不见。石器工具中敲砸器较多，楔形石锤斧很有特色。与夏家店下层文化相比，上层文化的青铜器非常发达，特别是青铜武器和马具。武器有铜戈、铜矛、铜斧、铜刀、铜剑、头盔等；马具则有马衔、马镳、銮铃、当卢等。由几方面的情况看，夏家店上层文化是包含一定农业成分的畜牧业文化。目前发现的夏家店上层文化的遗存年代，北部的年代较早，南部的年代较晚。有些学者认为夏家店上层文化是与松花江上游地区西团山文化有关的青铜文化南徙而形成的。西周以前这种文化分布于西拉沐沦河以北，之后渡河而南，春秋以前达到燕山北麓地区[①]。形成空间上由北而南推进的过程。这一次文化上的剧烈变动，与当时自然环境的变化也正巧一致。3000aB. P. 前后，正是全新世大暖期结束的时期[②]。祁连山冰芯研究结果表明，3000aB. P. 以前的温度以暖为主，而 3000aB. P. 以后，以变冷趋势为主[③]。虽然目前对西辽河流域地区尚缺乏系统的自然环境演变研究和高分辨率的分析数据，因此现在还无法对造成夏家店下层与上层文化之间巨大变化的环境影响机制作更深入的分析，但有一点是可以肯定的，即全新世大暖期结束之后的环境变化是导致夏家店下层农业文化消亡，夏家店上层畜牧业文化兴起的重要原因之一。

---

① 刘观民：“西拉沐沦河流域不同系统考古学文化分布区域的变迁”，《考古学文化论集》(1)，文物出版社，1987 年。

② 施雅风、孔昭宸、王苏民：“中国全新世大暖期的气候波动与重要事件”，《中国科学》(B 辑)，1992 年，第 12 期。

③ 姚檀栋、Thop son L G：“敦德冰芯记录与过去 5ka 温度变化”，《中国科学》(B 辑)，1992 年，第 10 期。

第二章

夏家店下层文化发现与研究

第一节　考古学文化发现与命名与遗址分布

一、考古学文化的发现与命名

夏家店下层文化分布的中心区辽西地区是指大兴安岭南缘及其延伸地带，东至下辽河，包括环渤海西北沿岸诸水系流域在内的考古学文化区。境内地势为西高东低，多山地，东南低，多丘陵平原，呈西南向东北走势的努鲁尔虎山、医巫闾山，将主要河流分隔为西拉沐沦河、老哈河和大小凌河水系流域区。这一地理形势对于认识辽西青铜时代古文化遗存的分布规律和不同时段考古学文化的形成、发展及相互关系具有十分重要的意义。

这一地区从新石器时代起就是一个传统的考古学文化区。自公元前2000年前后，由于传统文化的沉淀和对周邻较发达文化的吸收汇聚，实现了技术进步和生产力的较大发展，使这一地区率先进入青铜时代，在以后各发展阶段中也始终居于东北青铜文化的领先和主导地位。

迄今，这一地区青铜时代的考古文化可区分为四种，即夏家店下层文化、夏家店上层文化、魏营子类型和大小凌河流域的曲刃短剑墓遗存。此外，商末周初时期有两种重要考古发现，一是集中见于喀左县境内的铜器窖藏，二是广为分布的北方式青铜器。

夏家店下层文化是辽西地区早期阶段的青铜文化。其分布范围广，延续时间长，文化特征鲜明，同中原文化有着密切关系，在我国青铜时代考古学研究上占有重要地位。

夏家店下层文化的遗物从 20 世纪 20 年代开始陆续发现。1929 年，日本人滨田耕作出版了《貔子窝》① 一书，该书著录有小库仑出土的圆折肩素面陶鬲、腹饰绳纹加划纹的罐形小阜鼎和新出土的素面磨光筒腹鬲等夏家店下层文化的典型陶器。后来，日本人八幡一郎在今河北省北部（原热河省南部）一带调查，江上波夫和水野清一在内蒙古及长城沿线调查，继续有所发现。1935 年，滨田耕作和水野清一到内蒙古赤峰挖掘，出版了考古发掘报告，对包括夏家店下层文化在内的青铜时代遗存提出了“赤峰第二期文化”的命名，并以在当地曾采集到“明刀”钱为据，推定其年代约相当于中原的秦汉时期。这一观点在学术界流行了许多年②。

新中国成立后，燕山南部地区的考古工作出现了新的面貌。1952 年，在唐山小官庄基建工程中出土了六座石棺墓，墓中随葬的素面鬲、折腹盆等器物具有燕北夏家店下层文化同类器物的作风。安志敏先生通过对石棺及其随葬品的研究，认为其年代要早于东周，并首次指出《赤峰红山后》一书对所谓赤峰第二期文化年代的推断缺乏科学根据。1956 年，裴文中教授率领北京大学考古专门化学生到赤峰红山实习，在 56：02·Ⅰ地点灰层中采集到夏家店下层文化的陶甗，由吕遵谔先生执笔撰写的调查报告指出，“过去所谓的‘赤峰第二期文化’实际上还包含几个性质不同的阶段”③。1960 年中国科学院考古研究所内蒙古发掘队刘观民、徐光冀二位先生对赤峰夏家店遗址进行发掘后，对夏家店下层文化的认识有了突破性的进展。虽然这次发掘所获遗物不多，但却发现该遗址明显存在出土遗物各有特点的上、下两层堆积，从所谓赤峰第二期文化中分辨出两种年代不同、文化性质也不相同的文化，以下层为代表的遗存命名为夏家店下层文化，以上层为代表的遗存命名为夏家店上层文化，修正了 1935 年日本学者在赤峰红山后发掘的，把两种不同时期、不同谱系的文化混在一起的错误观点。关于夏家店下层文化的年代，发掘简报明确认为“与殷商文化有

① 滨田耕作：《貔子窝》，东亚考古学会，1929 年，东京。

② 滨田耕作、水野清一：《赤峰红山后》，东亚考古学会，1938 年，东京。

③ 吕遵谔：“内蒙古赤峰红山考古调查报告”，《考古学报》，1958 年，第 3 期。

较密切的关系，年代也可能大体相当”[①]。自此之后，考古工作者在燕山山脉南北地区进行了大量发掘和调查，迄今已发现夏家店下层文化遗址数百处，对夏家店下层文化的分布、文化面貌、分期与年代、经济形态、宗教信仰、社会发展阶段及其与周围各考古学文化的关系都有了相当的了解，对该文化的研究也在不断地深入。

1963年，中国社会科学院考古研究所内蒙古工作队在赤峰市蜘蛛山遗址[②]、1972年在北票市丰下遗址[③]发现夏家店下层文化的多层堆积，为确定其年代分期提供了重要的地层依据。1974年，考古工作者在敖汉旗白斯朗营子南台地[④]发现了该文化遗存，打破了小河沿文化遗存的层位关系，开始提出辽西地区夏家店下层文化的来源问题；在同年开始的对敖汉旗大甸子遗址[⑤]的发掘中，又发现墓葬数百座，为研究夏家店文化居民的埋葬习俗及其反映的社会组织、社会发展阶段等问题提供了丰富的资料。1964年中国科学院考古研究所内蒙古考古队在赤峰市郊区和赤峰县境内，沿英金河及其上游的阴河进行了石城遗址的调查，并发掘了新店石城遗址和西山根石城遗址，对石城址的分布、形制、结构、布局、文化性质及年代有了初步的认识[⑥]。1996年至今，由张忠培领队的赤峰联合考古队在赤峰南部地区展开大规模区域性调查[⑦]，并选择典型的夏家店下层文化遗址进行发掘，使该地区夏家店下层文化的研究转入了以研究聚落形态为主要任务的阶段。

---

① 中国科学院考古研究所内蒙古工作队：“内蒙古赤峰药王庙、夏家店遗址试掘简报”，《考古》，1961年，第2期；“赤峰药王庙、夏家店遗址试掘报告”，《考古学报》，1974年，第1期。

② 中国社会科学院考古研究所内蒙古工作队：“赤峰蜘蛛山遗址的发掘”，《考古学报》，1979年，第2期。

③ 辽宁省文物干部培训班：“辽宁北票县丰下遗址1972年春发掘简报”，《考古》，1976年，第3期。

④ 辽宁省博物馆：“辽宁敖汉旗小河沿三种原始文化的发现”，《文物》，1977年，第12期。

⑤ 中国社会科学院考古研究所：《大甸子——夏家店下层文化遗址与墓地发掘报告》，科学出版社，1996年。

⑥ 徐光冀：“赤峰英金河、阴河的石城遗址”，《中国考古学研究》，文物出版社，1986年。

⑦ 赤峰中美联合考古研究项目：《内蒙古东部（赤峰）区域考古调查阶段性报告》，科学出版社，2003年。

在燕南地区，1961年在昌平雪山村发现了夏家店下层文化遗存，打破当地龙山期文化遗存的地层关系以及其居址、墓葬，与燕北地区同类遗存有相似之处又有不同的现象，从而确定了该类遗存在燕南地区的年代上限，并提出了夏家店下层文化分型的问题。1964年在大厂县大坨头①，1965年在蓟县张家园②，1973年在房山区琉璃河③，1977年在平谷县刘家河④，1977～1979年在蓟县围坊⑤，1981年在滦南县东庄店⑥发现了该类遗存的多层堆积，为燕南地区该文化的分期提供了科学依据。1986～1990年北京市文物研究所对房山区镇江营和塔照遗址⑦的发掘，使考古界对燕南地区夏家店下层文化的认识得到进一步的深化。从1979年开始的河北蔚县壶流河流域的调查与发掘⑧，除发现有当地夏家店下层文化遗存与龙山期文化以及二里岗期上层商文化遗存的叠压关系外，还发现有夏家店下层文化遗存之间的相互打破现象，确定了其在当地存在的时限，理出了其发展线索。

二、夏家店下层文化遗址分布

夏家店下层文化有一个相当广阔的分布面，燕山以北的辽西地区是夏家店下层文化分布的中心区，这一地带的西辽河主要支流老哈河流域和其以南单独入海的大凌河流域，是由蒙古高原向华北平原过渡地带地理特点表现最为典型的地区。他以丘陵山地为主，无大片平原，但在这两河及其

---

① 天津市文化局考古发掘队："河北大厂回族自治县大坨头遗址试掘简报"，《考古》，1966年，第1期。

② 天津市文物管理处："天津蓟县张家园遗址试掘简报"，《文物资料丛刊》(1)，文物出版社，1977年。

③ 北京市文物管理处、中国科学院考古研究所、房山县文教局、琉璃河考古工作队："北京琉璃河夏家店下层文化墓葬"，《考古》，1976年，第1期。

④ 北京市文物管理处："北京市平谷县刘家河发现商代墓葬"，《文物》，1977年，第11期。

⑤ 天津市文物管理处考古队："天津蓟县围坊遗址发掘报告"，《考古》，1983年，第10期。

⑥ 河北省文物研究所："河北滦南县东庄店遗址调查"，《考古》，1983年，第9期。

⑦ 北京市文物研究所：《镇江营与塔照——拒马河流域先秦考古文化的类型与谱系》，中国大百科全书出版社，1999年。

⑧ 张家口考古队（孔哲生、张文军、陈雍）："蔚县夏商时期考古的主要收获"，《考古与文物》，1984年，第1期。

支流两岸，大都有开阔的河川地带，夏家店下层文化遗址就分布在这些大小河川附近的低台地和高度不同的山冈上，局部地区遗址分布十分密集，有的密集程度超过近代村落，且有一定规律可循，从而形成若干个遗址群。由中心区向北，未越过西拉沐沦河[①]；向东未越过医巫闾山，界限较为清楚，但在东北部与下辽河流域的高台山文化广为接触；向南则直达渤海湾沿岸；向西南越过燕山山脉进入华北平原；西界大约在河北省张家口地区的壶流河流域；最南已超过拒马河流域。可见，夏家店下层文化由中心区向外的扩展，其主要目标在南部的渤海和华北平原，而不在北部平原，这同红山文化既向南发展又向北蒙古高原继续深入的发展趋势有所不同。

迄今在燕山南北地区已发现夏家店下层文化的遗址约有3000余处，经正式科学发掘的已有十几处。其中，燕山以北地区有赤峰药王庙、蜘蛛山[②]、宁城南山根[③]、敖汉大甸子[④]、北票丰下[⑤]、敖汉白斯朗营子南台地、建平水泉[⑥]、四分地东山嘴遗址[⑦]、范杖子墓地[⑧]等；燕山以南地区有北京

① 根据赤峰地区最近文物普查结果，在西拉沐沦河北岸巴林右旗境内亦发现了夏家店下层文化遗物存在。

② 中国社会科学院考古研究所内蒙古工作队："赤峰蜘蛛山遗址的发掘"，《考古学报》，1979年，第2期。

③ 中国社会科学院考古研究所内蒙古工作队："宁城南山根遗址发掘报告"，《考古学报》，1975年，第1期。

④ 中国社会科学院考古研究所：《大甸子——夏家店下层文化遗址与墓地发掘报告》，科学出版社，1996年。

⑤ 辽宁省文物干部培训班："辽宁北票县丰下遗址1972年春发掘简报"，《考古》，1976年，第3期。

⑥ 辽宁省博物馆、朝阳市博物馆："建平水泉遗址发掘简报"，《辽海文物学刊》，1986年，第2期。

⑦ 辽宁省博物馆、昭乌达盟文物工作站、赤峰县文化馆："内蒙古赤峰县四分地东山嘴遗址试掘简报"，《考古》，1983年，第5期。

⑧ 内蒙古自治区文物工作队："敖汉旗范杖子古墓群发掘简报"，《内蒙古文物考古》，1984年，第3期。

昌平、房山，天津蓟县张家园[1]、围坊[2]，河北唐山小官庄[3]、大厂大坨头[4]、蔚县三关[5]、滦南东庄店、壶流河流域的调查与发掘等。

1. 夏家店和药王庙遗址

药王庙遗址在赤峰市南17千米的药王庙山上，山冈的西、北、南三面为涧沟环绕，西面是小南沟，山下有季节性河流汇入英金河。遗址高出河面30余米，较平坦。堆积层比较简单，没有发现扰乱现象，文化层厚达3～4米。发现房址两座，一座是袋形窖穴式，四壁抹草拌泥，地面系经两次用草拌泥筑成，房屋中有篝火痕迹，未见灶，也没有发现柱洞。门朝南开，上窄下宽呈梯形，门道两壁亦抹草拌泥。另一座为圆形窖穴式，四周砌以石头，黄土地面，经过夯打，屋内有篝火痕迹，中间有柱洞。陶器、石器、骨器数量较多，为一处单纯的夏家店下层文化遗址，也是最早将夏家店下层文化分辨出来的主要地点。

夏家店遗址是夏家店下层文化的命名地。位于赤峰市东约15千米英金河北岸山冈上，遗址东西并列分布于三个山冈上，在这里发现两种青铜文化上下叠压，一般是上层文化的堆积或遗迹墓葬叠压在下层文化的堆积之上。两种文化层较厚，下层文化，出有陶器、石器、骨器，还有卜骨；上层文化发现较多灰坑、房址和墓葬，墓中并随葬有铜饰品。这两种青铜文化叠压的地层关系，在辽西地区的青铜文化遗址中，具有代表性[6]。

2. 丰下遗址

丰下遗址位于大凌河支流东官营子河与西官营子河之间丘陵山谷中一

---

① 天津市文物管理处："天津蓟县张家园遗址试掘简报"，《文物资料丛刊》(1)，文物出版社，1977年；天津市历史博物馆考古队："天津蓟县张家园遗址第二次发掘"，《考古》，1984年，第8期；天津市历史博物馆考古部："天津蓟县张家园遗址第三次发掘"，《考古》，1993年，第4期。

② 天津市文物管理处考古队："天津蓟县围坊遗址发掘报告"，《考古》，1983年，第10期。

③ 安志敏："唐山石棺墓及其相关遗物"，《考古学报》，1954年，第7期。

④ 天津市文化局考古发掘队："河北大厂回族自治县大坨头遗址试掘简报"，《考古》，1966年，第1期。

⑤ 张家口考古队（孔哲生、张文军、陈雍）："蔚县夏商时期考古的主要收获"，《考古与文物》，1984年，第1期。

⑥ 中国科学院考古研究所内蒙古工作队："内蒙古赤峰药王庙、夏家店遗址试掘简报"，《考古》，1961年，第2期；"赤峰药王庙、夏家店遗址试掘报告"，《考古学报》，1974年，第1期。

块平坦高台地上，属于小型高台地遗址。东西长约 100 米，南北宽约 75 米，1972 年由辽宁省文化干部培训班发掘。该遗址发掘的最大收获是发现各类房址 18 座，同时，该遗址可明确分为三期，这在夏家店下层文化中具有代表性，说明夏家店下层文化经历了较长的时期，并认识到夏家店下层文化的早期，可以早到中原龙山文化时期，也就是相当于夏代或更早①。

3. 水泉遗址

位于朝阳市西北 42 千米大凌河支流东岸，为一块平坦的低台地，属大型低台地遗址。1977 年由辽宁省博物馆和朝阳市博物馆发掘。遗址呈方形，南北长约 140 米，东西宽约 135 米，有土筑城墙。文化堆积厚达 4～5 米，以夏家店下层文化为主，其上被较晚的另一种青铜文化——夏家店上层文化所叠压，发现属于夏家店下层文化的房址 120 座，出土大量陶、石、骨器，是夏家店下层文化发掘规模较大、出土遗迹和遗物较丰富的一处遗址②。

4. 康家屯城址

位于北票市大板镇康家屯村小波汰沟北约 500 米处，大凌河南岸二级台地上。1997～1999 年由辽宁省文物考古研究所发掘。康家屯城址现存面积 1.5 万平方米，辽宁省文物考古研究所共发掘面积 4000 多平方米，清理东、南两面 180 多米的城墙，东城门址一处，东、南城壕两段；在城内西部清理出早、晚两期石墙建筑 14 道，19 座规模大小不同的房址台基，5 座石筑穴；城内东北部清理出 3 道石墙，1 座石穴。发掘揭示出城址原呈方形或长方形，在长期延续使用中经历了早、晚两个阶段。城墙上窄下宽，分段而筑，内外墙面选用较大块的青灰色厚石板抹泥口垒砌。东南城墙外侧和城墙外角发现砌筑突出的“马蹄形”石建筑，酷似后世城墙上的“马面”，尤为重要。发掘的城墙、城壕、城门、城内石建筑群，对我国北方早期城址的形制、布局以及当时的城居生活与社会形态等多方面的研究，提供了新资料③。

① 辽宁省文物干部培训班：“辽宁北票县丰下遗址 1972 年春发掘简报”，《考古》，1976 年，第 3 期。

② 辽宁省博物馆、朝阳市博物馆：“建平水泉遗址发掘简报”，《辽海文物学刊》，1986 年，第 2 期。

③ 辛岩：“康家屯城址考古获重大突破”，《中国文物报》，1999 年，第 1 期。

5. 大甸子遗址及墓地

在赤峰市东100千米，大凌河支流牤牛河旁，为设有土石围墙的居住址和东部紧邻的墓地组成的大型低台地型遗址。1976～1983年由中国社会科学院考古研究所与辽宁省博物馆共同发掘，刘观民主持。这个遗址保存较好，从地面可看出周边城墙，为圆角方形，南北长约350米，东西宽近200米。尤为难得的是城外仅8米是一处保存较为完整的墓地，墓地东西170米，南北100米，除西北部有一片砂石冈空白地和南部有现代建筑物以外，已发掘的万余平方米面积内，密集而有序地排列着804座墓，平均每12平方米一座，墓与墓间隔不到一米，不见有打破或叠压关系。其中有部分墓葬规模较大，随葬陶器，特别是彩绘陶器十分丰富，是认识夏家店下层文化的一批最为完整的资料。大甸子墓地平面布局完整，墓葬方向一致，结构、随葬器物种类、组合固定，也是研究夏代东北南部聚落演变与早期文明的一批绝好资料①。

6. 英金河石城堡群

主要分布在赤峰以北的阴河、英金河两岸的山冈上，河北岸为多。1964年由中国社会科学院考古研究所徐光冀对43座石城址做了详细的考察，在每座城址内都无例外地采集到夏家店下层文化的遗物或堆积；并选择两座同时含有下家店下层文化和下家店上层文化两种文化堆积的城址进行了发掘，结果确认英金河、阴河流域石城址的文化性质属于夏家店下层文化，是夏家店下层文化时期建筑②。石城多建于山冈南坡，坡面地势较为平坦或平缓。城墙则建在周边地势较高处。石城址的分布相当密集，有些地方城址之间相距只有200～300米，而且是成群分布。因城墙皆随山势建造，所以城址的平面形状多不规整，有圆形、椭圆形、方形或三角形。有的城址是两座甚至三座城址相连而成。这些城址往往不是四周都建城墙，在陡峭岩壁边或临沟壑的一面，一般都未发现城墙的痕迹，只是在缓坡和较为平坦的地方才建造城墙。为了增强防御能力，在有些城址的墙外还发现有壕沟；有些还建平行的两道墙，两墙之间也有壕沟。城墙的结构有两种：一种是全用石块垒砌的，这种发现较多。另一种是中间筑土，

① 中国社会科学院考古研究所：《大甸子——夏家店下层文化遗址与墓地发掘报告》，科学出版社，1996年。

② 徐光冀："赤峰英金河、阴河流域的石城遗址"，《中国考古学研究》，文物出版社，1986年。

内外两侧垒砌石块。在许多石城址的城墙外侧，还发现一些突出于城墙外的半圆形的石块垒砌的建筑，它们分布的间距不一，有的4～20米，有的25～50米，往往在城墙转弯处有这类石建筑，且形制较大。它们酷似后世城墙上的“马面”。城址内大都发现有石砌的房屋基址，有圆形的，也有方形圆角的。在许多城址中，这些房址排列有序，在坡面的同一高度自下而上分层排列。大型房址都是选择在城中地势开阔、位置较高的地方，反映了居住者的显要地位。这些为研究夏家店下层文化特有的石城堡群及其分布规律、所反映的社会关系，提供了重要资料①。

7. 大坨头遗址

这是在燕山以南地区发掘的一处夏家店下层文化遗址。位于天津市大厂回族自治县以东约5千米潮白河左岸。1964年由天津市文化局韩嘉谷发掘。它的文化面貌，既具有夏家店下层文化一般特征，又有自身特点。当时认为是燕南地区时代较早的夏家店下层文化的代表性遗存，同时也引起了专家对夏家店下层文化在燕山以南地区分布的重视②。

8. 三座店遗址

三座店遗址位于赤峰市西北40千米，松山区初头朗镇三座店行政村三座店自然村阴河左岸山上。遗址由大小两座并列的石城组成，大城在西，小城在东。大城西面是陡崖，东、北两面有石砌的城墙，南面是陡长的坡。从山顶高处直达南侧坡底约140多米范围内，都有遗迹分布，东西宽度从断崖到石墙最宽处可达110米，面积约14000多平方米。小城紧傍大城东侧，略呈长方形，南北长50米，东西宽40米，面积2000平方米，四面都有石砌的城墙。发掘主要集中在大城内，清理的遗迹有石砌的圆形建筑基址、半圆形建筑基址、窖坑以及石墙、积石台和零星墓葬。其时代绝大部分属青铜时代夏家店下层文化，包括石城本身。只有积石台遗迹属夏家店上层文化，此外遗址中还可以见到少量红山文化时期的陶片。墓葬由于缺乏随葬品，时代无法确定。地层堆积的地段可分三层，第一层为表土层，许多建筑基址出露于地表，尚可辨识。第二层灰褐色，层内包含夏家店上层文化积石台遗迹，以及铁梃铜镞等战国—汉代遗物，而属于夏家店下层文化的石砌建筑遗迹都被压在该层之下。因此可以判断第二层应为

① 王惠德：《夏家店下层文化石城研究》，国际华文出版社，2003年。

② 天津市文化局考古发掘队：“河北大厂回族自治县大坨头遗址试掘简报”，《考古》，1966年，第1期。

夏家店下层遗址废弃之后的堆积。第三层灰白色或浅褐色。普遍堆积在夏家店下层文化建筑石墙的周围，个别被石墙叠压。此为遗址使用时期的文化层堆积，包含的陶片等遗物也比较多。圆形建筑基址（房址或石圆圈）是在该遗址中最常见的一类遗存，墙体用石块砌筑，直接从地面起建，不设基槽，砌墙的石块皆就地取材。砌石之间有的用草拌泥黏合，有的则似乎是直接垒砌，也有的墙体为土石混筑，并发现少许壁面上抹泥的现象。这类遗存有双圈石墙和单圈石墙两种建造形式。双圈的外圈直径 3～10 米，内圈为室，外圈与内圈之间形成一周“回廊”，中间多有隔墙。单圈建筑的面积略小，直径 3～5 米，一般是作为双圈建筑的附属出现。室内都有泥土筑就的使用面（个别为白灰面），面上有用火的痕迹，并遗有陶鬲、陶罐等器物，这样的面一般不止一层，多者有三四层。回廊内也发现局部经加工的硬面和烧烤用火痕迹。此外，在建筑基址的南侧或东南侧，往往发现台阶状砌石，有明显的踩踏痕迹，是进入建筑内部的通道。在遗址中也发现了半圆形建筑基址，附着在石墙的外侧，形式上类似城墙上的半圆形“马面”。一般面积较小，没有明显的使用面，筑造比较简单。窖坑多为挖地的竖穴，圆形直壁，坑壁用石块砌筑，也有的一侧依托自然山石的陡壁，其余部分再用石块补砌围封。以上三类遗迹往往是一个固定的组合，共同组成更高一级的建筑单元（院落），有石墙把它们连接在一起。城墙的总长度约 200 米，城墙的两侧用石头包砌，内填黄土；外侧砌筑半圆形的“马面”，外侧现存高度 3.5～4 米。墙外有壕，内侧较矮，依附城墙旁侧以及墙体之上有石砌的圆形或方形建筑。较晚的遗迹只见夏家店上层文化积石台一种，集中分布在两处地点，一在坡下东侧，一在坡顶。各有 3～4 座积石台，石台作长方形，东西向，东西长约 3 米，南北宽近 2 米，这是一种摆放在地面上的积石遗迹，四周用较大的石块码边，中间填充乱石。在石台东侧往往发现一件破碎的陶器残片，附近不远处栽立一块条形石桩，祭祀的性质非常明显。出土遗物中石器有磨石、石臼、斧、铲、刀、饼形器等，有些臼窝直接凿在大块基岩之上。磨石比较常见，表面光滑平整，个别磨出一条细窄的槽，多置于石墙上或夹在乱石之中。陶器种类有筒形鬲、甗、罐、瓮、盆、钵等，都是夏家店下层文化常见的类型，但从形态看比较晚。出土位置多集中在圆形基址的室内及回廊内，少数见于灰坑或地层中。骨器较为少见，有骨锥、骨簪、卜骨等。遗址内动物骨骼比较少见。遗址中发现两枚刻有类似文字符号的陶片，皆夏家店下层文化遗物，每片一个字符，作上下结构，具有典型的表意特征。在夏家店下层文化时期存在如此成熟的文字类符号，无疑是一个重大的发现。大城遗址南侧通道上发现一幅岩画，根据岩画所在位置分析，应处于红山文化时期。红山文化时期岩画的发现对阴河流域其他地点岩画断代和研究提供了可能。三座店遗址属夏家店下层文化的山城类型，该遗址基本未被后世扰动破毁，遗迹间也不存在复杂的叠压打破关系，因而最大限度地保留着它的初始状态。此外，从出土遗物看，其时代应为夏家店下层文化的晚期；从遗迹所处的层位分析，其布局基本属同一平面。全面地揭露清理这处遗址，对于聚落考古研究具有十分重要的价值。关于夏家店下层文化山城遗址的性质，学术界存在着不同看法，以前普遍认为是具有防御性质的聚落遗址，近年又有学者提出祭祀说的新观点，这的确是一个值得深入研究和思考的问题，三座店遗址所能提供的发掘资料，应该有助于对这一问题的解决①。

第二节　夏家店下层文化性质分析

一、房址与聚落群

夏家店下层文化经调查的聚落址已达2000多处以上，它们可以分为多种类型，多数聚落址内都有保存较好的房址群。尤其是夏家店下层文化拥有石砌围墙的城堡群，其中有的以链锁式分布，具有强烈的防御性功能，表现出夏家店下层文化聚落形态的鲜明个性。关于夏家店下层文化石城分布及其功能方面本书另辟专章介绍。

1. 房址

夏家店下层文化房屋有半地穴式和地面建筑两种，以前者居多。一般以圆形为主，方形较少。屋内常见烧红的痕迹，少见凹下的灶坑，墙壁多为夯筑或用土坯、石块垒砌，灶多位于室内中部，多为红烧土硬面，显见凹于地面的灶坑。据统计，燕山南北地区共发现52座这类遗存的房基。其中燕北较多，有48座，分别见于丰下、蜘蛛山、药王庙、四分地东山

① 郭治中、黄莉："内蒙古赤峰发现一处保存完整的夏家店下层文化山城遗址"，《中国文物报》，2005年12月。

嘴、小榆树林子、白斯朗营子和喀喇沁河东等7处遗址。在48座房基中，可确知为半地穴式的24座，地上建筑的4座，分别占50%和8%，其余形制不明。在不明形制的20座中，丰下有16座。而据丰下发掘简报，丰下共有18座房基是以“半地穴式为主”的，可见形制不明者中多数仍属半地穴式。燕山南部有4座，即大坨头两座、张家园和围坊各一座，全部为半地穴式。

半地穴式房屋以平面圆形为主，大型房址为方形圆角。居住面多经特殊加工，比较讲究，一般铺草拌泥面，较大的房址铺抹洁白而甚为平整的白灰面，房址中心置灶址，四周设柱洞。门一般开在南部，有内宽外窄的门道，有的房址还设有门坎。半地穴基址之上筑墙壁，已使用土坯砌筑墙壁，土坯规格比较一致，一般在长20厘米，宽18厘米，厚10厘米之间，且已掌握了先进的“三七”错缝砌法。土坯墙虽已较厚实，但还要在土坯墙外砌石墙，石墙有单层，也有双层，有的石墙和土墙之间有一定距离相隔，形成近似“院落式”的空间。石墙外多有延续的铺石面等附属建筑，房址近旁有储藏物品的窖穴①。以药王庙遗址F1为例，平面呈圆形，直径1.9米，深1米。坑壁以石块砌成，未见门道。居住面经夯打，室内东北角有一片0.8×0.45米的烧土，居住面中部有两个圆形柱坑，柱坑底部掺杂碎石块②。

地面建筑，以辽宁建平水泉F25为例③，房址平面呈圆角方形。室内东西宽2.46米，南部被另一房址打破，现存长度2.5米。墙壁以土坯砌筑，土坯规格一致，长0.4米，宽0.28米，厚0.12米。墙内外均抹一层厚3厘米的草拌泥，居住面上亦先抹一层厚5厘米的草拌泥，上面再抹3厘米厚的白灰面。居住址内中央有一直径为0.96米的椭圆形红烧土硬面，在其中部划有边长为0.74米的方形框线。在水泉遗址群中发现房址多层居住面叠压、打破的现象，反映了当时生活定居的程度已具有很强的连续性和稳定性。

方形双间房屋以丰下遗址F12为代表，房址是以一个边长4米的圆角

---

① 郭大顺、张星德：《东北文化与幽燕文明》，江苏教育出版社，2005年。

② 中国社会科学院考古研究所：《中国考古学·夏商卷》，中国社会科学出版社，2003年。

③ 辽宁省博物馆、朝阳市博物馆：“建平水泉遗址发掘简报”，《辽海文物学刊》，1986年，第2期。

形的大房间为主，其南墙中部接 2.2×1.6 米的长方形小房间，东石墙外连一半圆形铺石面。整个房址东西长 9 米，南北宽 8.5 米，门向 185°。大房间墙壁为坚硬的胶泥，外砌石围墙，居住面和墙壁下面为白灰抹成，室内中心有一圆形烧土面；长方形小房间以土坯砌墙，门道宽仅 35 厘米，有 15 厘米高的门槛，居住面低于大房间 20 厘米①。

2. 聚落群

夏家店下层文化聚落的一个引人注目的特点，是在一个小区域内这些遗址大都有依规模大小、位置高低形成遗址组合，依其组合分布的规律可以分出各种类型的聚落群。

从目前调查资料分析，夏家店下层文化的聚落址可分为如下几种类型：

山丘型：这类遗址的地点一般位于距主要河流较远的群山之中，且都坐落于某些相对独立的山丘上，彼此有一定的空白地带相隔。因此，其中的大多数地点都可视为单独的遗址。大概由于地形的限制，这些遗址的面积一般较小，多在 500～1500 平方米之间，个别大的遗址面积可达 10000～15000 平方米。在这些遗址上基本见不到文化层，但地表往往可以发现用石块垒砌的建筑痕迹。可辨形状者多是砌成单层或双层的圆圈，也有少数方形的建筑。有些较大的遗址依山势而建，少有特别规整的。而且，这些较大的遗址往往在地势较缓的一侧或围绕山顶修有多层宽阔的台阶，可能是为了便于在其上设置建筑而特意取平的缘故②。典型遗址如敖汉旗城子山遗址。

低台地型：这类遗址一般濒临河川，遗址坐落在自然形成的低台地上，有的则是长期连续居住而使地面逐步升高，而最终在平川上形成了台地。这类遗址一般规模较大，文化堆积较为丰厚，聚落围墙以土筑或土石结构为主，周围地势开阔。典型遗址如建平水泉遗址③、敖汉旗大甸子遗

① 中国社会科学院考古研究所：《中国考古学·夏商卷》，中国社会科学出版社，2003 年。

② 王立新："试析夏家店下层文化遗址的类型与布局特点"，《文物春秋》，2000 年，第 3 期。

③ 辽宁省博物馆、朝阳市博物馆："建平水泉遗址发掘简报"，《辽海文物学刊》，1986 年，第 2 期。

址[①]等，夏家店下层文化的最早期的文化层都见于这种低台地型遗址的最下层，可知这是夏家店下层文化最早期的居民点，也是主要的居住地。

高台地型：这类遗址多分布于距河流较近的缓坡或台地上，遗址既有单独一个地点者，也有因自然的沟壑和人工的壕沟分割为2～3个或更多相邻地点的。面积一般较大，小则数千平方米，大则10万平方米以上。在同一遗址的不同地点中，较平的台地上堆积普遍较厚，常在3米以上，最厚的文化层可达10米左右。而坡地上的部分一般堆积较浅，多在1～2米左右，有的地方甚至只有遗迹而不见文化层。典型遗址有北票丰下[②]、赤峰市松山区西道[③]、喀喇沁旗大山前[④]等。

以上各种类型的遗址分布都不是孤立的，而是在一个小范围内相互呼应，有机组合，形成遗址群，根据郭大顺先生的研究大致可分为如下组合[⑤]：

两两相对，即两个相同类型的遗址隔河沟相对而处，典型遗址如内蒙古敖汉旗上石匠沟和喀左县九佛堂，他们都为高台地或山坡型遗址。

高低向望，为低台地型遗址与附近高冈型或山坡型遗址的高低相互对应，典型遗址见于喀左县老爷庙乡。大甸子遗址群也属于这种遗址组合。

延河川沟口成群分布，这在夏家店下层文化分布中心区的老哈河、大凌河流域十分普遍，典型群组如英金河上游几十千米范围内分布的数十个遗址点，因其沿线正好与战国时期燕秦长城一线吻合，遗址群的结构又以英金河流域的石砌城堡为主，故又称为“原始长城”。

中心和外围组合，在特定的地理环境内依范围大小而形成。如建平县卜沟有五个相互连接的高冈夏家店下层文化遗址，大甸子遗址群所在环山平川地带，以靠近山麓的大甸子遗址为中心，周围又有若干小型遗址，又

---

① 中国社会科学院考古研究所：《大甸子——夏家店下层文化遗址与墓地发掘报告》，科学出版社，1996年。

② 辽宁省文物干部培训班：“辽宁北票县丰下遗址1972年春发掘简报”，《考古》，1976年，第3期。

③ 王立早：“西道村遗址发掘获得重大成果”，《中国文物报》，1991年3月31日；刘晋祥：“赤峰市点将台青铜时代遗址”，《中国考古学年鉴》（1991年），文物出版社，1992年。

④ 赤峰考古队：“内蒙古喀喇沁旗大山前遗址1996年发掘简报”，《考古》，1998年，第9期。

⑤ 郭大顺、张星德：《东北文化与幽燕文明》，江苏教育出版社，2005年。

在附近高山上设有哨所一类，形成一套较完整的防御体系，英金河及其以南半支箭河流域分层次的遗址群则是更大规模的遗址组合[①]。

二、生产工具与生业选择

夏家店下层文化以石、骨质料的农业生产工具为主，次为手工业和渔猎工具。石器中磨制石器、细石器与打制或打磨兼制石器共存，以磨制为主。条形石斧、扁平石铲、矩形石刀、亚腰形石锄、三角形细石镞和刮削器等各地均有发现。燕山北部地区以南山根遗址为例，磨制石器41件，打制石器10件，细石器11件，分别占66.1%、16.1%和17.8%；燕山南部地区以张家园遗址为例，磨制石器10件，打磨兼制石器1件，细石器4件，分别占66.7%、6.7%和26.6%[②]。最多见的磨制石铲、石刀和打制石锄，都是在木柄上使用的农业生产工具。其中石铲出现的比率最大，呈长方形，多做出甚长的窄柄，通体磨光，应为纵向缚柄的翻土工具，但这种磨制有肩石铲，器形较小而甚薄，应不是一般翻土工具，而是应与中耕松土有关，扁薄的器身，刃部往往残留与器身长轴平行的摩擦痕和很少崩损，都表明了它的这一用途。这种石铲的大量使用，说明当时农耕细作已有了相当程度的发展。在夏家店下层文化石制生产工具中还有一种常见的长方形石刀，一侧磨刃，另一侧穿孔或琢出凹缺，这应是一种绑在手上的收割工具，它们长期流行在北方旱作农业区。

从环境考古学者对辽西地区新石器时代至青铜时代环境变迁研究结果来看，夏家店下层文化存在的时间段（根据14C测年数据距今约4000～3300年之间，与中原夏商时代基本一致）是大暖期晚期中又一个比较适宜的气候暖湿时期，区域内发育了全新世大暖期中另一层较厚的土壤层，良好气候有助于植被的恢复和土壤的发育，促进了夏家店下层文化时期农业的发展，并达到了空前的水平[③]。从夏家店下层文化诸多遗址分布来分析，遗址分布广，多选择在黄土台地、丘陵地区及河谷地带，表明这一地

---

① 国家文物局、中国社会科学院考古研究所、内蒙古自治区文物考古研究所、赤峰考古队、吉林大学边疆考古研究中心：《半支箭河中游先秦时期遗址》，科学出版社，2002年。

② 李伯谦："论夏家店下层文化"，《纪念北京大学考古专业三十周年论文集》，文物出版社，1980年。

③ 夏正楷、邓辉、武弘麟："内蒙古西拉沐沦河流域考古文化演变的地貌学分析"，《地理学报》，2000年，第3期。

区比较适宜于农业耕作。在北票丰下和建平水泉遗址都发现了大量的窖藏碳化谷物，也证明下家店下层文化的确是以粟为主要经济作物的。同时，从生产工具依不同用途而分化所反映的生产技术发达状况看，它不低于黄河流域同时期的农业文明。

与中原地区同时期农业文化有所不同的是在夏家店下层文化生产工具中还有相当数量的细石器和喜用打制技术制作的石器，表明夏家店下层文化的人们仍保留着这一地区新石器时代渔猎、采集经济模式。这一点，从夏家店下层文化村落遗址中出土的大量兽骨可以得到印证，这些兽骨，能辨认的有野性较强的狗、羊和鹿科动物。并且与石制生产工具伴出的还有用兽骨制作的骨镞、骨锥、骨针。

在夏家店下层文化遗物中，还出有部分小型青铜器或青铜饰件，如斧柄饰件、杖首、戈及戈柄、耳环、指环等。其中多数铜器颇具特色，锦州水手营子出土的连柄铜戈为迄今所仅见[①]。关于夏家店下层文化遗物中的铜器及铸铜技术在第四章专门论述，此不赘述。

三、陶器与制陶技术

夏家店下层文化陶器的主要器类有鬲、甗、爵、鼎、罐、樽、壶、盂、钵、簋、豆等，以鬲、罐两类发现数量最多。

夏家店下层文化陶器以泥质陶数量最多。器表多呈黑色，陶胎多呈褐色或红褐色。这样陶质器物在墓中潮湿未干时极易破碎，甚至变形，都因烧制火候过低所致。也有一些内外都呈黑灰色，火候较高，比较坚硬的。夹砂陶的器物较少，多红褐色，烧制时氧化充分，质地也较坚硬。有一部分平底罐，是灰色夹砂陶，器壁薄而坚硬，是还原焰烧成。从以上陶质、陶色反映烧陶的工艺并非单纯的一种。在大多数不同器类中所用的陶质并无严格的选择，如炊器中的鬲多数是泥质的，且火候低，证明并非实用器，只求形似，不重实用，故有明器性质。

夏家店下层文化陶器绝大部分是手制。普遍是以泥条围盘筑成器壁。大量的鬲、罐类器壁都是用此法成形，甚至有子母口的器盖也是用泥条围盘捏成。至于器盖的纽、鼎足则是捏塑而成。泥条围盘筑成的器壁表面都有轮修的痕迹。模制法，在夏家店下层文化陶鬲、甗的空足部分制作时曾

---

① 辽宁省文物考古研究所："辽宁近十年的文物考古新发现"，《文物考古工作十年》，文物出版社，1990 年。

有应用。在空足里面印有突起的绳纹，表明衬在空足内的模具是利用绳纹的空足作内模，从外面包裹泥条或泥片而成。

罐类多是有领颈，上下腹，器底接合而成。上下腹之间的接合处，或在肩或在腹，都是在腹最大直径的位置上。接缝处往往是上口稍大于下口，边缘压有小沟槽，上下套接捏合而成。

普遍有在轮盘上旋转修整的痕迹，无论是平底器或三足器的口沿大部分都有平行的轮修纹理。有些器物上绕器旋划的划纹也可能是在这样的陶轮上加工的。

全用陶轮制成器的只有罐类中的一小部分。平底罐中有13件，器壁薄而且厚度均匀，无接口，器表有轮纹。而且器底外表有从陶轮上取下时的切割痕。

陶器在烧制前表面大都经过不同程度的修饰。半数以上的器物表面经过压磨，经压磨过的口沿、肩、腹表面都有光泽感。鬲、罐类大都经过磨光。小罐、壶、鼎、钵等器类多数表面未经这样修饰。凡器表未经磨光的部位，常有纵向（垂直于器口）的绳纹印痕，平行密布，甚至在经过轻度压磨的表面还能隐约看出原来是有绳纹的。这证明表面印绳纹不是修饰器表的目的，而以压磨除去绳纹是修饰的目的。绳纹是使围筑器壁的泥条结合在一起时留下的加工痕迹，并非以装饰为目的印制出的绳索纹痕。少数器表也有保存局部绳纹于设想的纹饰框格之中，利用它作出装饰效果。可以说是纹饰的一部分，但并非是在设计的框格之中重新压印的。篮纹出现的极少。

夏家店下层文化陶器纹饰根据施纹方法可分为印压及划纹、附加堆纹、镶嵌纹三类。

印压及划纹在器表磨光或有绳纹的肩（腹）部常有绕器旋划的纹痕数匝。在表面全是绳纹的器物上旋划的纹痕之间间隔较宽，无定数。在罐等表面磨光的器物上常是在肩（腹）部最大直径处，密集横排3～4匝，并在罐的旋划纹痕上附加凸起的乳钉。印压的纹痕还有圆圈纹。是以直径约5～10毫米的薄壁圆管戳印的。篦点纹是以有齿的直边工具戳印的，它与附加堆纹合用于鬶、爵；与圆圈纹组成二方连续的纹带，用于罐的肩（腹）部。

彩绘陶器是夏家店下层文化中一个非常有代表性的文化内容。普遍见于墓葬的随葬器物上，房址内也时有发现，比较集中的遗址是敖汉旗大甸子夏家店下层文化墓地。彩绘陶器是在部分陶质容器表面绘画的花纹。用毛笔着色，在烧制完成的陶器表面绘画。在大甸子墓地中发现的1600多件随葬陶器中曾经彩绘过的有400多件，其中保存彩绘较好或花纹局部尚可辨认的有300多件。所绘花纹都是图案花纹，式样大略分为170余种。虽在墓中埋藏三千多年，颜色仍是鲜明如新的。这是这批随葬陶器引人注目的原因之一①。

施用彩绘的器类有各种鬲、罐、鼎、壶、樽、簋等。大甸子墓地墓中陶器施彩绘最多的达10件。随葬陶器数量多的墓中大都有彩绘。彩绘的精细与粗劣差别很大，不仅存在于不同墓间，也存在同墓的不同器物间，显然是出于不同画手，据此可知至少是有同时并存的画手，水平相差甚大。以不同墓的彩绘相比较，拙劣的彩绘并不出在礼遇隆重的墓中，可见随葬陶器上精细的彩绘装饰也是一种礼遇的表示。

根据大甸子报告可知，大甸子墓地所出彩绘陶器上的彩绘都是以黑灰色的陶器表面为底色，绘以白、灰两色花纹。两种颜料经鉴定的几例标本，都是陶器上脱落下来的碎屑，白色为$CaCO_3$，红色为HgS。因未逐件鉴定颜料，且大甸子墓地M453随葬石皿中有一团红颜料，经鉴定是赤铁矿粉。故陶器的彩绘颜料是否都一样，不能骤定，然而都是矿物颜料无疑。少量颜色在陶器上显橙黄，与红色相间使用充当白，与白色相间使用充当红，经鉴定是红白颜料相混合所致。

有关颜料的工具在大甸子墓中发现两种，一为小石皿。在大甸子墓地M453、M1031中各有一件。在大甸子墓地M453中的一件有一团红颜料，外表印有纺织物包扎痕，质地细腻，似曾澄洗。石皿内研磨痕很细，不像加工颜料的工具，更像是调色皿。另一种为研磨杵，也出在大甸子墓地M453之内，形状虽小，但置于小石皿中仍稍大，似乎另有配合使用的盛具。

清除陶器彩绘表面附着的泥土和水锈时，发现彩绘的颜色并不易被水或乙醇浸解而脱落。个别器物颜料浓、着色厚的地方，看到颜色凝固过程中表面结膜的褶皱。这褶皱是由于颜色表面首先结成膜，膜下的颜色陆续凝固收缩，致使表面膜随之出现褶皱。这表明调色的调和剂应是不易渗入陶质，表面能先结膜的，所以很可能是用某种胶质或油质作颜料的调和剂。

彩绘的部位主要在陶器的腹间，这里既是外观瞩目的位置，也是器表

① 刘观民："中国青铜时代早期彩绘纹饰试析"，《考古》，1996年，第8期。

面曲度比较均匀的部分。如鬲则在颈下至鬲裆之间，罐则在肩腹之间。凡彩绘纹结构复杂，图案单元较大的纹式都画在这里，只有这里才适于容纳较宽的纹带，因而这里是陶器的主要画面。画在主要画面上的花纹式样不仅结构复杂，图案单元较大，而且每每是一件陶器上最具代表性的纹式所在，如在大甸子墓地有些墓随葬陶器主要画面上有某些相同的纹式。从这方面也提供族墓地内还有不同家族——这一层次茔域区别的论据。所以画于主要画面上的纹式宜视为主要纹式类。陶器的唇沿、颈、罐的下腹与圈足及鼎足、器盖等各种不同形状的部位，都是较为狭窄的画面，相对而言是边缘画面。由于画面的限定只能容纳较窄的纹带或较小的单元，在边缘画面上用的纹式无复杂的大结构，甚至有明显的填充作用。也有从主要纹式中分解出部分因素，略为给足呈一种新纹式，使之始于填充边缘画面的要求。所以画在边缘画面上这些通用性质的纹式，相对的称之为辅助纹式类。

四、丧葬习俗与礼制

夏家店下层文化的聚落遗址在辽西地区分布数以千计，但墓地却发现较少。就目前所知，明确发现的夏家店下层文化墓葬不到十处。夏家店下层文化墓地一般位于村落遗址附近。墓穴分布密集，排列有序，以土坑竖穴为主。葬式多为单人直肢。随葬陶器组合以鬲、罐为中心，有的另配一折腹盆（樽，下同）、鼎、钵、甗等，器表多素面，流行红、白、黄三色彩绘，几乎全是明器。揭露出墓葬的遗址，燕北有大甸子，燕南有小官庄和雪山，另外在库伦旗、奈曼旗和壶流河流域亦有发现。除小官庄为石棺墓外，其他均具有上述特点。经正式发掘的完整墓地仅两处，即内蒙古敖汉旗大甸子和附近的范杖子墓地。通过对大甸子墓地的全面排比和综合分析，可以大体了解夏家店下层文化丧葬习俗。

大甸子墓地位于城墙与壕沟东侧之外，地势低于遗址，墓地面积约有6万平方米。共发现墓葬804座，皆为长方竖穴土坑墓，墓坑排列有序。墓地以东西方向的空白地带分隔为北、中、南三个墓区。各墓区中又以不同的相对集中的分布格局区分为若干小区[①]。

墓内死者头向西北，均侧身直肢葬，男性面向西，女性面向东。成人

---

① 中国社会科学院考古研究所：《大甸子——夏家店下层文化遗址与墓地发掘报告》，科学出版社，1996年。

男、女是单人一次葬；未成年及婴幼儿多埋葬在成人墓之间，这类墓在墓葬总数中超过1/8。墓坑较浅，较小，也有少数是在成人墓填土中再挖小墓，或与成人同次埋在同一墓中。这种葬法，系依亲子关系附葬于成人墓侧或墓中，只是因成人与未成年或婴幼儿之间死亡有先后，相距时间长短不一，所以埋葬形式有上述的不同。

墓坑的南壁均设有壁龛，龛内放置随葬的陶器和殉牲。壁龛的大小，依墓坑的大小和随葬品的多少而定。

较大型墓内均有木质葬具，整个墓地发现有木质葬具痕者有200多座。从葬具痕迹中得知葬具似长方形木箱，两端各有一“井”字形框架为带，束缚葬具的底、盖与两长板，两端堵头短板是撑在底、盖与两侧长板之内。葬具两头的“井”字形框架的立枋上端都凿有方孔，横枋两端裁成方榫，榫头透出立枋方孔之外，在外露的榫头上以木钉固定，在横枋中央也有木钉透入葬具板内。这种流传至今的避免抽动的结构法，第一次出现在夏家店下层文化的遗存中。中小型墓，一般没有葬具。此种无木质葬具的墓多出一倍，有400多座。其中包括绝大部分未成年和婴幼儿的墓①。

在大型墓中，多有殉猪现象，多者有四个，少者有一个。凡埋猪都截去四脚，或只埋猪头，头皆向北，猪脚都是放在龛内器物之间。填土中也有埋一只狗的。

随葬陶器上有彩绘的400余件，出自200多座墓中。大凡画工精细，或器物中心画面的主要纹式结构中有“目”纹，或对称“目”纹。结构形式似动物面目的图案多出在北区，在中a区里有三座墓中出现，南区则无。

在上述有特殊寓意的20多种“目”纹器中，多数是左右对称的构成一幅没有下颌的面相，如通常所说的“饕餮”纹式。这20多种纹式出自16座墓中，只一座的墓圹为长1.7～2.2米的二等墓，其余都出自墓圹长2.2米以上的一等墓。从墓区分布情况看，上述16座墓中有一半出在一家茔域之内。说明这个茔区的家族是有特殊地位的，可知这种“目”纹不是可以随便画在任何一墓随葬陶器上的。

还有在墓圹大小和随葬彩绘陶器上亦有差别。如墓圹长2.2米以上的墓中陶器大半都有彩绘，墓圹在1.7～2.2米的墓中陶器上也有1/5彩绘，墓圹在1.7米以下的墓中陶器只有少量有彩绘，从此可以看出彩绘陶器的

---

① 田广金、郭素新：《北方文化与匈奴文明》，江苏教育出版社，2005年。

使用有严格的级差。

墓中随葬的斧、钺，除少量质地坚硬，色泽莹润外，大半是大理岩质地。在住址中则未见这种质地的石器，其他地点也罕见这种质地的实用工具，大概因为这种器质较软，虽易于制作，色泽美观，但不耐用，所以此石器富于非实用的礼仪性性质①。

墓地中所见殓葬过程的痕迹，随葬物品与生活器具的差别，以及随葬物品种类、数量的差别等级，墓地的分区和区间差别、墓葬的等级制和随葬品的礼器化，反映严密的社会分层，表明夏家店下层文化时丧葬方面已有自己的严格差别的“礼制”系统，因为夏家店下层文化处于夏与早商阶段，为探讨商、周礼制的起源提供了线索。同时，大甸子墓地也反映出辽西地区极强的文化连续性、稳定性与统一性，是继红山文化之后在东北地区南部出现的又一个文化繁荣期。

五、占卜及宗教信仰

夏家店下层文化时期普遍流行占卜习俗。有卜骨无卜甲，卜骨多用动物肩胛骨或肢骨稍加整治而成，多灼、钻而未见凿。

从夏家店下层文化遗迹中能反映当时居民的宗教信仰。在辽宁省凌源县小城子乡萧杖子遗址②，发现了夏家店下层文化的石砌遗迹。该遗迹位于萧杖子村南山坡，周围低山连绵起伏，遗迹北高南低，高差 25 米。东西宽 132 米，南北进深 92 米。北端有一平土台，其下有东西向石墙八条，南北向石墙四条，石墙长短不同，高低不等。整个遗迹敞口向西向南，附近采集到的陶器和石器均为夏家店下层文化的遗物。在此遗迹附近的一个山头上，也发现另一处敞口向西的石围墙构成的遗迹。其东北方还有一处由沙砾堆积而成的圆形遗迹，直径 7 米，高 0.3 米，推测为祭坛。

近年来，在辽西和内蒙古东南部地区，相继发现一系列夏家店下层文化的祭祀遗址。其中，一种是在聚落附近；另一种则与聚落脱离，距离较远，建在河旁冈地或山丘之上，或组成大规模的公共祭祀遗址群。有学者

---

① 中国社会科学院考古研究所：《大甸子——夏家店下层文化遗址与墓地发掘报告》，科学出版社，1996 年。

② 凌源县博物馆、朝阳市文物普查队：“凌源萧杖子夏家店下层文化祭祀遗址”，《中国考古学年鉴》(1992)，文物出版社，1994 年。

还提出阴河流域一些建于山冈上的石城，或许也是与祭祀有关的特殊遗址[①]。

另外，在夏家店下层文化的彩绘陶器上，都绘有十分复杂的图案。根据大甸子墓葬出土的彩绘陶器分析，其纹饰的母题可分为有目和无目两种，前者似与中原地区商代铜器表面流行的饕餮纹相似，此类彩绘纹饰的流行，可能与当时人们的宗教信仰有关，或为部族图腾的孑遗。

六、装饰物

首作喇叭形的“U”字形铜耳环和盘丝环形铜耳环是富有特色的青铜饰品。在燕山南部地区的小官庄、雪山、房山刘李店、围坊、张家园、平谷刘家河和燕山北部的大甸子以及壶流河流域均有发现[②]。

七、动物骨骼分析

通过对夏家店下层文化诸多遗址所出的动物骨骼进行分析，猪、狗、牛、羊在夏家店下层文化所见动物骨骼中占了主导地位，尤其是猪，在统计中除了夏家店遗址未提到有猪，在其他遗址中，猪骨的数量占多数。另外狗和羊在其他遗址中也都存在，鹿科动物骨骼仍在部分遗址中出现。但由于大甸子墓地动物骨骼可辨认的仅猪、狗，其余碎骨已无法识别，动物骨骼情况并不全面。其他遗址所介绍的动物骨骼资料不系统，很难判断某些动物是家养的还是猎获的，根据时代较早的文化情况以及猪、狗的大量出现可以肯定其中猪、狗应是人工饲养的。夏家店遗址中的牛科动物经鉴定认为可能有黄牛存在。另外牛、羊的大量出现，尤其是羊在所有遗址中均有发现，推测牛、羊在这一时期也有可能成为饲养的动物。而且个别墓地还发现了鸡骨，很可能这一时期饲养的动物种类有所扩展，不但饲养猪、狗、牛、羊等家畜，还饲养家禽——鸡。根据在大甸子墓地采集到的植物孢粉的资料分析，这时的古代居民生活在气候较为温暖潮湿的环境中。同时由于大量农业工具，如石锄、石铲和石镰刀的出现以及猪、狗、牛、羊等家畜的存在和猎获的鹿科动物，可以反映出当时居民的生活状况

① 朱延平：“辽西区古文化中的祭祀遗存”，《中国考古学跨世纪的回顾与前瞻》，科学出版社，2000年。

② 李伯谦：“论夏家店下层文化”，《纪念北京大学考古专业三十周年论文集》，文物出版社，1980年。

比今天更为温暖潮湿的环境中种植作物，饲养家畜，过着农牧兼备的生活，与同时代的中原农业文化发达程度相差无几。

通过对夏家店下层文化动物遗存综合分析可知：

（1）夏家店下层文化时期动物遗存的分布存在着一定规律，他们基本都分布在河流旁地势平缓的台地上。可能正是这些地区充足的水源，丰富的植被为夏家店下层文化时期居民的生活繁衍和文化发展创造了适宜的自然条件。

（2）夏家店下层文化时期辽西地区的动物种属为发生很大的变化。猪的地位很突出，鹿在遗址中出现的频率也很高，另外常见的动物还有狗、牛、羊。

（3）随着时间的推移，到夏家店下层文化时期，家畜的种类不断增多，由猪、狗扩展到了牛、羊。当时的居民还饲养了鸡[①]。而与此同时，野生动物的种类逐渐减少，偶尔出现在个别遗址中。

第三节　考古学文化类型划分与年代分期

一、类型划分

从夏家店下层文化诸多遗址的地层叠压关系、14C 测定数据等分析，夏家店下层文化介于龙山文化晚期或夏代早期到商代早、中期之间。夏家店下层文化地域分布，向北越过内蒙东南部西拉沐沦河、西辽河，南至河北中部的拒马河、北易水与天津一线，东起辽西大、小凌河流域，医巫闾山一线，西至河北西北的张家口、蔚县一带。在如此漫长而广阔的地域内，该文化不仅因时间早晚而有期段之异，而且还因空间地域的不同而有类型之别。从 20 世纪 70 年代末至 80 年代初，学术界根据目前所见到的考古调查、发掘资料对夏家店下层文化进行划分类型的研究。

最早对夏家店下层文化进行分类型研究的是邹衡与李经汉。邹衡在《夏商周考古学论文集》（文物出版社）第六篇中“关于夏商时期北方地区

① 宋蓉、陈全家：“赤峰地区汉代以前动物遗存初探”，《内蒙古文物考古》，2004年，第 2 期。

诸邻境文化的初步探讨”一文中的“夏家店下层文化的年代分期与类型分布”[①] 一节里，根据北京昌平雪山、河北大厂大坨头[②]、辽宁喀左县北洞沟[③]以及辽宁凌源等地的层位关系和西周初期窖穴出土的陶片证明，夏家店下层文化晚于河北龙山文化雪山型，早于西周早期，大体与商文化相始终。邹衡根据各个地区夏家店下层文化特征的差异，将夏家店下层文化划分为辽西型与燕山型两大类型。他认为辽西型主要分布在辽宁省的辽河以西和河北省的长城以北地区；另外，在渤海湾北部沿海一带也有分布。其特点是房子几乎都是半地穴式的，大部分都有两层围墙，外墙都用石块砌成，内墙多用土坯砌成，个别的用夯土筑成，或者直接用泥筑的土墙。窖穴多作圆形袋状。墓葬中多有石棺椁。铸造青铜器用陶范法，早期尚未发现铜礼器，晚期有用陶范法制作的青铜礼器，1941 年在喀左县城西四千米的今小城子乡咕噜沟村发现一件重 75 公斤的大铜鼎[④]。石器有三种：第一种是磨制石器，有斧、铲、锄、刀、镰等。第二种是打制的半成品，也有斧、铲、锄等。第三种是细石器，各遗址出土数量不等，最多者占石器总数的 18%。在墓葬中还发现有玉器、玛瑙珠、绿松石等。骨器有斧、匕、镞、锥、针等。发现卜骨，除用肩胛骨外，还用长条形骨片，一般都先钻后灼。陶器盛行卷缘桶状鬲，随葬品中多彩绘黑陶[⑤]。燕山型主要分布在河北省的长城以南地区，以北京市为中心。其特点是半地穴房屋，不过少见石砌的围墙，例如在大厂大坨头层发现一座大型椭圆状房基，中间和周边均有密布的柱子洞。墓圹多土穴，极少见石棺椁。已出现成套青铜礼器，有鼎、鬲、甗、觚、爵、斝、盉、卣、罍、盘等。并出现了铁刃铜钺和臂钏、耳环、笄、箔等金器。玉器有斧、柄、璜以及绿松石串饰等。卷缘桶状鬲和彩绘陶少见。

---

① 邹衡：《夏商周考古学论文集》(第二版)，科学出版社，2001 年。

② 天津市文化局考古发掘队：“河北大厂回族自治县大坨头遗址试掘简报”，《考古》，1966 年，第 1 期。

③ 北洞文物发掘组：“辽宁喀左县北洞村出土的殷周青铜器”，《考古》，1974 年，第 6 期。

④ 陈梦家：“西周铜器断代”(二)，《考古学报》，1955 年，第 10 期。

⑤ 中国社会科学院考古研究所：《大甸子——夏家店下层文化遗址与墓地发掘报告》，科学出版社，1996 年。

李经汉“试论夏家店下层文化的分期和类型”① 一文中，根据夏家店下层文化诸遗址存在比较复杂的区域性差别，将夏家店下层文化分布地域划分为两个区域。一是燕山以南的京津唐地区，或称燕南类型。主要遗址有雪山、琉璃河、张家园、围坊、大坨头、小官庄等。二是燕山以北地区，或称燕北类型，包括辽宁西部、河北承德地区和吉林省的西南部，主要遗址有药王庙、夏家店、南山根、丰下、大甸子、蜘蛛山等处。燕北类型相当于邹衡先生划分的辽西型，其燕南型则相当于邹衡先生划分的燕山型。李经汉认为燕北类型青铜器发现较少，流行打制石器，如亚腰石斧、石锄等，陶器以夹砂和泥质灰陶为主要陶系，直腹鬲极为流行；而燕南类型诸遗址，青铜器发现比较普遍，已发掘过的遗址，大部分都有青铜器发现，有镞、刀、耳环、指环等。石器以磨制石器为主，还有打磨兼制石器，不见打制石器，陶器以夹砂红褐陶为主要陶系，流行鼓腹鬲。李经汉认为上述这些反映了两个地区的生产力水平有一定的差距，物质生活和精神生活的习俗也不尽相同。这些差异的产生与当地环境、与邻近地区的相互交往有关，同时也是各自历史发展的结果。

20 世纪 80 年代末至 90 年代初，在邹衡、李经汉对夏家店下层文化及相关问题研究的基础上，张忠培、吴鹏和李伯谦等对夏家店下层文化进行第二阶段划分类型研究。

张忠培等在“夏家店下层文化研究”② 一文中，将夏家店下层文化划分成了西辽河水系区（指西拉沐沦河流域及辽西沿海诸河流域地区）和海河北系区（指永定河以北，包括潮白、蓟运河系在内的海河水系地区）两大类型。西辽河水系区相当于邹衡提出的辽西类型和李经汉的燕北类型，陶器主要由夹砂灰陶、夹砂褐陶、泥质灰陶和黑陶、红陶五系构成。纹饰以绳纹为主，素面、磨光亦占有相当比例，饰绳纹的鬲、罐、盆等器的口、颈部大部分磨光。磨光器物磨光前往往先饰绳纹，附加堆纹有泥条、泥饼两种，常见于瓮、盆腹部和甗腰部。器底常见有交叉划纹。墓葬部分陶器上有烧后绘制红、白、黄色的云纹、动物面目纹图案，这类彩绘陶在遗址中也有少量发现。主要器形有鬲、甗、盆、瓮、樽、壶、豆、钵、盘

① 李经汉：“试论夏家店下层文化的分期和类型”，《中国考古学会第一次年会论文集》，文物出版社，1980 年。

② 张忠培、孔哲生、张文军、陈雍：“夏家店下层文化研究”，《考古学文化论集》(1)，文物出版社，1987 年。

等。墓葬陶器中还有爵、斝、盉等。整个陶器群以实足根绳纹鬲、鼓腹绳纹盆及这两种器形的复合体——甗樽及其衍生器——樽形鬲，壶及其衍生器壶形鬲，罐及其衍生器罐形鼎，附加堆纹瓮等为代表器。根据药王庙、夏家店、南山根、蜘蛛山、小榆树林子等遗址的发现，西辽河水系区遗存的卜骨主要使用猪、羊肩胛骨，还使用动物的肢、肋骨。房址按建筑方式分为半地穴型与地上型两类。半地穴式分为圆形独间式、方形多间式，地上型分为圆形独间式、方形独间式、方形多间式。海河北系类型则相当于邹衡的燕山类型和李经汉的燕南类型，陶器以夹砂褐陶为主，据“围坊二期”的统计，约占陶器总数的 68.2%。灰陶和泥质陶的比率较小。整个陶器群以无足跟绳纹鬲、无足跟素面鬲、无足跟斜腹盆式甗、斜腹盆、深腹豆、樽及樽形鬲等器为典型器物。石器以磨制为主，器形有斧、刀等，压削制石器有镞、刮削器等。青铜器出现的频率高于西辽河水系区。被学术界认作夏家店下层文化典型遗物的喇叭状青铜耳饰，目前发表的标本基本出土于海河北系区。根据现有资料，这种耳饰性质早晚似有变化：较早的喇叭状顶端皆为实心，柄呈倒“U”字形，较晚的出现了空心的喇叭状顶端和“O”形柄。与青铜耳饰性质相同的金质耳饰，出现于较晚的阶段。1979～1982 年，张家口考古队在河北蔚县壶流河流域围绕夏家店下层文化开展了一些工作。在三关、庄窠、筛子绫罗、四十里坡等遗址中发现了夏商时期遗存，其自身发展阶段、年代、遗存结构和与邻境文化关系都比较清楚。参加发掘的孔哲生、张文军、陈雍在“蔚县考古纪略”[①] 一文中认为“蔚县壶流河流域夏商时期遗存的文化面貌相当复杂，尽管有类似夏家店下层文化范畴”，但“不论是‘辽西型’与‘燕山型’，还是‘燕南类型’与‘燕北类型’，都很难将蔚县壶流河流域夏商时期诸遗址进行归属”。随着对河北蔚县壶流河流域夏商时期诸遗址文化性质的深入认识，在“蔚县夏商时期考古的重要收获”[②] 一文中，明确指出：“它的主体成分和海河北系地区的夏家店下层文化同属一系统文化”。在“夏家店下层文化研究”一文中，张忠培等将西辽河北系区遗存、海河北系区遗存与蔚县壶流河流域夏商时期遗存进行了比较，认为这三种遗存起始时间相近，发展进程相近，消亡时间可能互有早晚；认为蔚县壶流河流域遗存的主体

---

① 张家口考古队：“蔚县考古纪略”，《考古与文物》，1982 年，第 4 期。

② 张家口考古队：“蔚县夏商时期考古的重要收获”，《考古与文物》，1984 年，第 1 期。

成分为海河北系区遗存，它是海河北系区的西界地段，但它与海河北系区东界地段潮白、蓟运河流域遗存在陶器等方面还存在地方性差别①。

继张忠培等的“夏家店下层文化研究”一文后，吴鹏在“试论燕北地区夏家店下层文化的分期——兼谈燕南地区所谓‘夏家店下层文化’性质及相关问题”（《华夏考古》1988年第4期）一文中，将燕北地区的夏家店下层文化划分成早、中、晚三期，对这三期所包含的遗存、文化面貌、年代也都作了分析归纳；对燕南地区所谓“夏家店下层文化”，则分成了早、晚两个期组，并对这两个期组的主要文化特征、年代也进行了归纳。最后提出燕北、燕南两地区夏商时期考古文化的共性是次要的，差别是主要的、明显的，燕南地区相应文化应从夏家店下层文化中独立出来，命名为“围坊第二期文化”，它是当地的一种土著文化。与吴鹏意见类似的韩嘉谷认为②，该文化是当地龙山文化的继续，和夏家店下层文化有密切关系，因此发现之初也被称作夏家店下层文化，或夏家店下层文化燕南类型。近年越来越多的资料表明，这是一个独立的考古学文化——大坨头文化。天津历史博物馆考古部将其独立为张家园下层文化③。20世纪90年代初，王立新认为“以樽形鬲和无腰隔甗为代表的西辽河水系区夏家店下层文化与鼓腹鬲和斜、弧腹鬲为代表的海河北系区东、西两个文化类型具有本质的不同。两大水系区不仅在典型器物的种类与出土比例上差异悬殊，更为重要的是两者构成了有自身演变关系的不同器物组合。海河北系区遗存从基本陶器组合的变异程度上，已然游离于西辽河水系区夏家店下层文化主体特征之外。所以，夏家店下层文化这一概念已不能涵盖时间上并行，地域上不同，性质上有别的诸种考古学文化遗存。所以说，不论海河北系区夏商遗存如何命名，夏家店下层文化应当仅指大体在二里头文化到早商阶段的西辽河水系区考古遗存”④。

在邹衡先生的“关于夏商时期北方地区诸邻境文化的初步探讨”和李经汉先生的“试论夏家店下层文化的分期和类型”两篇文章对夏家店下层

---

① 陈平：“夏家店下层文化研究综述”，《北京文物与考古》（第五辑），2002年。

② 韩嘉谷：“花边鬲追踪”，《内蒙古东部区考古学文化研究文集》，海洋出版社，1991年。

③ 天津市历史博物馆考古部：“1979～1989年天津文物考古新收获”，《文物工作十年》（1979～1989），文物出版社，1991年。

④ 王立新、齐晓光、夏保国：“夏家店下层文化渊源刍论”，《北方文物》，1993年，第2期。

文化类型进行划分的基础上，李伯谦的“论夏家店下层文化”① 对这一时期关于夏家店下层文化类型划分进行了更深层次的研究。李伯谦在该文中将夏家店下层文化细分为三个类型。其中燕北地区，以较早经过科学发掘的药王庙遗址为代表，称为药王庙类型；燕南地区东部京、津、唐三角地带以比较单纯的大坨头遗址为代表，称为大坨头类型；壶流河流域未发现典型遗址的发掘报告，现在称为壶流河类型。其药王庙类型，相当于所谓辽西、西辽河、燕北等类型；大坨头类型，则相当于所谓燕山、海河北系、燕南等类型；壶流河类型，是将张忠培等四位先生所谓海河北区两界地段独立成了与西辽河水系药王庙类型、海河北区大沱头类型二者地位相当，三足鼎立的独立的一大类型②。这是李伯谦先生在夏家店下层文化类型划分上的一大突破与贡献。李伯谦先生将壶流河类型与药王庙类型、大坨头类型分别进行了比较。壶流河类型的村落遗址未见任何防御设施，药王庙类型村落遗址的周围则常常发现有壕沟和石砌围墙或土筑围墙。壶流河类型的房屋发现不多，未见药王庙类型流行的石块砌墙和土坯砌墙结构。在壶流河类型与药王庙类型的遗址中，均发现有土坑竖穴墓，前者头向东，流行单人仰身直肢和下肢完整胸骨零散的葬式，也有一定数量的二次葬；后者头向北，流行单人侧身直肢葬；前者随葬陶器多置于头侧，流行鬲、折腹盆、豆、罐组合，后者随葬陶器多置于脚端或脚端壁龛，流行鬲、罐、鼎、壶、甗等组合。壶流河类型的陶器陶质以夹砂和泥质灰陶为主，绳纹是常见纹饰，不加实足根的绳纹鼓腹鬲、簋形豆、盂、卵形三足瓮是典型的代表性器物，而这些基本不见于或很少见于药王庙类型。壶流河类型不见药王庙类型流行的有肩石铲、亚腰石锄、盘状器等大型打制石器。而大坨头类型的陶器明显不同于壶流河类型。陶器始终以夹砂褐陶为主，绳纹加划纹占较大比例。无实足跟素面鼓腹鬲、素面折肩鬲、折腹盆、折肩罐等是典型器类。大坨头类型的石器，磨制比较粗糙，有的尚有打制痕迹，实际是打、磨兼制，常见器形有斧、刀、镰、锛等。琢制的细石器在石器中所占的比例多于壶流河类型。大坨头类型的青铜器比较发达，经过正式发掘的雪山、大坨头、张家园、小官庄、东庄店等遗址，均有青铜工具、武器或装饰品出土，其后期以平谷刘家河墓葬为代表，出现

① 李伯谦：“论夏家店下层文化”，《纪念北京大学考古专业三十周年论文集》，文物出版社，1990年。

② 陈平：“夏家店下层文化研究综述”，《北京文物与考古》（第五辑），2002年。

了成组的青铜礼器，而壶流河类型的青铜器不如大坨头类型的丰富。大坨头类型的墓葬有竖穴土坑墓和石棺墓两种，后者不见于壶流河类型。通过上述对比，桑干河上游壶流河流域的夏家店下层文化遗存，既不同于以赤峰、朝阳为中心的燕北地区，又与燕南地区东部京、津、唐三角地带有明显区别，它也应是该文化的一个类型，即壶流河类型①。

李伯谦对大坨头类型与药王庙类型的差别并未作过多比较，吴鹏的“试论燕北地区夏家店下层文化的分期”一文可对此作了补充。

（1）从房屋建筑上看，燕北地区流行内土坯、外砌石块的双重房墙和两个柱洞置于房子地坪中部的建筑形式，这在燕南地区是决然不见的。燕南地区房子中间和周围均有密集的圆形柱洞，这在燕北也极为少见。二者在建筑结构上存在差异。

（2）燕北流行打制石器，间有较多细石器；而燕南石器则以磨制为主，基本不见打制，细石器也较少。燕北流行的亚腰石锄、三棱石刀在燕南也基本不见。

（3）燕北以夹砂泥质灰陶为主，燕南则以夹砂红褐陶为主；燕北陶甗袋足多有较长实足根，而燕南多空心肥袋足无实足根；燕北始终普遍流行的典型器物是筒腹鬲，而燕南则大量流行鼓腹鬲、折肩鬲，偶有出土的筒腹鬲形制既与燕北有别，且也非典型器物；在燕北较多发现的绳纹罐型鼎，是燕南的鲜见器物；两地的折腹盆形制也不同。

王立新、齐晓光、夏保国在“夏家店下层文化渊源刍论”② 一文中，通过对西辽河水系区与海河北系区遗存中陶鬲的研究认为，以樽形鬲和无腰隔甗为代表的西辽河水系区夏家店下层文化与鼓腹鬲和斜、弧腹鬲为代表的海河北系区东、西两个文化类型具有本质的不同。两大水系区不仅在典型器物的种类与出土比例上差异悬殊，更为重要的是两者构成了有自身演变关系的不同器物组合。海河北系区遗存从基本陶器组合的变异程度上，已然游离于西辽河水系区夏家店下层文化主体特征之外。所以，不论海河北系区夏商遗存如何命名，夏家店下层文化应当仅指大体在二里头文化到早商阶段的西辽河水系区考古遗存。

---

① 李伯谦：“论夏家店下层文化”，《纪念北京大学考古专业三十周年论文集》，文物出版社，1990 年。

② 王立新、齐晓光、夏保国：“夏家店下层文化渊源刍论”，《北方文物》，1993 年，第 2 期。

通过对上述学者对夏家店下层文化分布区内各个地方类型进行系统划分研究成果，从目前有关夏家店下层文化可见到的资料分析，本书比较赞成王立新先生的研究成果。

经过近几十年的研究，这个问题仍处于讨论阶段，随着燕山南北地区考古学资料的丰富，关于夏商时期考古学文化的研究进一步深入，将有助于解决夏家店下层文化地方类型的划分问题。

二、分期与年代

大凡一个考古学文化总要解决本文化内部各遗存的相对早晚序列问题，即分期问题，也要解决本文化所处的绝对历史时期问题，即年代问题。这两个问题，是既相互联系又相互区别的两大基本问题。

在夏家店下层文化刚被识别和命名的20世纪60年代初期，由于可利用的资料较少，研究不够，分期的条件还不具备。当时郑绍宗在"有关河北长城区域原始文化类型的讨论"① 一文中认为，该文化可能也有早晚的不同，并未对夏家店下层文化的分期、族属等一系列问题进行探讨。1964年发掘的河北大厂大坨头遗址，同属夏家店下层文化的两个灰坑在地层上有打破关系②，是对该文化进行分期的很好资料，但简报未作这方面的探索。1972年发掘的辽宁省北票县丰下遗址③的耕土层下到生土层上的第二至第五地层的文化堆积均属夏家店下层文化，具有为该文化分期所必需的得天独厚的优越条件。该遗址简报虽已意识到其各层文化内涵有明显的变化，如红褐陶第二层比第三以下的层为多，磨光泥质黑陶第三层以下出土数量渐多，一些主要器类如甗、鼎、小口罐等从第五层到第二层表现出一定的演化序列等，但并未将遗物有意识按地层分开介绍归纳而为分期作准备。虽已意识到上下叠压、打破的遗存有早晚阶段的区别，但未作分期的尝试。1978年，邹衡先生在"关于夏商时期北方地区诸邻境文化的初步探讨"④ 一文中，开始提到夏家店下层文化的分期问题。文中认为，根据

---

① 郑绍宗："有关河北长城区域原始文化类型的讨论"，《考古》，1962年，第12期。

② 天津市文化局考古发掘队："河北大厂回族自治县大坨头遗址试掘简报"，《考古》，1966年，第1期。

③ 辽宁省文物干部培训班："辽宁北票县丰下遗址1972年春发掘简报"，《考古》，1976年，第3期。

④ 邹衡：《夏商周考古学论文集》（第二版），科学出版社，2001年。

北京昌平雪山、河北大厂大坨头[1]、辽宁喀左县北洞沟[2]以及辽宁凌源等地的层位关系和西周初期窖穴出土的陶片证明，夏家店下层文化晚于河北龙山文化雪山型，早于西周早期，大体与商文化相当。当时“夏家店下层文化的分期问题尚未很好解决。大厂大坨头遗址的两个灰坑（即 H1 和 H2，实为两座房子）在层位上有早、晚关系，两者的陶器也有比较显著的区别，应该代表了早、晚两期。辽宁省北票县丰下遗址有类似的层位关系，早、晚陶器也有一些不同，可以作为以上分期的旁证”。邹衡先生根据现有资料将夏家店下层文化分为早、晚两期，但限于资料匮乏并未对各期面貌作进一步具体归纳。其后，辽宁省博物馆文物工作队在“概述辽宁省考古新收获”[3] 的文章中，部分论及夏家店下层文化分期问题，认为由丰下下层可以分辨出该文化较早的一个阶段，并结合与之同时期的水泉下层遗迹、四分地和小河沿南台地遗迹，对该文化早期的面貌作了一定描述。如该期磨光泥质黑陶较多，有通体轮制的器物，瓮、盆、罐口沿以下磨光部分较大，出有篮纹大口盆、凸弦纹大平底盆、宽足盆式鼎，房址多为地穴、半地穴式烧土地面等。

对夏家店下层文化的分期问题进行深入系统研究的论文是李经汉的“试论夏家店下层文化的分期和类型”[4]、李恭笃、高美璇的“夏家店下层文化分期探索”[5]、郭大顺的“丰下遗址分期再认识”[6] 和“西辽河流域青铜文化研究的新进展”[7]、“辽西古文化的新认识”[8]、“北方古文化与商文

① 天津市文化局考古发掘队：“河北大厂回族自治县大坨头遗址试掘简报”，《考古》，1966 年，第 1 期。

② 北洞文物发掘组：“辽宁喀左县北洞村出土的殷周青铜器”，《考古》，1974 年，第 6 期。

③ 辽宁省博物馆文物工作队：“概述辽宁省考古新收获”，《文物考古工作三十年》（1949～1979），文物出版社，1979 年。

④ 李经汉：“试论夏家店下层文化的分期和类型”，《中国考古学会第一次年会论文集》，文物出版社，1980 年

⑤ 李恭笃、高美璇：“夏家店下层文化分期探索”，《辽宁省考古、博物馆学会成立大会会刊》，1981 年。

⑥ 郭大顺：“丰下遗址分期再认识”，《文物与考古论集》，文物出版社，1986 年。

⑦ 郭大顺：“西辽河流域青铜文化研究的新进展”，《中国考古学会第四次年会论文集》（1983），文物出版社，1985 年。

⑧ 郭大顺：“辽西古文化的新认识”，《庆祝苏秉琦考古五十五年论文集》，文物出版社，1989 年。

化的起源"[①]、张忠培等的"夏家店下层文化研究"[②]、吴鹏的"试论燕北地区夏家店下层文化的分期——兼谈燕南地区所谓'夏家店下层文化'性质及相关问题"[③]、李伯谦的"论夏家店下层文化"[④] 等。

李经汉在文章中将夏家店下层文化划分为早、中、晚三期。早期特点是泥质黑陶占较大的比例,大部分器物有浓厚的龙山文化风格,出现了该文化常见的折腹盆和一些其他因素。早期的这种既有龙山文化因素,又有典型夏家店下层文化因素的特点表明,其年代很可能与中原龙山文化晚期相当。

中期的特点是以夹砂灰陶和夹砂红褐陶为主要陶系。有些陶器形制风格与二里头文化接近。如丰下等遗址出土的折腹小口罐、平底盆,药王庙遗址出土的腹部饰附加堆纹的瓮,南山根遗址出土的Ⅰ式盆、Ⅱ式瓮等均与二里头文化遗物相似。各遗址普遍出土的带附加堆纹的甗腰,与河北下七垣遗址二里头文化层出土的相同。盆两侧安鸡冠形錾耳。罐口沿弄成锅齿形花边的做法,也与二里头文化相同。以鬲甗为主要炊器,鬲袋足下另加锥状实足尖的做法,又与二里岗文化相同。文化面貌的相近,说明它们所处的年代也可能相当。中期许多遗址发现了喇叭口形的铜耳环,它是该文化典型器物之一。形制与平谷刘家河铜器墓出土的金耳环相同,该墓的年代"相当于郑州二里岗上层,即商代中期……其下限年代不会晚于殷墟文化第一期。丰下遗址 T10③的木炭 14C 测定的年代树轮校正为公元前 1890±130 年。大甸子 454 号墓的朽木 14C 测定的年代树轮校正为前 1695±135 年。与二里头文化早期至二里岗上层 14C 测定的年代基本一致。标型学研究和 14C 科学测定的数据一致表明,中期的年代与二里头文化和二里岗商文化同时。大坨头遗址 Hl 一类遗存的年代可能还要晚些。

晚期的特点是泥质灰陶比例增加,器表多饰粗绳纹或僵直交叉绳纹。中期常见的鬲和甗仍然存在,但变化较大,如鼓腹鬲体型宽扁,甗的口部更敞,这些与殷晚期陶器特征相同。同时这一期还出现了高领、高裆空足

① 郭大顺:"北方古文化与商文化的起源",《中国商文化国际学术讨论会论文集》,中国大百科全书出版社,1998 年。

② 张忠培、孔哲生、张文军、陈雍:"夏家店下层文化研究",《考古学文化论集》(1),文物出版社,1987 年。

③ 吴鹏:"试论燕北地区夏家店下层文化的分期——兼谈燕南地区所谓'夏家店下层文化'性质及相关问题",《华夏考古》,1988 年,第 4 期。

④ 李伯谦:"论夏家店下层文化",《纪念北京大学考古专业三十周年论文集》(1952~1982),文物出版社,1990 年。

鬲，高裆柱状足陶鬲以及具有周初特点的粗绳纹鬲，形制较为特殊，为其他遗址所不见。其年代可能从殷晚期到西周，也可能延续的时间更长些[①]。李所称出现宽扁鼓腹鬲、更敞口的甗而与殷晚期特征相同，出现高领高档空足鬲和高档柱足鬲及具周初特点的粗绳纹鬲的第三期（即晚期）遗存，实际是将围坊、张家园上层（即张家园第三层）文化的遗存错误的归入夏家店下层文化遗存并进行分期。但这并非李经汉先生个人的失误，而是张家园、围坊遗址发掘初期考古学界通常的认识。如果将围坊、张家园上层（即张家园第三层）文化的遗存从夏家店下层文化中剔除出去，李经汉对夏家店下层文化所作分期，实际上只有早、晚两期。

郭大顺在“西辽河流域青铜文化研究的新展”、“丰下遗址分期再认识”两文中，均以丰下遗址为典型遗存，讨论夏家店下层文化的分期问题。除去丰下遗址下、中层间相隔的淤土层（即原简报之第四层）后，可得三层文化层。郭大顺先生将丰下遗址和夏家店下层文化，也与之相应地划分为三期。郭所称的三期较之李经汉的二期最大的不同和进展就是将同在李经汉二期中的丰下第二、第三两层分成了两期，将第三层定为中层第二期，将第二层定为上层第三期。这种分法，既有地层的上下关系为由，又有器物形态的差别作据，更为科学一些[②]。郭大顺对这三期特征归纳如下。

第一期，即第五层（下层）。磨光黑陶约占20%，除通体磨光器外，盆、瓮等口下磨光部分较宽，砂褐陶火候较高，绳纹细而齐。手触有摩擦力大之感。器物特征是甗下部瘦高，细腰，三长筒状袋足，外底宽。磨光黑陶鬲袋足接法同甗，体肥短。盂平沿直腹，小口瓮高领广肩，大瓮高领壁薄，盆宽沿而敞，有宽足大平底盆。

第二期，即第三层（中层）。磨光黑陶约占10%，已不典型。盆、瓮口下磨光部分缩减，砂褐陶火候较低，绳纹已显乱。器形变化主要有甗下部仍瘦高，袋足圆鼓外撇并直接相连，外底不宽，内隔加高，磨光黑陶鬲上下连为一体，近筒形，是直接相连，盂卷沿壁内弧，小口瓮肩已不广，大口盆沿窄，有深腹罐形鼎。

第三期，即第二层（上层）。磨光黑陶只占2%。砂褐陶多红褐色，绳纹粗而乱，出现砂红陶。甗下部扁宽，粗腰，足甚圆鼓，近直立，内隔

① 李经汉：“试论夏家店下层文化的分期和类型”，《中国考古学会第一次年会论文集》，文物出版社，1980年。

② 陈平：“夏家店下层文化研究综述”，《北京文物与考古》（第五辑），2002年。

甚高。磨光鬲体加高，盂卷沿，上下腹均反弧收缩，小口瓮溜肩，大瓮折沿无领，大口盆窄沿外卷。罐形鼎圆锥足置于底中。

郭大顺根据陶器形态与碳测定，丰下早期可早到龙山时期，丰下中期为距今3840±130年，丰下晚期约相当于二里岗期。郭还以他所划分的丰下遗址的三期作为一个标尺，参考有关遗存的早晚区别，将整个夏家店下层文化分作了三期五段。

第一期：以早于丰下一期的其他夏家店下层文化遗存（如白斯朗营子塔山下、四分地和大城山下层）为其早段，以丰下一期遗存为其晚段。

第二期：以丰下二期为基础，再向上向下略有延伸。这一期包括遗存较多，堆积最为丰厚，延续时间也较长，为该文化鼎盛期。

第三期：以丰下三期为其早段，以晚于丰下三期的其他夏家店下层文化遗存（如大坨头H1、三官二段、小官庄）为其晚段。

郭还依据辽西地区已发现夏家店下层文化三千余处而从未见龙山文化遗存发现的现实，提出了在辽西地区并不存在一个独立的龙山文化阶段，辽西地区相当于龙山文化阶段的遗存应该就是夏家店下层文化最早阶段的重要学术见解。对学术界曾一度出现的辽西一带出土的商周青铜器和北京平谷刘家河商代铜器墓属于夏家店下层晚期的观点，郭也提出了不同意见。郭认为，辽西一带出土的商周青铜器从未与夏家店下层文化有过共存关系，相反却有铜器窖藏坑填土中出有夏家店下层文化晚期陶片的现象（显示铜器年代较晚），出土铜器的范围也已超出夏家店下层文化分布的北界，有关发现证明夏家店下层文化尚未达到铸造青铜礼器的水平，只有到商周之际的魏营子文化时期辽西地区才有可能铸造青铜礼器，北京平谷刘家河铜器墓也不见与夏家店下层文化共存的证据，因此辽西出土的商周之际青铜器和平谷刘家河铜器墓都不属于夏家店下层文化。笔者认为，郭氏关于辽西出土商周之际青铜器不属夏家店下层文化的意见是正确的，但北京平谷刘家河商代铜器墓是否属于夏家店下层文化还需继续研究，目前似乎还不宜过早作出完全否定的意见。因为与刘家河墓铜器共出的还有显示浓郁夏家店下层文化特征的金臂钏和扁喇叭口金耳环，与该墓相隔仅14米处发现的另一座夏家店下层文化陶器墓的填土中也出有夏家店下层文化陶器残片。但是该墓在清理前已被挖破扰乱过，所以依次很难断定填土中的陶片是与铜器共存的陶器①。

---

① 陈平："夏家店下层文化研究综述"，《北京文物与考古》（第五辑），2002年。

李恭笃、高美璇的“夏家店下层文化分期探索”一文发表于1981年刊行的《辽宁省考古、博物馆学会成立大会会刊》上，由于该文所登载的刊物属内部资料，不易得见，因此并未在学术界受到足够的重视。李恭笃、高美璇的“夏家店下层文化分期探索”一文根据夏家店下层文化地层堆积情况分析，认为夏家店下层文化在燕山北麓晚于红山文化和小河沿文化，是我国北方兴起较早的一支青铜文化。它晚于河北龙山文化雪山型，在器物形制及其制作方法上与河北龙山文化、河南二里头文化有着许多的相近和相似处。在其晚期阶段，特别是商末周初在京津地区常与青铜共出。该文将夏家店下层文化分了四期：即将燕山北麓、辽西、赤峰地区有关遗存分为一、二、三期；将整个京津地区有关遗存作为其第四期。夏家店下层的一期陶器，富有浓厚的龙山文化因素，一般器表都油黑发亮，器壁薄，火候高，做工细，棱角明显，器形规整。多为大口器、平底器、圈足器。常见的器物有平底盆、四足盘、深盘细柄空心豆、细绳纹平底罐、折沿深腹筒形高裆实足根鬲。大型器类，甗、瓮、鼎数量较少。陶器以泥质黑陶为主，夹砂褐陶次之。纹饰有细绳纹、篮纹、方格纹、附加堆纹、弦纹和划纹。手制为主，主要采用泥条盘筑法。与早期遗物并存的建筑是圆形竖井式穴居房屋。穴壁上多凿有壁龛，建筑形式原始简陋。早期地层以建平水泉五层和北票丰下五层为代表，第一期与河北龙山文化雪山型相近，时代略晚于雪山型，处于夏家店下层文化的形成阶段。二期陶器无论是质地、纹饰和器类都发生了明显的变化。早期龙山文化的特点被新发现的富有北方风格的器物群所代替。磨光黑陶显著减少，夹砂褐陶占绝对优势。不仅大型容器增多，就是同一种器物亦有多种形式。三足器这个时期异常发达。主要器类有鬲、甗、鼎、瓮、盆、豆等。与二里头文化类型的器物群相比较，无论在制法和形制上确有许多相似处。如罐、四足盘、平底盆、爵、鬲等都很相象①。纹饰以绳纹为主，其次是附加堆纹、弦纹、划问、锥刺纹等。在建筑技术上有了很大发展，除保留穴居住房外，半穴居建筑增多，并创造出用石块、土坯筑墙的建房方法，屋地和墙壁皆抹有草拌泥和白石灰。二期以建平水泉四层、蜘蛛山四层为主，二期除保留了一期因素外，又有新的发展，赤峰蜘蛛山Ⅱ式空心足鬲是一期所没有的。三期的陶器种类，除仍然存有原来的器物群外，还出现了一些新的器形，就是

① 中国科学院考古研究所洛阳队：“河南偃师二里头遗址发掘简报”，《考古》，1965年，第5期。

同一种器物,早晚差别也非常明显。特别是在墓葬中出现了爵、鬶、盉等专用酒器。罐有大口深腹圆唇折沿变成小口圆腹方唇斜领,底部加高,似有假圈足。直筒深腹鬲,口沿部位由折沿变卷沿,鬲足外鼓,裆变矮。不仅空心足鬲数量增多,而且还出现了口沿施花边的鬲。特别值得注意的是水泉三层出土的大型直筒鬲,其造型已介于夏家店上、下层文化之间。细腰甗的袋足明显外撇,腰部附加堆纹加厚,外折口沿变宽。陶瓮由圆唇变方唇,削肩变广肩,最大腹径由中部上升到肩部。陶豆由深盘细柄变浅盘粗柄,空心变大。早期细密竖行的绳纹演变成横竖交错的各种形式的松散粗绳纹。随葬专用的彩绘陶花纹纹样有云纹、卷曲纹、动物纹,这些花纹图案的风格与商代青铜器上的花纹有着极为密切的渊源关系。三期主要以北票丰下二、三层为主,时代相当于早商。与生产力发展适应的居住区是在前二期的遗址基础上兴建的,规模较大的方形或长方形城堡式遗址的出现和在遗址及墓葬中出土带有等级制度和阶级色彩的铅杖首和带孔石钺反映这一时期已迈进了阶级社会的门槛。四期陶器以夹砂红陶为主,其次是夹砂灰陶和夹砂褐陶,而泥质磨光黑陶甚少。高裆空心足鬲和敞口扁足鬲是燕山型的典型器物。卷沿直筒鬲和彩绘陶颇少。制陶技术以轮制为主。器表多饰粗绳纹和交叉绳纹,与周初陶器绳纹类似。大坨头房基的中间和周围有密集的圆形柱洞,与沿山以北地区的不同,总的看来,夏家店下层文化燕山型时代偏晚,相当于商末周初。该文还从遗址的叠压关系和陶器的演变规律分析,夏家店下层文化与红山文化、小河沿文化的渊源关系,但这种渊源的发展是错综复杂的,不是简单的直接承袭,是在发展过程中汲取许多其他文化的先进因素,特别是河北龙山文化的先进因素而发展起来的。

张忠培等在"夏家店下层文化研究"① 一文中,首先将夏家店下层文化分成了西辽河水系区和海河北系区两大类型,将西辽河水系区的该文化遗存分为四期。Ⅰ期:以丰下⑤、药王庙 T1③、南山根 H26、蜘蛛山 T1②G、H42 为代表的遗存;Ⅱ期:以蜘蛛山 T1②F、T3④D、E,南山根大部分遗存为代表的遗存;Ⅲ期:以丰下②、③和有关房址、灰坑、蜘蛛山 T1②A～E、T2④A、B、T3④A～C、H40、H31、药王庙 T1①、F1、T1②为代表的遗存;Ⅳ期:以丰下 T20②H1、T102②F8 为代表的遗存。将海河北系区的该文化遗存分作了三期,大体经历了以张家园 F4 和围坊

① 张忠培、孔哲生、张文军、陈雍:"夏家店下层文化研究",《考古学文化论集》(1),文物出版社,1987 年。

T7、T8、T9 第四层为代表；以张家园第四层和大坨头 H2 为代表；以大坨头 H1 和围坊 T7、T8、T9 第三层为代表，并分别绘有陶器分期图。该文还认为，壶流河流域夏家店下层文化的主体成分为海河北系区遗存。该文将壶流河流域相关遗存分作了三个阶段，也就是三期。

张忠培等在“夏家店下层文化研究”中对夏家店下层文化虽未明确作出总体上的分期，而只是对壶流河流域、海河北系区、西辽河水系三个地区各自作了分段或分期，但由于他们将这三个地区不同的三种夏家店下层文化遗存分期与年代对应关系制成了上列一表，实际上已经对该文化作了总体分期的尝试。可以认为，该文实际上将整个夏家店下层文化分作了四期（即壶流河与西辽河的四期），只不过海河北系区需截头去尾，有点缺环罢了[①]。

李伯谦先生在“论夏家店下层文化”[②]一文中，将夏家店下层文化分为燕北的药王庙、燕南的大坨头和冀西北的壶流河三大类型，并根据药王庙类型分布范围内夏家店下层文化遗址发掘材料及其地层叠压关系（主要指丰下、药王庙、蜘蛛山、南山根等遗址），将药王庙类型分为年代上早晚相次的五段。

第一段，以丰下遗址第五层、四分地东山嘴 F1、F2、F8、H6 等为代表。房屋多为石块砌墙的半地穴式建筑，多圆形、椭圆形，少见方形。陶质以夹砂和泥质灰陶为主，泥质磨光黑陶占有一定比例。绳纹较细，有一定数量的篮纹、方格纹和附加堆纹。器类以浅盘高柄豆、圈足或四足、八足盘、罐形鼎、折腹盆、曲腹盆、敞口斜壁碗、瓮、筒形鬲等较为常见。具有较多龙山时代和二里头早期同类器物的风格，年代相当于夏代早期偏晚。

第二段以药王庙遗址 T1③、蜘蛛山 TI②F、G、南山根 T1④～③、T10④～③、H28 及白斯郎营子南台地 F3 等为代表。陶器仍以夹砂与泥质灰陶为主，但夹砂褐陶比例上升，泥质磨光黑陶相对减少。流行绳纹和绳纹加划纹。第一段流行的具有龙山时代和二里头早期文化特点的典型器物浅盘高柄豆、四足八足盘不见，筒腹鬲形制基本同前，裆隔增高、三锥足垂直着地；甗袋足肥硕；鼎三足安于底侧；折腹盆折棱明显，体瘦高；曲腹盆沿下角变小而腹变瘦，大口卷沿，年代相当于夏代晚期偏早。

---

① 陈平：“夏家店下层文化研究综述”，《北京文物与考古》（第五辑），2002 年。

② 李伯谦：“论夏家店下层文化”，《纪念北京大学考古专业三十周年论文集》，文物出版社，1990 年。

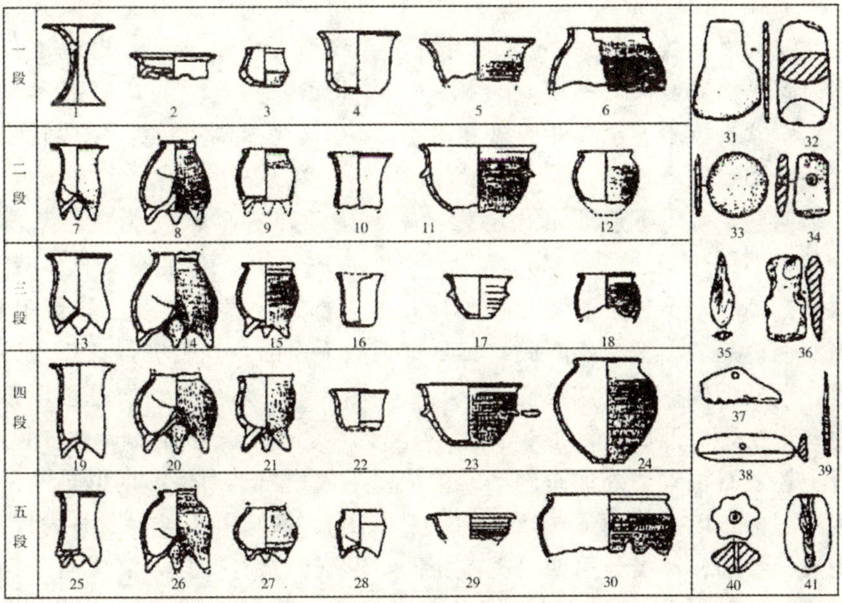

图2 药王庙类型器物

1.豆（四分地F1：1） 2.八足盘（四分地H6：1） 3.鼎（丰下T17⑤：1） 4.折腹盆（丰下T17⑤：） 5.曲腹盆（丰下T17⑤：） 6.瓮（丰下T17⑤：7） 7.筒腹鬲（南山根T1③：34） 8.（药王庙T1③：13） 9.鼎（南山根T10④：22） 10.折腹盆（药王庙T4③：23） 11.曲腹盆（南山根H28：3） 12.瓮（白斯郎营子南台地F3：4） 13.筒腹鬲（丰下T3③：1） 14.（丰下T17③：1） 15.鼎（丰下T10③：1） 16.曲腹盆（丰下T3③：1） 17.曲腹盆（白斯郎营子塔山F1：⑧） 18.瓮（丰下T10③：5） 19.筒腹鬲（75kg：1） 20.（丰下T4②F1：1） 21.鼎（丰下T3②：1） 22.折腹盆（南山根T9：16） 23.曲腹盆（丰下T10②F8：9） 24.瓮（丰下T84②F13：8） 25.筒腹盆（75kgM2:1） 26.（药王庙T1①：8） 27.鼎（丰下FT20：H1：5） 28.折肩鬲（南山根：采） 29.曲腹盆（蜘蛛山T1②B：63） 30.瓮（药王庙T1①：11） 31.有肩石铲（四分地F8：4） 32.石斧（四分地H18：1） 33.石盘状器（白斯郎营子塔山F2：11） 34.穿孔石斧（药王庙T4③：14） 35.细石镞（丰下T9③：2） 36.亚腰石锄（丰下T23④：1） 37.石磬（西山坡） 38.柳叶形石刀（丰下T11②：5） 39.铜刻刀（小榆树林子） 40.陶纺轮（药王庙T1①：12） 41.陶范（四分地H1：1）

第三段以丰下遗址第三层、蜘蛛山 T1②E、药王庙 T1②及白斯郎营子塔山 F1、F12 等为代表。陶质以夹砂灰陶、褐陶为主，泥质磨光黑陶少见。纹饰以绳纹和绳纹加划纹为主，篮纹和方格纹不见。出现了折肩鬲；筒腹鬲裆隔变低，三锥足外撇；鼎由平底变为近圜底，底部三足外撇；折腹盆折棱不突出；曲腹盆卷沿下角变小、腹部略变瘦，年代相当于夏代晚期偏晚。

第四段，以丰下遗址第二层为代表。陶质以夹砂褐陶为主，灰陶居次，基本不见纯正的泥质磨光黑陶。绳纹一般较粗，附加堆纹明显减少，筒腹鬲裆隔基本不显，三实足更外撇；甗鬲部最大直径继续上移至上腹、裆隔变低；鼎多由平底变圜底，三足聚于底下中部，外撇更甚；折腹盆体变矮，微显折棱；曲腹盆腹变浅，卷沿外翻，沿下角更小。房基仍以圆形半地穴为主，但地面上方形、长方形建筑有所增多，地面多涂有白灰面，流行土坯或石块砌墙外加石围墙的结构，年代相当于商代前期偏早。

第五段，以药王庙 T1①和丰下 T20②Hl、蜘蛛山 T1②A、B 为代表，其陶质、纹饰、器类与第四段基本相同，形制上略有变化，筒腹鬲分裆变为弧裆，一般不见裆隔；甗鬲部最大直径在上腹，裆隔更低；折肩鬲变矮，裆部与筒腹鬲相同；鼎足更矮小；曲腹盆浅腹，卷沿下翻，沿下角更小，有的不见鸡冠耳；瓮短颈，方唇，肩部突出，年代相当于商代前期偏晚[1]。

李伯谦先生认为大坨头类型晚于当地龙山文化，早于张家园上层文化，根据地层叠压和遗迹打破关系将之分为有早晚关系的五组，即五个发展阶段，且各段的绝对年代与药王庙类型大致相当[2]。

第一阶段，以围坊 T2～4 第三层和东庄店各探方第三、第四层为代表。陶质以夹砂褐陶为主，灰陶次之，有少量红胎黑衣陶和细泥磨光黑陶。流行绳纹和绳纹加划纹，素面磨光比例较大，亦有少量篮纹、方格纹和箍状附加堆纹。主要器类有鬲、甗、盆、罐、瓮等，大型器如瓮、罐多泥条盘筑，鬲、甗多模制，小件多轮制。鬲仅见鼓腹鬲，体长口直，长领实足根，常抹去绳纹；曲腹盆敞口，大卷沿，深腹而鼓，腹部饰绳纹或绳纹加划纹；鼎作罐形，平底三足；瓮卷沿圆唇，大径在中腹，腹部多饰绳纹加划纹。有刀等小件青铜器发现。

---

① 李伯谦："论夏家店下层文化"，《纪念北京大学考古专业三十周年论文集》，文物出版社，1990 年。

② 同上。

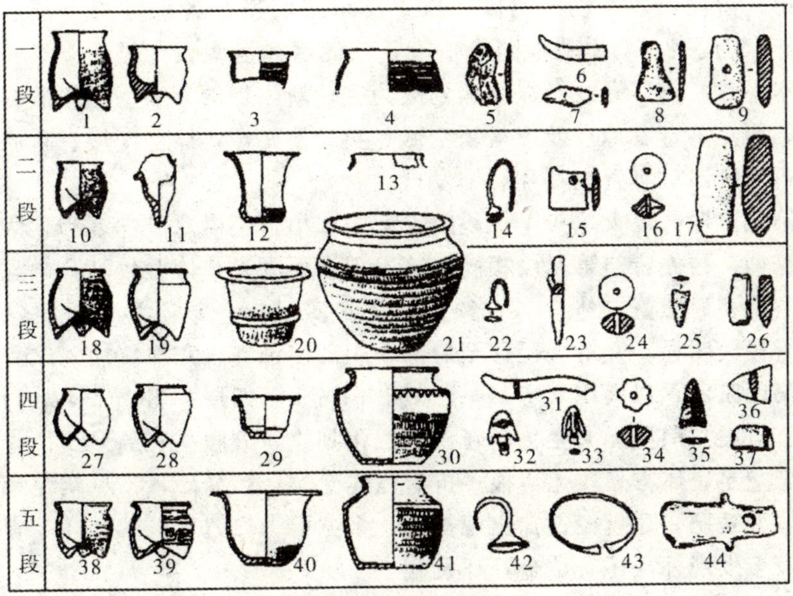

图3 大坨头类型器物

1.鼓腹鬲（围坊T2③：13） 2.鼎（东庄店T2③：39） 3.曲腹盆（围坊T2③：20） 4.瓮（东庄店T2③：71） 5.石刮削器（围坊T8③：1） 6.铜刀（围坊T4③：1） 7.石镰（东庄店T3③：20） 8.亚腰石锄（东庄店T2③：9） 9.石斧（围坊T3③：31） 10.鼓腹鬲（围坊T4H3：4） 11.筒腹鬲（东庄店T4①：44） 12.折腹盆（东庄店T2②：32） 13.瓮（围坊T1③：29） 14.铜耳环（围坊T1③：7） 15.石刀（东庄店T2②：5） 16.陶纺轮（围坊T1③：9） 17.石斧（东庄店T5①：12） 18.鼓腹鬲（大坨头H2：14） 19.折肩鬲（小官庄戊：3） 20.折腹盆（小官庄甲：2） 21.瓮（小官庄甲：1） 22.铜耳环（张家园F4） 23.骨锥（张家园F4） 24.陶纺轮（张家园F4） 25.细石镞（张家园F4） 26.石斧（张家园F4） 27.鼓腹鬲（大坨头H1：5）28.折肩鬲（大坨头H11：6） 29.折腹盆（张家园T2④） 30.瓮罐（雪山M42：3） 31.铜刀（张家园T2④） 32.铜镞（张家园T2④） 33.铜镞（大坨头H1） 34.陶纺轮（张家园T2④） 35.细石镞（张家园T2④） 36.石镰（张家园T2④） 37.石刀（张家园T2④） 38.鼓腹鬲（张家园T2②） 39.折肩鬲（雪山M1：6） 40.折腹盆（雪山M11：7） 41.瓮罐（雪山M11：4） 42.金耳环（刘家河墓葬） 43.金臂钏（刘家河墓葬） 44.铁刃铜钺（刘家河墓葬）

第二阶段，以围坊 T4H2、T1③及东庄店遗址各探方第二层、雪山 H109 等为代表。陶质基本同第一段，细泥磨光黑陶很少见；篮纹、方格纹基本不见，仍以绳纹、绳纹加划纹为主；新出现的素面磨光筒腹鬲，裆隔高、锥足垂直着地；鼓腹鬲领变低，实足根变短，体型变矮；折腹盆高瘦，折棱突出；有青铜耳环装饰发现。

第三阶段，以大坨头 H2、张家园 F4、小官庄甲墓、戊墓为代表。陶质、纹饰、器类皆与第二段相同。新发现素面磨光，体型较高，微显实足的折肩鬲；鼓腹鬲方体侈口，领部消失，实足根一般不显；折腹盆略显肥，折棱较明显；瓮最大径移至肩部，腹部多饰绳纹和绳纹加划纹。

第四阶段，以大坨头 H1、张家园 T1～2 第四层、雪山 M42 为代表。陶质、器类与前段无大变化，新出现三角划纹。鼓腹鬲有的绳纹抹光呈素面，肥空足，体方形，无实根；折肩鬲体变矮，裆变低，不见实足根；折腹盆体变矮肥，显折棱；瓮出现折肩，多方唇。除刀、镞、耳环等青铜小件有较多发现外，还有黄金耳环发现。

第五阶段，以张家园 T30②、雪山 M11、刘家河铜器墓为代表。陶质、器类、纹饰基本如前，新出现僵直绳纹。鼓腹鬲变扁，低裆呈弧形，无实足根，裆更低，多呈弧形；折肩鬲体型变扁，低裆无实足根；折腹盆矮肥，折棱消失，但下腹仍有绳纹；瓮仍折肩。以刘家河墓葬为代表，出现成组青铜礼器、武器以及臂钏、耳环等黄金饰品。

李伯谦在论述药王庙类型与大坨头类型的同时，根据张家口考古队[①]依据层位与器物演化规律对壶流河类型的分期，将壶流河类型分为三段[②]。

第一阶段，以三关 M2010 为代表。将张家口考古队的分段中原分为二段的庄窠 FQF1：7 鼓腹鬲在形制上早于二段，故三关 H2047 所出鼓腹鬲（原称磨光鬲），提至第一段。典型器物有长体敞口、卷沿高档、三微外撇锥实足的筒腹鬲，高体侈口、高领高档、空足的鼓腹鬲，高体侈沿、鼓腹空足的无实足根绳纹鬲，深似盂而矮肥圈足的簋形豆和折腹盆，深腹敞口平底盂等。墓葬的器组合为鬲、豆、折腹盆或盂、罐等。另有青铜耳环发现。年代相当于夏代晚期偏早。

① 张家口考古队："蔚县夏商时期考古的重要收获"，《考古与文物》，1984 年，第 1 期。

② 李伯谦："论夏家店下层文化"，《纪念北京大学考古专业三十周年论文集》，文物出版社，1990 年。

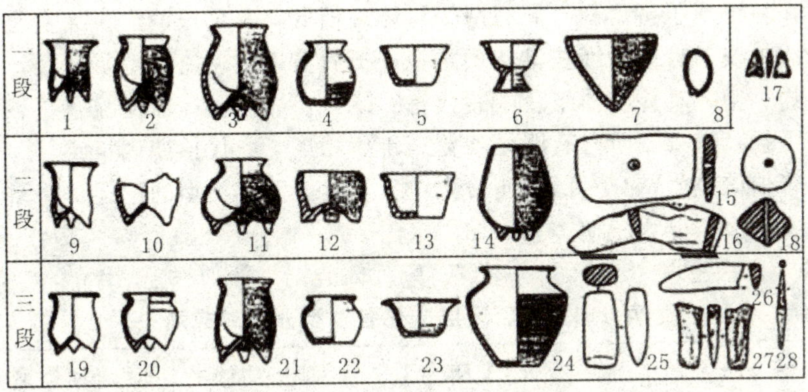

图4　壶流河类型器物

1.筒腹鬲（三关M2008：1） 2.鼓腹鬲（前堡F1：7） 3.无实足梭绳纹鬲（前堡F1：39） 4.罐（三关M2008：3） 5.盂（三关M2008：5） 6.簋形豆（三关M2008：1） 7.尖底陶器（前堡F1：18） 8.铜耳环（三关M2010：2） 9.筒腹鬲（三关：采） 10.鼓腹鬲（三关H2047） 11.锥足绳纹鬲（三关H2022：26） 12.鼎（三关H2047：1） 13.盂（三关H2047：3） 14.卵形三足瓮 15.石刀（庄窠T8H104：3） 16.石镰（庄窠T10AH7：2） 17.细石镰（庄窠H48：2） 18.陶纺轮（三关H2022：3） 19.筒腹鬲（四十里铺H28：11） 20.折肩鬲（庄窠：采） 21.绳纹鬲（前堡TC②：6） 22.（前堡：采） 23.折腹盆（庄窠H224） 24.瓮（庄窠W：1） 25.石斧（庄窠T10⑧：3） 26.石镰（四十里铺H28：5） 27.骨凿（庄窠T10H114：1） 28.骨锥（庄窠T8H57：5）

第二阶段，以三关H2047、四十里坡T12③为代表。该段遗存分布较广。陶质以夹砂、泥质灰陶为主，也有夹砂、泥质红褐陶、黑陶发现。纹饰以绳纹为主，素面磨光器也占重要地位。主要器形有高体敞口、卷沿矮档、外撇三锥状实足的筒腹鬲，低档素面磨光的鼓腹鬲，形制同第一阶段的无实足根绳纹鬲，高领袋足、实足根细绳纹鬲，直腹盂，敛口折沿、圆底、三矮实足的卵形三足瓮，直口微鼓腹的弧档鼎等。墓葬陶器组合中新出现了钵。另有只施灼，个别有钻窝的卜骨和青铜刀、削、耳环等发现。年代相当于夏代晚期偏晚。

第三阶段，以前堡Bl②、四十里坡H28等为代表。陶质、纹饰、器类与第二阶段基本相当，黑陶明显增多，高领实足根绳纹鬲和卵形三足瓮不见，新出现了折肩鬲。筒腹鬲变得体矮裆低，实足根消失，无实足根绳纹扇均加安了较高的绳纹锥状实足根，折肩盆矮肥，流行上折肩瓮，卜骨均有灼、钻。墓葬陶器组合中瓶代替了罐，在造型上，器身流行折棱，口沿多下折，较第二阶段有明显变化。年代相当于商代早期偏早。

李伯谦先生结合对药王庙、大坨头和壶流河三类型的论述，将夏家店下层文化大概分为三期。

表 4　夏家店下层文化各类型分期对应表

年　代	分　期	药王庙类型	大坨头类型	壶流河类型
夏	一	1	1	
	二	2	2	1
		3	3	2
商前期	三	4	4	3
		5	5	

由上表可见，在李伯谦先生文中，药王庙类型与大坨头类型的 1～5 阶段及壶流河类型的 1～3 阶段与前两者的 2～4 阶段是基本对应的。李伯谦文中认为，三个类型在发展过程中出现的阶段性明显变化也大体相当。其第一期，由属药王庙、大坨头两类型的第 1 阶段各遗存组成，年代相当于夏代早期偏晚；第二期，由属药王庙、大坨头两类型的第 2、第 3 两阶段及壶流河类型的第 1、第 2 两阶段各遗存组成，年代相当于夏代晚期；第三期，由属药王庙、大坨头两类型的第 4、第 5 两阶段及壶流河类型的第 3 阶段各遗存组成，年代相当于商代前期。据此，李伯谦认为，夏家店下层文化既不可能早到与龙山文化同时，也不可能晚到商代晚期，它基本上是与中原夏—商前期同时的一种文化遗存。

本书在承认夏家店下层文化仅指介于二里头文化与早商文化之间的西辽河水系区的考古学文化遗存的前提下，对夏家店下层文化进行分期，在分期过程中结合已有的研究成果并参考了中国社会科学院考古研究所编著的《中国考古学·夏商卷》的分期方法将夏家店下层文化分为三期。

早期以丰下遗址第五层、赤峰四分地东山嘴遗址 F1、F2、F8、F6 等单位为代表。本期的陶器以夹砂灰陶和泥质灰陶为主，泥质磨光黑陶占一定比例。纹饰以细绳纹为主，篮纹、方格纹和附加堆纹也占相当数量。器形有筒腹鬲、甗、罐形鼎、盂、浅盘高柄豆、圈足盘、曲腹盆、瓮等。房址均为半地穴式，平面以圆形和椭圆形为多，方形较少。不见白灰面和以土坯、石块砌墙者。

中期以丰下遗址④、③层、药王庙 T1③、②层、南山根 T1⑤、④层、蜘蛛山 T1②F、E 为代表。陶器以夹砂和泥质灰陶为主，泥质磨光黑陶数量显著减少。纹饰以绳纹加划纹和绳纹为大宗，篮纹和方格纹减少乃至消失。早期可见到的四足或八足盘、浅盘高柄豆等器物基本不见。出现了石块和土坯砌墙的房屋。

晚期主要以丰下遗址第二层为代表。陶器中夹砂褐陶占主流，泥质磨光黑陶基本不见，出现了一些磨光红陶。纹饰中仍以绳纹和绳纹加划纹为主，其他纹饰极少见。这一时期房址平面仍以圆形单间为主，方形或长方形单间次之，并有少量双间建筑。地面建筑增加，居住址流行双重墙壁（如阴河流域石城堡带）[①]，即内侧以土坯或以夯土建墙，外侧则以石块垒砌成墙壁。

关于夏家店下层文化的年代，学术界也有一个认识逐渐加深的发展过程。1961 年发表的“内蒙古赤峰药王庙、夏家店遗址试掘简报”[②] 认为夏家店下层文化的绝对年代可以大体相当于殷商时代。1966 年发表的“河北大厂回族自治县大坨头遗址试掘简报”[③]，也认为该文化的年代与殷商时代接近。1976 年在“辽宁北票县丰下遗址 1972 年春发掘简报”[④] 上，学术界虽未将后来学术界一致确认为夏家店下层文化的丰下类型遗存直接划归该文化，但却认为丰下类型是一个既包含浓厚的龙山文化因素，又具有早商文化特点，属以黄河流域为中心的中原文化系统；但在该类型的年代推定上，却认为其上限大体相当于龙山文化晚期，其经历的时间正好跨着夏、商两代。这样，实际上就把夏家店下层文化的年代上限推到了龙山

---

① 郭治中、黄莉：“内蒙古赤峰发现一处保存完整的夏家店下层文化山城遗址”，《中国文物报》，2005 年 12 月 16 日。

② 中国科学院考古研究所内蒙古工作队：“内蒙古赤峰药王庙、夏家店遗址试掘简报”，《考古》，1961 年，第 1 期。

③ 天津市文化局考古发掘队：“河北大厂回族自治县大坨头遗址试掘简报”，《考古》，1966 年，第 1 期。

④ 辽宁省文物干部培训班：“辽宁北票县丰下遗址 1972 年春发掘简报”，《考古》，1976 年，第 3 期。

晚期。1981 年，刘观民、徐光冀在“内蒙古东部地区青铜时代两种文化”① 一文中，根据北票丰下 T10③、敖汉旗大甸子 M454、M759 三项 14C 年代测定的结果推定，认为夏家店下层文化早在公元前 16 世纪以前（即夏晚期以前）就已经出现。李经汉在“试论夏家店下层文化的分期和类型”② 一文中，依据该文化早期陶器具有浓厚的龙山文化特色，判定该文化早期很可能与中原龙山文化晚期相当。1974 年，考古工作者在敖汉旗白斯朗营子南台地发现该文化遗存，打破小河沿文化遗存的层位关系，说明在燕北地区该文化年代上限不会早于小河沿文化③。1979 年，考古工作者在冀西北壶流河流域发现，夏家店下层文化遗存被二里岗上层早商文化叠压而自身又叠压在龙山期文化遗存之上的地层关系，从而表明该地区的夏家店下层文化年代上限不早于龙山文化期，下限不晚于商早的二里岗上层期④。郭大顺在“西辽河流域青铜文化研究的新进展”⑤ 一文中，将唐山大城山下层划归夏家店下层文化，并据此判定该文化上限突破距今四千年前，主要发展过程大体跨越龙山文化、二里头到二里岗期商文化。李伯谦在“论夏家店下层文化”⑥ 一文中提出，夏家店下层文化的第一期年代相当于夏代早期偏晚，其最末的第三期年代与商代前期相当，认为夏家店下层文化既不可能早到与龙山期文化同时，也不可能晚到商代晚期。徐光冀、朱延平先生在“辽西区古文化（新石器至青铜时代）综论”⑦ 一文中，也持上述观点，认为夏家店下层文化的年代范围，约在距今 4000～3400 年之间，大致同中原地区二里头文化和早商文化相当。

迄今已知夏家店下层文化的 14C 测定年代数据共有五个（本书采用

---

① 刘观民、徐光冀：“内蒙古东部地区青铜时代两种文化”，《内蒙古文物考古》，1981 年，创刊号。

② 李经汉：“试论夏家店下层文化的分期和类型”，《中国考古学会第一次年会论文集》，文物出版社，1980 年。

③ 辽宁省博物馆等：“辽宁敖汉旗小河沿三种原始文化的发现”，《文物》，1977 年，第 12 期。

④ 张家口考古队：“蔚县夏、商时期考古的主要收获”，《考古与文物》，1984 年，第 1 期。

⑤ 《中国考古学会第四次年会论文集》，文物出版社，1985 年。

⑥ 李伯谦：“论夏家店下层文化”，《纪念北京大学考古专业三十周年论文集》，文物出版社，1990 年。

⑦ 徐光冀、朱延平：“辽西区古文化（新石器至青铜时代）综论”，《苏秉琦与当代中国考古学》，科学出版社，2001 年。

李伯谦先生文章中的数据），它们是：

ZK－1533550±80（半衰期用5730，下同）树轮校正（依达曼表）3840±130（丰下T10③）

ZK－1763965±90树轮校正4360±140（蜘蛛山H42）

ZK－4023390±90树轮校正3645±135（大甸子M454）

ZK－4803420±85树轮校正3685±135（大甸子M759）

WK－81－463285±75树轮校正3515±125（庄窠T10H30）

对于数据的测定结果，李伯谦先生认为所测年代过早，超过了一般龙山期文化的14C年代应予排除在外。从数据的测定结果及相关考古学信息分析夏家店下层文化上限有上溯到龙山文化期（至少是晚期）的某种可能性。

关于夏家店下层文化的下限，关键是要看北京平谷刘家河商代中期偏早的那座著名的铜器墓是否属于夏家店下层文化。对这个问题，郭大顺、张忠培两位先生持否定态度，但邹衡先生持肯定态度，目前似尚未能取得一致意见。从墓中伴随铜器出土的带有浓郁夏家店下层文化风格的喇叭形金耳环、金臂钏以及敖汉旗大甸子黑陶壶相似的铜盉、与丰下遗址陶甗相似的铜甗（均邹衡先生意见）看，从墓中填土里出有夏家店下层文化陶片（因墓是农民先挖开的，已扰乱，说不清这些陶片是与铜器件出的陶器，还是填土中的陶片）看，该墓铜器属夏家店下层文化的可能性也不易彻底排除。因此，夏家店下层文化的下限延续到该墓铜器所处的商代中期偏早（殷墟一期）的可能性，也就不易彻底排除[①]。近年，有的专家撰文认为，该墓的年代在殷墟一期，不应属夏家店下层文化，而应改属围坊三期文化[②]。这一意见，也很值得重视。

① 陈平："夏家店下层文化研究综述"，《北京文物与考古》（第五辑），2002年。

② 刘绪等："围坊三期文化的年代与刘家河M1的属性"，《苏秉琦与当代中国考古学》，科学出版社，2001年

第四节　夏家店下层文化源流、族属推断

一、文化源流

关于夏家店下层文化的渊源问题，学术界目前主要存在三种论点：第一，夏家店下层文化具有黄河流域龙山期文化的浓厚作风，可视之为中原龙山文化的地方变种①；第二，是自成系统的土著文化，主要因素来自当地红山文化—小河沿文化系统，只是在发展过程中吸收了中原龙山文化期的因素②；第三，多元论，后冈二期文化北上与当地红山文化—小河沿文化碰撞并融合山东龙山—岳石文化三大系统，重新组合而成，主要因素来自后冈二期③。

一般来说，影响文化变迁的主要因素由自然因素和社会因素组成，但在生产力低下的史前时代，起决定作用的往往是前者。距今一万年前，全球冰期结束，气候转暖，雨量增多，具备了原始农业产生的条件。各地原始农业文化骤然增多。近代自然科学表明，在东北地区从距今 8000～5000 年前，其生态环境是阔叶林，年平均温度比现在高 2℃左右，正是这一时期相对优越的气候条件为发达的被称之为文明曙光的红山文化的繁荣提供了条件。大约距今 5000 年前开始，气温逐渐降低，东北地区的生态环境随之变为针叶阔叶混交林，雨量减少，红山文化衰落，西拉沐沦河以北被农业较为落后的细石器文化——富河文化替代，退往西拉沐沦河以南

① 夏鼐："我国近五年来的考古新收获"，《考古》，1964 年，第 10 期；李经汉："试论夏家店下层文化的分期和类型"，《中国考古学会第一次年会论文集》，文物出版社，1979 年。

② 辽宁省博物馆、昭乌达盟文物工作站、敖汉旗文化馆："辽宁敖汉旗小河沿文化三种原始文化的发现"，《文物》，1977 年，第 12 期；李恭笃、高美璇："试论小河沿文化"，《中国考古学会第二次年会论文集》，文物出版社，1982 年；李恭笃、高美璇："夏家店下层文化若干问题研究"，《辽宁大学学报》，1984 年，第 5 期；何贤武："试论辽西地区古代文化的发展"，《中国考古学会第六次年会论文集》，文物出版社，1987 年；郭大顺："大南沟的一种后红山文化类型"，《考古学文化论集》（二），文物出版社，1988 年；辽宁省文物考古研究所、赤峰市博物馆：《大南沟》，科学出版社，1998 年。

③ 马利清："夏家店下层文化源流考"，《内蒙古大学学报》，1996 年，第 6 期。

的红山文化晚期的一支发展为小河沿文化类型，其几千年强大的文化传统积淀为跨入青铜文明提供了有力的物质基础。夏家店下层文化正是建立在此基础上。

小河沿文化是继红山文化之后分布于西拉沐沦河和大小凌河流域的考古学文化，将其与夏家店下层文化比较，两者却有相似之处。如都流行烧后绘彩，均有盂形陶器，两者均有一定数量的磨光黑陶，两者的分布地域也大体重合。

然而，需要指出的是无论陶器的种类和形制方面，两者之间的差别都是显而易见的，小河沿文化的陶系以夹砂灰陶为主，基本不见泥质红陶。前者陶器的主要器类为筒形罐、钵、盆、壶、豆，不见三足器；后者陶器的种类有鬲、甗、盂、瓮、樽、豆、盘等，尤以筒腹鬲、甗等三足炊器为代表性器类。前者的彩绘纹饰为对三角纹和雷纹，均以直线为主；后者则以变形动物纹和各类曲线组成的纹饰为主；纹饰的母体和风格都迥然不同。有鉴于此，我们认为根据目前的资料，难以得出夏家店下层文化是由小河沿文化直接发展而来的结论。

值得注意的是夏家店下层文化遗存中，有不少是不见于小河沿文化及内蒙古东部和辽宁中西部地区其他早于夏家店下层文化考古学的一些文化因素，如城墙、土坯垒砌的地面建筑、鬲和甗等三足陶器、划纹加绳纹、附加堆纹、石镰以及剖面呈三角形或弧形的石刀等。而这些文化因素绝大多数可以在河北及河南地区找到类似者。城墙在中原地区仰韶文化晚期也已出现；土坯建筑的地面建筑在安阳后冈、汤阴白营、淮阳平粮台等地龙山文化遗址中均有发现；鬲和甗等三足炊器是河南、河北龙山时代晚期的典型陶器。其中夏家店下层文化无内隔的陶甗也见于平粮台、后冈及永城王油坊等遗址，似为豫东、豫北地区乃至河北境内诸龙山时代晚期遗存的特征之一；以夹砂灰陶为主要陶系也是上述地区龙山文化与夏家店下层文化的共同之处，以上这些共同性绝非偶然[①]。这些文化因素在中原地区出现的年代早于它们出现在辽西及赤峰地区的年代，加之它们多可在中原地区找到其渊源，因而可排除它们是来自夏家店下层文化影响的可能性，而合乎情理的解释应是它们由中原地区传至辽西地区的。这些文化因素应是夏家店下层文化的源头之一，它们同辽西地区的小河沿文化相碰撞，从而

① 中国社会科学院考古研究所：《中国考古学·夏商卷》，中国社会科学出版社，2003年。

形成了独具特色的夏家店下层文化。

二、考古学文化的族属问题

在夏家店下层文化分布中心区的辽宁西部和内蒙古东南部，特别是大凌河和老哈河的中上游，这类遗址分布十分密集，居住址堆积丰厚。房址层层叠罗，墓地顺序排列所反映的居住连续性、稳定性及大范围的文化统一性，说明距今4000～3500年左右，在这一地域活动着一支十分活跃而又强大的部族，是为辽西和内蒙古东南部地区历史上最为繁荣的时期之一。以至在夏商考古中，夏家店下层文化与中原二里头文化、东方岳石文化并称为先商时代三大考古文化。然而，在中国文献记载中，却几乎找不到关于这支部族的准确记载，这反而更引起学者们的关心，因为二里头文化、岳石文化分别与夏文化和东夷文化有关，那么，在夏商时期地处东北南部的这个地理范围内活动的是哪些氏族和方国呢？夏家店下层文化与哪些氏族与方国的存在密切关系呢？学者专家们也纷纷结合历史文献并参以己意，作出了不少有益的探索。其中，较具代表性的有邹衡、刘观民、徐光冀、李恭笃、高美漩、李经汉、张忠培、孔哲生、张文军、陈雍、李伯谦、郭大顺等先生的意见。

燕亳说、孤竹说：邹衡将夏家店下层文化分为辽西型和燕南型①，并认为《左传》昭公九年的“肃慎、燕亳”的地方很有可能是包括在夏家店下层文化分布范围之内的，直到东周肃慎仍在渤海湾附近，大体不出今之辽河流域。夏家店下层文化所属古族可能是包括了肃慎在内的。邹衡先生还认为商周之际金文的界族当为燕族，即燕亳族，其地方应在西周至战国的燕初都房山琉璃河、下都河北易县、中都良乡窦店一带，这里正是夏家店下层文化燕山型（即燕南型）分布范围，所以燕亳也可能是该文化所属之古国族。商末在今辽宁省喀左县和河北卢龙均有古国孤竹，喀左县近年出土过孤竹国铜器，而今辽宁省喀左县、河北卢龙均在夏家店下层文化分布范围之内，因此孤竹也应是夏家店下层文化所属的古国族。

李经汉先生在“试论夏家店下层文化的分期和类型”② 一文中也认

---

① 邹衡：“关于夏商时期北方地区诸邻境文化的初步探讨”，《夏商周考古学论文集》，科学出版社，2001年。

② 李经汉：“试论夏家店下层文化的分期和类型”，《中国考古学会第一次年会论文集》，文物出版社，1980年。

为，夏家店下层文化是分布燕山南北而又与中原文化有密切联系的部族。方国的历史遗存，是有着浓厚地方色彩的中原系统文化。商周以来计有孤竹、郷、无终、令支、东胡、山戎等部族、方国在这里出没。夏家店下层文化是燕北类型的一部分，很可能就是与孤竹国有关的历史遗存；其燕南类型，很可能是与古燕有关的历史遗存。

刘观民、徐光冀在“内蒙古东部地区青铜时代的两种文化”① 一文中认为，近年在辽西喀左县、河北丰宁一带曾先后发现过孤竹、牧亚国族的铜器，从而表明这些在夏家店下层文化分布范围内的古国有可能是该文化所属国族，但它们只是借古史和青铜器铭文幸而得传，尚未被遗忘中的少数，况且古史中的方国与考古学文化不是可以简单等同的概念，故不能将辽西和燕山山地视为孤竹一个方国的疆域。

北方许多少数民族说：李恭笃、高美漩在“夏家店下层文化分期探索”② 一文中认为，夏家店下层文化形成发展的老哈河、大小凌河流域是我国北方地区文明发展较早的一个地区，我国北方许多少数民族与夏家店下层文化先民一样，是在这块地上繁衍壮大发展起来的，夏家店下层文化的族属应是北方许多少数民族。

有易氏说：张忠培等将燕山以南的夏家店下层文化称为海河北系区夏家店下层文化③。他以为海河北系区的夏家店下层文化，年代包括整个夏时期和早商时期，南与海河南系区的先商文化北境接壤，这支文化在其发展过程中与夏商之际发生了较大变化。从文献记载看，海河北系区是古幽州的主要区域，幽州是共工氏流放之地，“共工振滔洪水，以薄空桑”（《淮南子·本经训》）的空桑，就是今桑干河，舜流共工于幽州，“以变北狄”（《史记·五帝本纪》），《楚辞·天问》则将“有扈（易）”与“有狄”并提，可知“有狄”即“有易”，有易氏在商先公先王时期与商族发生过十分密切的关系，如王亥服牛被有易氏所杀，其子复仇的故事。据此，可以认为，海河北系的夏家店下层文化很可能就是有易氏所属的考古学文化。

---

① 刘观民、徐光冀：“内蒙古东部地区青铜时代的两种文化”，《内蒙古文物考古》，1981 年，创刊号。

② 李恭笃、高美璇：“夏家店下层文化分期探索”，《辽宁省考古、博物馆学会成立大会会刊》，1981 年。

③ 张忠培、孔哲生、张文军、陈雍：“夏家店下层文化研究”，《考古学文化论集》(1)，文物出版社，1987 年。

先燕或古燕说：此说最初见于韩嘉谷执笔的大坨头发掘报告[①]，以为大坨头遗址有夏家店下层文化和西周文化在同一遗址发现，有助于研究这两个文化之间的关系。京津地区古代属于燕，燕在周初封召公之先即已存在，夏家店下层文化和殷周文化在这一地区同时存在，对研究燕文化的形成过程有一定意义。李经汉进一步提出夏家店下层文化燕南型的一部分，很可能就是与古燕有关的历史遗存。刘观民支持这一说法，认为夏家店下层文化与黄河流域相当夏、商时期的金属文明几乎是同时并行的，将夏家店下层文化视同封燕以前的土著文明，在进入西周以后又是臣隶于燕的遗存，并将西周以前的夏家店下层文化归纳为“先燕”说。特别是近年随着琉璃河周初燕国都城和王室墓地的发现，在当地追溯燕文化的形成时这一观点很受重视。

先商文化说：持这种说法的应首推郭大顺先生。夏家店下层文化除地域和时间相符以外，其特征具有商文化早期特征[②]。

首先是陶器。20 世纪 60 年代最早确认夏家店下层文化时，将该文化与商文化相联系就是从陶器入手的。绳纹灰褐陶甗、鬲作为主要炊器，同深腹罐、宽沿大口盆、浅腹高柄豆等，构成了夏家店下层文化陶器基本组合，却与被公认为先商文化的下七垣文化的陶器组合和特征甚为接近，尤其是夏家店下层文化的陶器中，以三袋足器为最发达，其中尤其是鬲，不同于周人连裆鬲的做法，也不同于楚式的鼎式鬲，而与商文化的袋足鬲结构相同。这种鬲在燕山南北地区一直延续到春秋战国时期的燕文化，被视为商鬲的祖型。而且从陶器分期和 14C 测定的年代数据看，夏家店下层文化的迄始年代在龙山时代晚期。所以，在先商文化的三大文化系统中，夏家店下层文化是开始年代最早，于早商文化最为接近的一支。

彩绘陶器是夏家店下层文化特别发达的一种文化因素。完整而多变的彩绘图案中已可辨认出的以饕餮纹为主，包括龙纹、夔龙纹、目雷纹、圆涡纹以及各式云纹等，都酷似商代青铜器上的同类花纹主题，三分面的图案布局又恰与商代青铜器的范缝在同一位置上。由于夏家店下层文化的迄始年代早于商代早期，彩绘在夏家店下层文化的出现和繁盛又在该文化的早中期，有提出这类彩绘陶器与商代青铜器花纹之间的关系就只有两种可

---

① 天津市文化局考古发掘队：“河北大厂回族自治县大坨头遗址试掘简报”，《考古》，1966 年，第 1 期。

② 郭大顺、张星德：《东北文化与幽燕文明》，江苏教育出版社，2005 年。

能，一是夏家店下层文化的彩绘是模仿一种尚未发现的更早期的青铜器，二就是多年要寻找的商代青铜器花纹的源头。后一种推断随着当地夏家店下层文化源头的红山文化和小河沿文化的有关发现而趋向明朗，如夏家店下层文化彩绘龙身上表现龙麟纹的瓦纹，在红山文化彩陶龙纹和赵宝沟文化的刻画龙纹上就已出现并定型，而商代龙纹身体上表现龙麟的花纹图案与以上三种文化作风一致；饕餮纹作为商代青铜器花纹最基本的母题，其起源多同良渚文化玉器上的兽面纹相联系。其实，红山文化玉器中的一种玦形兽首玉器的兽首，其展开形象是与饕餮纹起源有关的更早例证。而夏家店下层文化用以表现这些青铜器花纹前身的黑陶彩绘，在红山文化已经有线索露头，那是一种以黑色陶上涂朱的做法，到小河沿文化时期，黑陶涂朱已较为普遍，并已出现黑陶红白彩的彩绘陶，可见，夏家店下层文化以饕餮纹为代表的彩绘陶，是以当地为主发展起来的，而这类花纹母题和布局都已开商代青铜器花纹的先河。

夏家店下层文化聚落形态的分布规律表明，当时聚落分化已达到相当高的程度，已发现较高层次的中心聚落，如大甸子遗址和墓地，当有更高层次的中心聚落，以至最高层次的邑落出现。文献记载的“燕亳”，被认为与商先公先王所建的圣都有关，从考古学上看，“燕亳”的记载，准确地反映了辽西地区在先商时代的这种中心地位。或有以为“燕亳”当在燕南地区，是燕国立国的基础，其实，由于夏家店下层文化的中心不在燕南，而在燕北，夏家店下层文化还表现出渐南渐晚的迹象，就是该文化由北向南推进的反映。燕南地区的夏家店下层文化尚未具备出现该文化最高层次中心邑落的水平，所以，“燕亳”应在燕北而不是在燕南。

商文化起源于东北地区有关，还得到人种学的支持。举潘其风对有关人骨的鉴定，在安阳殷墟属于商人中小贵族的墓，绝大多数具北方人种特征：“殷墟王陵区以外氏族墓中有一定规模的中型墓葬，均有成组的礼器或奴隶陪葬……墓主人的身份应区别于一般小型墓葬的平民。他们可能是受封的贵族，与王族关系密切。甚或本身就是王族的成员”，他们颅骨的测定结果“呈现出具有北亚蒙古人种和东亚蒙古人种相混合的形态”。这说明“商族的祖先很可能与北方地区的古代居民有更多的关联，因为这种兼有东亚和北亚两种类型相混合的人种特征，并不是黄河流域中下游原始居民所固有的”。

长期主持安阳殷墟发掘的杨锡璋还考证，商人有尊东北方的信仰。认为“商代王室及高级贵族尊东北方位，可能表示对其先祖起源地的怀念和崇敬”。然而涉及范围限在河北省中部到渤海湾一带。就其对先祖起源地的怀念和崇敬而言，再向东北方向延伸也并不遥远，而且可能找到更为可靠的落脚点。这不仅是指辽西地区是先商时代一个大的文化中心和燕亳所在地，还可以与更早的红山文化相联系，因为红山文化发现了以祭祀祖先亡灵和先祖偶像的坛庙冢遗址群，这个遗址群不仅组合齐全，而且规模特大，表明其级别极高，至少为红山文化这一文化共同体所共有，而且从坛庙冢“三位一体”的组合到女神像的传统塑造手法，表明其对中华传统文化的影响还远不限于当地。苏秉琦将红山文化这个特大的祭祀址与分布在四周的商周之际窖藏青铜器群相联系，提出商周时期曾在这一带举行郊、燎、禘等重大礼仪活动，如与殷人樽东北方向的规律相联系，无疑为商起源与东北地区有关的又一重要证据。

所以，从文献记载与考古发现的结合分析，商文化起源于东北地区是有考古证据可寻的，那就是夏家店下层文化即先商文化。商人入主中原后，吸收了各地不少文化因素，其面貌有很大变化，与原住地的商文化已有了很大的差别，但其主体文化因素，仍不时透露出浓厚的东北文化特征。

李伯谦在“论夏家店下层文化”[①] 一文里认为，夏家店下层文化三个类型至晚商已先后被其他文化所代替，因此过去有些学者作出的该文化族属是肃慎、燕亳或孤竹等推断也就很难说具有可靠的根据。并且考古学文化与族的共同体是既有联系又有区别的两个不同的概念。一个考古学文化可以是一个部族创造和使用的文化，也可以是两个或两个以上部族创造和使用的文化，甚至不排除在一定条件下，一个部族也可以使用两种不同的考古学文化。而夏家店下层文化延续时间长，分布范围广，并且该文化三个类型文化面貌各异，来源也不相同，因此，从族属来说，夏家店下层文化更大可能是两个甚至两个以上部族的遗存。我国古籍中对夏商时期该地区有关的人物、事件、部落等的记载本来不多，而且相互矛盾，目前要确切判明该文化与古文献中哪一个或哪几个特定的古族有关，尚有困难。我们目前唯一可说的是该文化是我国北方系统的文化，其创造和使用它的部族也应是活动于北方的部族。

另外，与族属相近或多少有点关联的问题，是夏家店下层文化的人种

① 李伯谦：“论夏家店下层文化”，《纪念北京大学考古专业三十周年论文集》，文物出版社，1990年。

学课题。由河北省文物研究所、吉林大学历史系考古专业和张家口地区博物馆联合组成的张家口考古队报道了他们的研究成果[①]。其研究表明，蔚县地区夏家店下层文化先民们的体质，显示出了明显的蒙古人种特征，它与东亚类型存在较多的一致性，而与南亚类型，特别是与北亚和东北亚类型的体质差异比较显著；在东亚类型中，它又与安阳一组最为接近，与庙底沟组亦表现出某种较为接近的倾向，而与柳湾合并组、柳湾齐家组、西夏侯组、南山根组、西团山组、郑家洼子组则相对比较疏远。这些说明在体质上与中原地区殷代居民具有较多的一致性，而与分布在长城以北的其他古代青铜文化居民之间的关系相对较为疏远。

部族或部落联盟的组织形式是一个与族属相关而又有区别的问题。城子山祭祀遗址或许能给我们了解夏家店下层文化先民部族的组织形态提供线索。城子山祭祀遗址分成十个地点，每个地点又分为若干小区，每个小区再分为若干个石祭坛，正是夏商时期夏家店下层文化先民的社会结构由部落联盟到部落，再到个体父系家庭的真实反映。夏家店下层文化石祭坛虽有明显的承袭红山文化石祭坛的痕迹，从而揭示了二者在血缘上的必然联系，但二者的联络和组织形态却有很大不同。这正如某些专家所指出的城子山大型祭祀遗址，可作为夏家店下层文化所代表的强大北方势力集团社会已进入早期国家阶段的重要标志之一而被我们认识。

根据夏家店下层文化的发展过程及其文化特征分析，至少我们可以认为燕山以北的辽西地区已形成了统一的地区性国家，而创造和使用夏家店下层文化的部族应是活动在北方的部族[②]。

---

① 河北省文物所研究、吉林大学历史系考古专业、张家口地区博物馆："蔚县夏家店下层文化颅骨的人种学研究"，《北方文物》，1987 年，第 1 期。

② 李伯谦："论夏家店下层文化"，《纪念北京大学考古专业三十周年论文集》，文物出版社，1990 年。

第三章

夏家店下层文化石城研究

第一节　夏家店下层文化石城研究概况

一、石城的发现

1943年春季，佟柱臣先生沿英金河沿岸调查汉代以前的长城遗址，在今赤峰市区东15千米处，松山区水地乡东八家村的后山坡上意外地发现了一座石城遗址①，这就是有名的赤峰东八家石城址。此后，佟先生多次到这里采集标本，并于当年七月同李文信先生一道进行了勘查，这一重要发现直到1957年才正式公之于世。由于此前法国的德日进和桑志华，日本的鸟居龙藏和八幡一郎以及我国的梁思永和裴文中两位先生在赤峰地区进行过考古调查，所以东八家石城发现之后自然引起了很多学者的重视。

东八家石城遗址南临英金河，东北、西南有两条大沟，其中东北的沟谷头已侵蚀到了山顶，构成山鞍部。西北面坡度很大，处处颓岩裸露。石城就在这样的地方因山就势，砌成了一个不规则的长方形，全城东西宽140米，南北长160米，用天然石块砌成阶梯式墙。石城之内，西北部高

---

① 佟柱臣："赤峰东八家石城址勘查记"，《考古通讯》，1957年，第6期。

而东南部低，东南部虽然也稍有起伏，但比西北部平得多，西南部居住址很密，西北部则很少。城内能够辨识的居住址有57座，直径10米的有一座，直径3米的有五座，直径4米的有七座，直径5米的有八座，其余均在3～10米之间。其中有一座房址，虽然直径仅有5米，但却有一个长宽各约40米的围墙，形成一个独立的院落。

佟柱臣先生从城址中采集了石器、骨器和陶片，根据这些器物他断定这座石城不属于战国到汉代的城址，并推断其为新石器晚期的城址。

二、20世纪中叶以来的调查与发掘

自佟先生发现东八家石城之后，有相当长一段时间赤峰地区的考古工作停滞不前。新中国成立之后，我国的考古工作获得新生。从1958年起中国科学院考古研究所开始在内蒙古工作，1960年正式建立了内蒙古工作队，以赤峰地区为中心，展开全面的考古调查和发掘。特别是刘观民、徐光冀等先生在发掘了夏家店、药王庙[①]、南山根[②]、西水泉[③]、蜘蛛山[④]等遗址之后，在对这一地区的考古学文化和年代序列有了初步认识。为使这一地区考古学研究继续深入，从1964年开始沿英金河及其上游阴河流域进行了调查，在佟柱臣先生调查的基础上，又发现了42座石城址。在这次调查的基础上，于1964年发掘了新店石城址，1974年发掘了西山根石城址[⑤]。其中西山根石城址，有两条相连接的石砌墙，每个围墙内约有30余个大小不同的房址。房址的墙壁也是用自然石块砌成，保存较好，高于居住面1米以上。房址平面接近圆形，房门大都向东南。房内地面上有柱穴或以不规则石块充当柱基，在靠近门口的地面有灶坑。在接近住址

① 中国科学院考古研究所内蒙古工作队："赤峰药王庙、夏家店试掘报告"，《考古学报》，1974年，第1期。

② 中国科学院考古研究所内蒙古工作队："宁城南山根发掘报告"，《考古学报》，1975年，第1期。

③ 中国科学院考古研究所内蒙古工作队："赤峰西水泉红山文化遗址"，《考古学报》1982年第2期。

④ 中国科学院考古研究所内蒙古工作队："赤峰蜘蛛山遗址的发掘"，《考古学报》，1979年，第2期。

⑤ 徐光翼："赤峰市英金河、阴河流域石城遗址"，《中国考古学研究》，文物出版社，1996年。

后壁的地面经常被火烘烤呈红色——炙地取暖的痕迹[①]。

自从1960年春试掘药王庙和夏家店遗址，辨识出所谓“赤峰第二期文化”[②]，实际上是内涵不同的两种文化遗存，确认了夏家店下层文化和夏家店上层文化之后，经过一系列的考古发掘，一再得到明确的地层证据，表明夏家店下层文化的住址周围有围墙或壕沟等防御设施。

20世纪70年代末到80年代初，辽西地区新石器时代和早期青铜时代的考古取得了辉煌成就。对夏家店下层文化，特别是以石城为特征的考古学文化现象的研究进入新的阶段。1985年10月，苏秉琦先生发表了“辽西古文化古城古国”的重要讲话[③]，对古文化古城古国的特定含义做了说明：古文化是指原始文化。古城指城乡最初分化意义上的城和镇，而不必专指特定含义的城市。古国指高于部落之上的、稳定的、独立的政治实体。苏先生根据60年代以来对夏家店下层文化的调查与发掘，特别是英金河、阴河流域石城的发现，指出夏家店下层文化的突出特征是村落密集分布在河谷地带，几乎都有防御设施，大小城堡遗址构成有机的组合群体。赤峰英金河两岸冈丘上发现东西排列的小城堡带，与战国秦汉长城大致平行，发人深思。这种“原始长城”与大小城堡组合群，村村设防相结合的体系，它意味着一种什么样的社会结构？处于哪一个社会发展阶段？又是一个什么样的南北关系？后来长城的性质是否也可以从中得到启示。朝阳几县和敖汉旗在普查中还发现有多处类似规模的“一大几小”城堡组合群。我们有理由相信会有高于这些群体，而与那种类似长城的小堡垒群相适应的，更大一些的聚落或古城还没有被发现，有比大甸子墓群中那些象征特殊身份的随葬器物（如铜“权杖”首、仿铜器的陶爵、陶鬶和成组玉器等）暗示着规格更大的墓还没有被发现，有些早于西周的燕山以北的“古国”还没有被发现。

此后，苏秉琦先生进一步指出：“红山文化是古国的开始，夏家店下层文化则是方国的开始。四千年前，赤峰英金河北岸的夏家店下层文化城

---

① 中国社会科学院考古研究所：《新中国的考古发现和研究》，文物出版社，1984年。

② （日）滨田耕作、水野清一：《赤峰红山后》，1938年。

③ 苏秉琦：“辽西古文化古城古国——试论当前考古工作重点和大课题”，《辽海文物学刊》，1986年，创刊号。

堡带，即是长城雏形。这是方国出现的标志。”[1] 从而进一步肯定了夏家店下层文化城堡的性质。

1990 年 10 月在“内蒙古东部地区考古学术研讨会”上，张忠培先生指出：“本地区夏家店下层文化同中原文化相比，不仅不落后，而且在某些方面还比较先进。它有以下几个特点：(1) 出现了城址。往往在城址附近，还存在同时期未设防的聚落址，两者构成一定的关系。(2) 房屋用土坯造墙，同时，在土坯墙外，还建造石墙，形成夹墙建筑。以上两点反映当时军事活动的频繁。(3) 出现了青铜器。(4) 墓葬以陶礼器作为随葬品，在陶器上装饰较为成熟的饕餮纹。夏家店下层文化势力范围很大，西至张家口，东达辽西，北到西拉沐沦河流域。夏时期的先商文化曾吸收很多夏家店下层文化因素。应该说至迟在四千年前后，本地区已进入文明时代。”[2]

1993 年 8 月，由赤峰红山文化学会、赤峰辽金元史学会组织的“中国北方古代文化国际学术研讨会”在赤峰隆重举行。内容涉及到了红山诸文化、夏家店下层文化、夏家店上层文化和契丹辽文化在中华文明、中华国家起源与发展过程中的作用与地位问题、中国北方文化与中原内地文化以及外部文化的交流传播问题、中国北方文化在各个发展阶段中的发展面貌、文化成果、社会性质问题等诸多方面。其中关于夏家店下层文化性质和西辽河流域石城成为会议重要议题之一。

刘观民先生在比较了夏家店下层文化的陶器与黄河流域龙山阶段晚期各个文化（类型）的趋同性后指出：“在夏家店下层文化墓中随葬的陶器，却只以鬲罐为主。鬲罐各一件为一组，常以三组、二组、一组的不同来区别随葬礼遇的高低。这是中国特色的‘礼制’，已在这种文化中稳定地表现出来。由于它有数例 14C 年代测定数据相当于夏商之际，因此有学者将它视作与中原夏、商关系密切的北方方国，或视为华夏集团中的一员。”[3]

还有的学者认为，夏家店下层文化遗址以聚落群的现象出现，在承德

---

① 苏秉琦：“论西辽河古文化——与赤峰史学工作者的谈话”，《北方民族文化》，1993 年，增刊。

② 张忠培：“关于内蒙古东部地区考古的几个问题”，《内蒙古东部区考古文化研究文集》，海洋出版社，1991 年。

③ 刘观民：“红山后发掘以来，赤峰地区考古发现中提出的问题与认识”，《中国北方古代文化国际学术研讨会论文集》，中国文史出版社，1994 年。

至朝阳以北是普遍的现象。其中阴河至英金河的聚落群说明赤峰一带的夏家店下层文化，往往由若干聚落群组成统一的聚落群体，群体内有“中心”与“外围”的区别，处在外围的聚落群逐层次地向中心聚落凝聚。另外，半支箭河的聚落群体规格还在阴河至英金河群体之上。可以推之，以半支箭河中游为中心，方圆百千米范围内，夏家店下层文化已形成规模可观的统一体。聚落内部也有明显的差别，西道遗址最明显的区别就是高台与其他一般性居住址，加上外围小聚落，形成由高到低的三级居住区。比西道更大的聚落，这种城乡分化的反映势必更为典型。墓地中也能见到贵族墓区与一般平民墓区的差别。大甸子墓地除大量的平民墓葬外，还有一块专为贵族阶层设置的墓区。在夏家店下层文化遗址中，防御性聚落群体，主要集中于羊肠子河以南，承德、朝阳以北的地带，属夏家店下层文化偏北地区。将这整个地带的防卫工程考虑为出自同一国家的举措，才是容易理解的。因为夏家店下层文化的主要渊源，很可能要到海河南系或黄河下游一带去寻找，而这一带是这种文化的扩展范围，故要在北部前沿地带层层设防。综上所述，夏家店下层文化显然已脱离了“国家的雏形”，足可以与中原同时期夏王朝相媲美[①]。

20 世纪 80 年代以来的研究工作，是奠基于田野考古调查发掘基础之上的，赤峰及其周边地区一系列新的考古发现，丰富了夏家店下层文化的内涵，使我们认识到夏家店下层文化不但有初步的城乡分化，而且在贫富分化的基础之上，社会矛盾非常尖锐。锦州市东南的锦县水手营子发现一处早期青铜时代墓葬，出土文物五件，即青铜戈一件、石斧一件、陶器三件，其中的陶器具有夏家店下层文化特点[②]。

夏家店下层文化石城的研究引起了国内外学术界的关注，一系列新的考古发现，推动夏家店下层文化，特别是以石城为特色的考古文化的研究不断向纵深发展。一些外国学术机构和学者也参与到这一课题的研究中来，夏家店下层文化石城的研究成了国际性学术课题。

20 世纪 90 年代以来新的考古发现不断公布，1992 年 2 月 23 日《中国文物报》刊登了张洪波“凌源发现夏家店下层文化祭祀遗址”一文。遗

---

① 朱延平：“夏家店下层文化的社会发展阶段”，《中国北方古代文化国际学术研讨会论文集》，中国文史出版社，1995 年。

② 齐亚珍、刘素华：“锦县水手营子早期青铜时代墓葬”，《辽海文物学刊》，1991 年，第 1 期。

址位于凌源县小城子乡萧杖子村南山坡前，遗迹为石墙筑成，南低北高，最北端有一平土台。遗迹东西最宽处132米，南北92米，东西向石墙八道，南北向石墙四道，石墙长短高低不等。遗迹内采集夹砂红褐陶甗裆、夹砂绳纹灰陶鬲足、夹砂绳纹灰陶罐底。在距遗址西北400米的一山上，发现一敞口向西呈“m”形石围墙。在遗址东北120米处有不规则圆形祭坛，位于南山之东坡，由砂粒堆积而成。作者认为上述三处遗址是夏家店下层文化祭祀遗址。

赤峰市西道遗址和阜新平顶山石城的发掘，为夏家店下层文化城址的研究增添了新内容。西道遗址位于半支箭河中游北岸的山前台地，在遗址西南隅，平地突出一个5～8米高的土台，在厚达7米的夏家店下层文化堆积中出土了一批陶器。这次发现的夏家店下层文化房址均为双重环状墙体的地面建筑，一般直径为6～7米，个别带有浓厚宗教色彩的房屋面积较大，直径在12米以上，室内陈设也较复杂。遗址的东、北两侧分布着堆积较薄的一般性夏家店下层文化遗址，很像处在萌芽状态的中国早期城市形制①。

平顶山石城位于阜新市紫都台乡双井子村，地处大凌河支流牤牛河的上游，属低山丘陵地带。该城址地层堆积可分为四层，三期。石城呈不规则长方形，南北约430米，东西向南部为150米，北部更窄。城东北段临近相对高差20余米的陡峭沟壑，未见城垣。内外墙用石块交错垒筑而成，以黄土勾缝，墙体内填充土石。石城址的第一期具有典型的夏家店下层文化特征，二期属于高台山文化，三期属于魏营子类型。平顶山石城应是一座夏家店下层文化晚期城址②。

20世纪60年代以来夏家店下层文化的考古成果，引起了国内外学者的关注。从1994年11月初开始，在美国国家科学基金会（NSF）的资助下，美国匹兹堡大学以色列籍研究生吉迪和赤峰民族高等师专北方民族文化研究所及赤峰市北方文化国际研究中心，联合对赤峰市松山区西部阴河中下游地区进行考察。

这次调查的范围，起自初头朗镇逆流而上经孤山子乡到大庙镇，以阴河分水岭为界，面积约200平方千米。这次调查是在60年代中国科学院

① “西道遗址发掘获重大成果”，《中国文物报》，1991年8月31日。

② 辽宁省文物考古研究所、吉林大学考古学系：“辽宁阜新平顶山石城址发掘报告”，《考古》，1992年，第5期。

考古研究所调查的基础上进行的，选取了徐光翼在“赤峰英金河、阴河流域石城遗址”中所述的第一组石城址群，即三座店至尹家店一段 20 千米范围为主，向东南到初头朗镇政府所在地，向西到大庙镇韩家营子村，在确定的范围内采用全区性考察方法。具体地说，在考察的区域内，不论环境条件如何，都要详细调查，在阴河南北两岸以分水岭为界纵向推进，所有的山丘沟谷都在调查范围之内；在河谷地带以 500～1000 米为点“之”字形推进。

在这次调查过程中，首次在较大范围内采用 GPS（卫星定位）技术，相对准确地为每一处古代遗存定位，再结合比较详尽的环境记录材料，对探讨夏家店下层文化石城的分布规律、石城与地理环境的关系以及石城址之间的关系提供了相对准确的资料。

第二节　夏家店下层文化石城的分布

西辽河流域的夏家店下层文化石城遗存，除阴河-英金河流域以外，在西拉沐沦河以南的老哈河水系、大凌河水系均有发现。其他地区的石城遗址同阴河中下游石城遗址特征一致，年代也大体相当，可视为同一类型的石城遗址。根据近年来的考古材料，赤峰市松山区、敖汉旗、喀喇沁旗是石城遗址分布较多的地区。

一、半支箭河中游的夏家店下层文化遗址

1996 年在国家文物局的全力支持下，中国社会科学院考古研究所、内蒙古自治区文物考古研究所、吉林大学考古系联合组成赤峰考古队，调查和发掘了半支箭河中游的古代遗存，范围是东经 118°39′～118°46′，北纬 42°4′～42°10′之间，面积 125 平方千米，涉及到松山区的城子乡和喀喇沁旗的永丰乡、牛营子镇[①]。在这个区域内，共调查到 41 个遗址点，其中 38 个是夏家店下层文化或以夏家店下层文化为主，而含其他文化的地点。

① 赤峰考古队：“内蒙古赤峰市半支箭河中游 1996 年调查简报”，《考古》，1998 年，第 9 期。

这些遗址可以分为两种类型。一种是以大山前的五个地点（KD1～KD5）为代表，画匠沟门的两个地点（SC1 和 SC2）和窑沟梁南孤山、兔子山、转山子、城子顶及小东山（KX5、KX4、KX1、KX2、KXN1）亦属此类。它们的面积多数在 10000 平方米以上。同时这些地点都有着明显的房屋遗迹或较厚的文化层堆积。从所处地形看，这一类地点都分布在河床岸边较大的台地或坡冈上，且基本都位于阳坡。其余 26 个夏家店下层文化的地点，除 KX3 和 KX6 易断判外，均属于另一类型。它们的面积一般都较小，少有超过 2000 平方米的。一般也不见连续的文化层，有的甚至连陶片都很难发现。这些地点皆坐落于独立的山丘上，尤其像架子山、洞山那样的高山之巅，更是这一类型中较大且重要的地点的首选场所。在这一类地点往往发现用石块砌成的建筑痕迹，可辨形状者一般是砌成单层或数重圆圈。值得注意的是此类地点依山势分布，即有选在阳坡的，也有建在阴坡的，从平面位置上看，基本上是沿河沟列布，朝源头方向的高峰延伸。在调查的过程中，两类遗址的外围均发现有壕沟和凹带，其中第三类遗址还发现有多处台阶状痕迹。经过对大山前 KD1～KD5 中的第一地点的发掘[①]，证明这类遗址有土筑城墙。

大山前第一地点为不规则圆台，东西南三面濒临河床，北面与第二地点相隔一沟。发掘地点的遗址北部，所获得的夏家店下层文化主要遗迹有灰坑、沟、房址或残墙、圆台外围的土墙等。其中圆台外围的土墙是发掘区北部的一处重要遗迹，分布于 T434～T436、T423～T425、T411～T413、T111～T113 这十二个探方内，在此范围内其延伸的方向为西南—东北。墙底宽 10 米左右，现存高度不足两米。内外两侧的墙壁均为斜坡，内壁斜坡很长，外壁斜坡上留有夏家店下层文化和战国时期堆积。从目前的发掘情况看，外壁与 KD1 与 KD2 两地点间的那条沟南壁连为一体，因此这条沟与墙当形成于同一时期。土墙直接建于生土层上，墙上黑花，并不坚硬，其中既含有夏家店下层文化陶片，也包括小河沿文化、红山文化和兴隆洼文化陶片。而这里出土的夏家店下层文化陶片，从陶质、纹饰上看，应属于此次发掘所见年代最早的夏家店下层文化。

发掘者认为，以往经过发掘的敖汉旗大甸子城子地、北票市丰下、建平县水泉、宁城县三座店、松山区西道点将台均与大山前第一地点的性质

---

① 赤峰考古队：“内蒙古喀喇沁旗大山前遗址 1996 年发掘简报”，《考古》，1998 年，第 9 期。

相似，它们所处的位置也都十分突出。大甸子城子地和水泉既有土墙又有围壕，西道点将台则有很深的壕沟。可见，在这类特殊地点的边缘挖沟筑墙，是赤峰及其周围地区夏家店下层文化较为流行的一项举措。

通过1996年的调查与发掘，考古工作者认为两类遗址应存在某种联系，可将其放在一起考虑。若将KJ7判高点视为一个群体的标志，那么东北方向洞山判高点附近的SD1就应该是另一群体的标志。

二、敖汉旗发现的石城遗址

敖汉旗是赤峰地区文物普查工作较好地区，在敖汉旗发现了多处石城遗址和夯土城址，匀属于夏家店下层文化。敖汉旗白塔子乡赵宝沟村遗址群，在三处高山主峰上各筑三群城堡，从东向西的第一主峰，在南北不到一平方千米的范围内便筑有保存完好的27处城址；第二主峰南北有8处小城堡；第三主峰周围及山上也有10余处城址。三群城址互有联系，在中心地点，有一处规模较大的台地城址①。

杨虎、孙祖初、邵国田三位先生在1998年第二届中国北方古代文化国际学术研讨会上，把敖汉旗的夏家店下层文化城址分为聚落址和山丘顶部小型遗址两大类。

第一类聚落址以大甸子城址、城子山石城址、等子山遗址和旺兴沟小型聚落群为代表。第二类则以佛爷山遗址群为典型。

敖汉旗萨力巴乡城子山石城址是大型聚落址，位于敖汉旗西部老哈河支流附近，坐落在当地最高的山顶部，海拔855.6米，比附近地面高出约250米。随山势围砌石墙，陡峭的段落凭天险防御，面积6.5万平方米，是为外城。其南面有一门址，城内有30处石砌方院，面积160～450平方米，多3～5处相连，有门相通。各院内建1～2座直径5～9米的石砌圆形房屋。此外还有单独的37处圆形石砌房屋，直径5米左右。内城位居全城的制高点，比外城高3～5米，面积近7000平方米，中部有12处石砌圆形建筑，直径7～9米。这种建筑布局，标志着这里居住的人至少分为三个等级，内城是核心，主人应是全城及附近丘顶、坡地上9个小型聚落，以至更大范围人群的政治、经济、军事、宗教诸领域的首领，这个地点有比较严密的防御设施，应是更高层次的城堡，亦或就是城的一种形态。

敖汉旗敖吉乡等子山遗址，位于教来河中游右岸山坡上，砌有近长方

① 赤峰市文化局、赤峰市博物馆：《文物古迹博览》，内蒙古科学技术出版社，1994年。

形“石城”，墙高1～3米。北墙长150米，东西墙各长340米，南墙在山南侧，长约100米，把山顶围在墙内。“城内”修十余级活动面，各级外缘用石块砌成坝埂状护坡，是一处长期使用的居住地。山顶部筑有长椭圆形建筑，可能是首领住地，用于瞭望兼作祭祀。“城外”还有房址和墓地，当为城的附属部分。这处遗址应是中型聚落址。

旺兴沟小型聚落群位于佛爷山的坡地上，佛爷山在敖汉旗大甸子城址西南6千米处，山坡中部的小型聚落址，面积各千余平方米；山坡下部两处聚落遗址，面积各四五千平方米。有的地点可见环壕痕迹。

山丘顶部小型遗址的典型是佛爷山遗址群。山顶海拔871.6米，是附近最高山峰，在长、宽各约2000米的山脊处突出部位已知小型石砌建筑遗址7处，面积各约200～600平方米。山顶粗略修成椭圆形平台，面积约200平方米，部分边缘砌有石坝，西南缺口似为门址。内部有石块建筑物。有的遗址由二三级台面构成，有石坝和半圆形护坡石。这群遗址应与旺兴沟遗址群有密切关系。而它们又同大甸子城址之间关系密切，与周边其他遗址共同形成大甸子聚落群。

三、其他地区的石城遗址

夏家店下层文化的石城遗址，除赤峰地区外，在辽宁省的朝阳地区、阜新地区、河北省的承德地区也有发现，为我们全面探讨这类遗存的特征及其所反映的社会形态提供了丰富的材料。

第三节 石城的考古学研究

一、类型及特征

夏家店下层文化的石城分布范围比较广，但由于考古调查工作滞后，很多地区还是空白，已调查的地区亦缺乏公开发表的材料。所以阴河—英金河流域的三组石城遗址群，由于经过两次系统的调查，就成为研究石城类型、结构、特征等方面的难得的材料。我们对西辽河流域石城的认识，主要依据1994～1995年对阴河中下游的调查材料。

阴河中下游含夏家店文化的遗存有70多处，能够准确断代的单纯遗址或以夏家店下层文化为主要内容的遗址有 64 处，其中含有石砌围墙的遗存有 51 处。在这里我们笼统地把这些都称之为“石城”，故比 1964 年的调查（20 座）多出了许多，主要原因是扩大了调查范围，特别是对 20 世纪 60 年代调查较少的南岸进行了更多的工作，结果发现南岸的遗存不论从规模，还是从数量上都与北岸相当。

阴河中下游的石城遗址从规模上可以分为四类：

第一类是大型石城，只有一座，位于这些石城群的中部，即北纬 42°23′663，东经 118°32′658 的迟家营石城址，面积 8.564 公顷。这座石城占据了阴河两条支流交汇形成的山丘整个南坡，四周都砌有石墙，以北侧为防御重点，有两重平行城墙，残余有十多米高，城墙外侧用石块砌成，中间填充夯土，两墙中间有人工挖掘的壕沟[1]。现在城内已辟为耕地，所以城内结构很难辨析。根据 60 年代的调查估算，城内的建筑基址当在 600 座以上。从迟家营石城的规模及所处地理位置分析，这是一座中心城址，具有特殊的地位和作用。

第二类是面积在 3～6 公顷的大中型石城。这类石城在阴河中下游一共有 6 座，南北岸各 3 座，且分布距离比较均匀，这种现象耐人寻味。这 6 座石城在迟家营石城南侧有两座，东侧有两座，西侧有两座，仍旧以迟家营为中心。中国社会科学院考古研究所 1964 年在阴河—英金河流域调查石城时，发现的三组石城群各有中心，而迟家营石城规模最大，我们这次调查证实了这一现象。而且发现在阴河中下游这组石城中，围绕迟家营中心城址展开的中型石城，又是周围小石城的中心。

最东侧的一座位于北纬 42°21′311，东经 118°38′143，在三座店村东，修筑在伸向阴河的两座山丘上，面积 3.636 公顷。距迟家营城址直线距离 9 千米。第二座大中型石城在三座店村东石城以西 4 千米，位于阴河南岸下半支箭村东北的阴河拐弯处，叫砚台山城址，其地理坐标是北纬 42°22′024，东经 118°35′385，总面积有 4.884 公顷。石城位于迟家营石城东南，直线距离 5 千米。第三座大中型石城在砚台山城址西北 3 千米处，位于阴河北岸北纬 42°22′892，东经 118°33′572，称为邹家营石城，面积为 4.053 公顷。其西北 1 千米许即是迟家营石城。第四座大中型石城隔阴河与迟家营石城相望，在其南偏西 1.5 千米，从邹家营石城西偏南 1 千米，位于阴河南岸北纬 42°22′565，东经 118°32′417，面积为 3.737 公顷。第五座大中型石城是位于第四座石城西 6 千米处的广府营子石城，地理坐标为北纬 42°21′919，东经 118°28′159，面积有 3.4 公顷。距迟家营城址直线距离为

7千米，坐落于阴河南岸。最西侧的第六座大中型石城址是尹家店北城子山石城，位置是北纬42°22′353，东经118°26′602，面积为3.416公顷。其东偏南两千米就是广府营子石城。这座石城距迟家营中心城址的距离是9千米。

第三类是1～2.5公顷的中小型石城。这类石城以三座店石城、孤山子石城和阴河南岸的圪塔山石城为代表，一共有10座。

第四类是小于1公顷的小型石城，这类遗址从0.1公顷到0.9公顷多，共有34处，分布于阴河两岸比较重要的山丘、高地甚至山脊部。

上述四种类型的城址基本上是小型石城以中小型石城为中心，而它们又同大中型石城一起，围绕迟家营石城向东西两侧沿阴河及其支流排列。

二、地形的选择

调查的范围在东经118°25′～118°40′，北纬42°19′～42°25′，占阴河流域面积的1/17，阴河干流长度的1/7。对石城特征的探讨有一定的局限性，但由于我们的调查工作比较详细，采用比较先进的技术手段，所以对这些局部特征的分析和研究，可以为大范围调查和研究夏家店下层文化石城提供重要参考资料。

夏家店下层文化的石城比较集中地分布在阴河两岸的台地和山冈上，有些城址远离阴河分布在其主要支流两岸。平均海拔高度为768米，比红山文化遗址和夏家店上层文化遗址都低，呈向河流两岸集中的趋势。

夏家店下层文化对水源的选择非常重视，离水源最近的城址仅27米，这个数据是指现代水源（含已干涸的季节性支流）。有很多城建在断崖上的台地，城下就是阴河河道，在雨季时阴河就是一条天然护城河了。

夏家店下层文化石城都选择在离水源很近的地方，主要目的是利用水，但也有些城除了利用水之外，也有保护和控制水的作用。

阴河南岸初头朗镇牤牛山村温家营子城址，海拔在1000米以上，两城相距500米，相距不远，都建在温家地沟的关键部位，各控制一条水源。这一带山峰险峻，而且岩石裸露，适合耕作的土地很少，主要目的应该是控制水源。这两座城的另一个作用可能是控制交通要冲，因为从广府营子到温家地的陡峭山路正经过这里。

从总体局势上看，夏家店下层文化城址的海拔高度较低，在河谷两岸最密集，甚至南岸许多近河山丘很陡，也有城址分布。比起早期的红山文化和较晚的夏家店上层文化，对水源的依赖性更强。

阴河两岸的城址非常密集，但对地势的选择非常严格。在我们调查的范围内，初头朗到三座店之间的河谷很宽，但谷地内只有战国以后的遗存。在两岸，凡是陡度较缓，比较开阔的地方也没有城址。

阴河南岸上半支箭村西南，小敖包山以西是我们调查的南岸最开阔的地方，方圆几千米范围内相对比较平坦，但未见城址，甚至没发现夏家店下层文化陶片，只有近百座夏家店上层文化石板墓散布其间。

在阴河北岸和南岸的部分地区，石城都建在断崖或陡坡边，经常是一面为断崖，两侧是阴河支流或冲沟形成的陡坡，这样两面或三面都是临近深沟大壑或峭壁陡坡，其背后一般都是更高山岭。建城的坡面根据地势都选择较平缓的一面，大多数是阳坡，也有少数是建在阴坡。南岸的很多城址在选择方位上主要依地势。

砚台山东南的石城就是建在阴坡上的，其北和西北是阴河断崖，南面是更高的山岭。南岸的石城除了在方位上有别于北岸之外，在地势选择上也有特殊的地方。阴河南岸山高坡陡，按照北岸常见的筑城地形，很多地方根本不具备筑城条件。但根据我们的全面踏察，南岸的夏家店下层文化遗址很多就在海拔较高的山冈或陡峭的坡面上。

阴河南岸海拔最高的城是温家营子石城，为1050米，附近地区土层很薄，多数是裸露的风化岩。地势最险要的城位于马架子到温家地之间南北向的山脊近顶部，其南是东西向的温家地后山，这个石城面积很小，仅0.07公顷，海拔900米，距沟底的相对高度近200米，山脊上岩石裸露，不能耕作，同样也不适合日常生活。阴河南岸的一些城址建在陡坡上，这是北岸没有的特殊现象。

上半支箭村到广府营子之间的山坡上，有一个面积较大的石城，从近崖部开始，一直到山顶都是遗存范围，坡度达30°，根本不具备日常生活的条件。更陡的是52号城址，从山顶到山的中下部属于遗存范围，坡度达35度，正常的站立都有困难。

综上所述，阴河中下游夏家店下层文化石城都选择在近河的险要地带，城周围是否有大面积可耕土地并不重要，对水源和地势的选择是筑城选择地形的首要条件。

三、石城的分布规律和营造风格

1. 石城的分布规律

我们调查的范围内有两镇一乡的13个村级单位，涉及45个自然村。

这些自然村主要集中在阴河河谷内，也有一些人数较少的山村散布在阴河支流内。几乎所有村庄附近都有夏家店下层文化的石城，但现代村庄全部都建在河谷或沟岔内，而城址全部在山上。就数量而言，夏家店下层文化石城在阴河两岸（不含支流和沟岔）的密度远远超过现代村庄。

根据20世纪60年代的调查，阴河—英金河流域的城址成群分布，从西向东共有三组。在西组范围内，也就是我们调查的区域，较大的城址一共七座。分别是三座店附近的石城（09），面积为3.636公顷；下半支箭的砚台山石城（45），面积4.844公顷；邹家营石城（24），面积4.053公顷；迟家营石城（25），面积8.564公顷；马架子附近的石城（51），面积3.737公顷；广府营子石城（59），面积3.4公顷；尹家店北城子山石城（40），面积3.416公顷。这七座较大石城有三座是60年代调查过的，即三座店、迟家营、尹家店。这些石城中最大的迟家营石城位于中心位置，其余的六座石城，南北岸各三座。一般是一个较大的石城周围附属一定量的小石城，但现有资料还没法证明这一段有七个中心，因为有些地方的小石城非常密，如三座店学校到康家湾之间距离很近，但是有八座石城；而肖家地沟仅一座孤立的石城（68），距阴河3120米，面积达2.41公顷。

如果单纯从阴河北岸和南岸近河地带的城址分布状况分析，自然可以看出是东西排列呈带状分布。但我们同时也注意到离阴河较远的地方，也有石城分布，特别是北岸一些支流上的石城，最远的在3千米以外。

平房村北有一条南北向的沟——红土沟，沿沟北上距阴河1.6千米处有一处小城址（31），位于沟的西侧。现在地表已辟为耕地，但仍能分辨出石砌房基。其北侧还有二重城墙。

离阴河较远的遗址，除南岸的温家地石城和肖家地沟石城之外，铁匠营子沟的石城也比较典型。铁匠营子沟是阴河支流，源于平顶山，现已干枯，雨季时仍有很大的水注入阴河。铁匠营子沟口比较宽阔，在北山根到孤山子之间没有临河断崖。沿沟北上，在沟的东西两侧共发现三处夏家店下层文化遗址，最远的距阴河3.5千米。铁匠营子沟两岸石城的这种相对分布特点，引起了我们的注意。

20世纪60年代的调查工作重点在阴河北岸，经过我们的复查和全面踏察，阴河中下游的石城在总体布局上的特点是南北两岸相对分布均衡。北岸有石城的地方，南岸相应的地方也有石城，并且二者规模相近、数量相当。

阴河中下游的夏家店下层文化石城址，在阴河两岸隔河相望，有序布局的特性，是一个值得研究的现象。

2. 石城的营造风格

城是人类重要的聚居区，在一定程度上代表了这一地区的文化特点。夏家店下层文化石城建筑特征明显，营造风格独树一帜，并且在一定程度上影响着后世的城市建设。阴河中下游的石城大小不一，相差悬殊；规格也不尽一致，因山势和地形的变化，充分利用地形，城的平面形状呈不规则的几何形状，有的呈方形、多边形，有的呈圆形、椭圆形，还有些呈三角形。

石城的城墙主要有两种砌筑方式，一种是直接用石块垒砌，另一种是两侧用石块堆砌，中间填充土石夯实。这两种城墙多数时候是同时使用。面积较大的石城，其比较开阔的一侧，大都采用宽大的夹心墙，而两侧则用实心墙。面积较小的石城以石心城墙为主，也有个别的小城在关键部位采用夹心墙。

城墙的走向完全由山势决定，比较宽阔的近河台地能见到相对直的城墙，如尹家店石城北侧石墙。大多数的城墙都是弯曲的，呈弧形向内弯曲的城墙最多。墙的宽度基本上同城的规模成正比，城越大城墙越宽，最宽的在 10 米以上，窄的不足 1 米。同一座城里不同方向的墙宽度也有差别，一般面向开阔地一面城墙最宽，临冲沟陡坡一面城墙较窄，面向河流断崖或陡坡方向一般都没有城墙。

许多石城城墙外侧附有突出的半圆形建筑，这类建筑一般用石块砌成，长 3～5 米（垂直于城墙方向），宽 4～6 米的土心或石心建筑。这类建筑物在外墙最多，分布间隔没有规律，有的相距 3～4 米，有的则 10～30 米。有的城在内墙也有这样的建筑物。

防护壕沟是阴河中下游石城的特色之一。面积 1 公顷以上的城址有许多挖有壕沟。壕沟的深度现无法测量，有些经雨水冲蚀已同冲沟成为一体，有的则被毁坏的城墙填平，但仍有许多城址能准确辨认清楚。这类壕沟主要在重点防御方向，也有的环绕主要防御方向，无墙的方向也没有壕沟。壕沟一般在外墙外侧，也有很多在内外墙之间。三座店石城、榆树底石城、迟家营石城等都是这类典型石城。

双重甚至多重城墙是阴河中下游石城比较有特色的地方。中等以上石城一般都有两重城墙，尹家店北城子山则有三重城墙。多重城墙一般修建在防御的主要方向，一般是与更高的山丘相连的一侧。有的城在陡坡上修有几条平行墙，除防御目的外，可能还有护坡功能。

阴河中下游夏家店下层文化石城在营造风格上最具特色的地方，是城的外部结构中经常出现“连城”和“复城”。两个或两个以上的石城相连，形成一个统一体叫“连城”。砚台山城址和三座店附近较大的城是其中的典型。三座店附近的石城，由两个伸向阴河的山丘构成，它们各有自己独立的城墙，但共用一个大的北墙，这条墙由内外两重，加上中间的壕沟组成。城中城为之“复城”。西山根城址由南北两城组成，后建的北城把南城包括进来，形成独特的“复城”现象。

综合阴河中下游夏家店下层文化石城的营造风格，我们发现其营造方式在很多地方为后世城堡所继承。

其一，壕沟与城墙相结合，构成完整的防御体系，这种筑城方式是具有中国特色的城的标志之一。后世的城大都是城墙与护城河相结合，形成一个整体。而城墙与壕沟相结合，应该是“城”与“池”结合的前身。

其二，城墙外的半圆形建筑，除了加固城墙之外，还可以使进攻者三面受敌，是一种有效的防御设施，这种方式在汉代普遍出现在边塞城障中。这种城墙附属建筑应视为后世城的“马面”（墩台），甚至“塔楼”的先驱。

其三，“连城”和“复城”结构，形成过程复杂，但这种一体化防卫手段，却为后世所承袭。特别是汉代北疆边塞城障，有很多这样情况。

总之，夏家店下层文化石城在中华文明史上独树一帜，其营造风格在我国城市发展史上占有重要的地位。

四、石城的内部结构

大多数城，地表破坏都比较严重。由于地表建筑毁坏形成的土石堆积，特别是现代农耕垦殖，严重干扰我们对城内结构的认识。加之于缺乏系统的发掘材料，所以我们只能依据保存稍好的石城，对石城内部结构进行分析。

根据现有的材料，多数城址的城墙有缺口，很可能就是门址。有的缺口可以肯定是门址，因为缺口内外有石砌的道路。城内的道路有些是石铺的，但有些是土路，能明显分辨清楚的并不多。三座店学校北面的山城城内道路是石铺的，所以能明显分辨出来。这条路从门道开始向南延伸，宽约 5 米。现有长度可能受到后世干扰，原始长度不清。

石城内最明显的遗迹，是石砌的圆形建筑基址。这些房址乍看上去是一个个石堆，仔细观察就会分辨出这些石堆是稍高出地面的石砌圆圈。根据20世纪60～70年代的发掘证明，这类遗迹基本上都是当时的房屋基址。在许多城址中，这些房址似乎经过规划，统一设计，在城面上成排分布。为了便于建筑，坡面似经修整，有的用石块砌平，许多残存在坡面上的半圆形基址，很可能是原来的房基。

房址规模相差很大，大多数房址直径为2～4米，少数房址直径超过10米。我们还注意到有些房址呈方形，面积较大，尹家店石城南部就有四个较大的方形房基，其中最大的长14米，宽13米，面积达182平方米。大型房址一般都在面积较大的城中，选择在城中地势平缓、位置较高的地方。

关于圆形石砌房址的结构，参照已发掘过的新店石城房址可知，房址平面略呈圆形，半地穴式，口大于底，石墙存高0.8～1.3米，宽0.5米，室内居住面南北2.4米，东西2.2米，中间有柱穴，东北部有石砌灶坑，居住面抹有草泥，地面有经火烧痕迹，靠近西南墙壁有石砌台阶，当为出入通道。

房址在城内的分布是我们调查的重点之一，在保存相对较好的圪塔山城址我们记录了房址数量和相对分布，更能引起注意的是南部城外还有35个房址，这种现象在很多城址中都存在。在调查中我们对部分城址的房基进行了测量，大部分遗址的建筑物可分为两类，一类是只有一道围墙的小房子，另一类是有双重围墙的大房子。

我们在调查城的内部结构时，特别注意到石城特有的“台”。这种“台”一般都依附于内墙的中间，处在城的显要位置，其基本形状是圆形和椭圆形。这种人工堆积的平台处于城的中心位置，台上有的有石砌圆形建筑，有的已看不清是否有建筑物。这种平台同防御关系不大，但投入的劳动量却很大，其功用引起了我们的注意。

综上所述，石城一般以平台为中心，其周围是房址最多的地方之一。城内的房址规格和大小有明显差别。城外的平坦地区也有房址分布，大都是规模较小的单层房址。

关于具体的某一城内的详细情况，佟柱臣先生20世纪40年代调查并勘测了东八家石城[①]，详细记述了57个居住址的位置及具体情况。东八家石城的内部结构，是研究夏家店下层社会结构难得的材料。城内66个测点，共有57个居住址，呈圆形，直径10米的有一座，直径3米的有五

---

① 佟柱臣：“赤峰东八家石城勘查记”，《考古通讯》，1957年，第6期。

座，4米的七座，5米的八座，余者均在这些数字之间。小形室中的石台多作半圆形靠近北侧，大型室中的石台多为曲尺形，在室中间。门的方向也有一定的选择，在城中间位置较高的地方，门多向南，在西北墙下的门多向东，在东北城下的门多向西或南，这不仅看出他们利用了地形，也暗示了各室之间的联系。位于中央的57号最特殊，有一个长宽各40米的围墙，形成一个大院落。

根据已经发掘的新店城址的房内结构，我们可以得出这样一个结论，每间房子都是一个生活单位，有做饭取暖的灶坑，有休息的居住面。同时这些房址也应该是最小的生产单位，在已发掘的遗址中，有的房址内有陶土，有的有较多石器等，都是明显的例证。这些具有社会基本细胞作用的单位，就是家庭。

以个体家庭为社会基本单位，也就是以夫为核心，由妻与子构成的家庭，一旦作为生产生活单位出现，社会便已进入文明时代——国家形成了。因为，家庭是社会最稳定的单位，不仅打破了氏族制，破坏了原始社会氏族结构存在的基础，而且为新的统治——城邦的形成准备了充分条件。家庭的稳定性同时也成为中国历史上中央集权君主专制的重要基础条件，也是统一王国出现的基本原因，这一点已被5000多年的中国历史所证明。

第四节　石城的功能研究

夏家店下层文化石城的发现与研究，为学术界剖析夏家店下层文化的社会形态，深化对这种文化的研究提供了丰富的材料。从宏观的社会各等级状况和组织结构到微观的社会基本生产生活单位——家庭，我们都可以找到实例。以石城为代表的文化现象，反映了这一时代的特征。

一、石城的军事功能

阴河中下游的夏家店下层文化石城几乎都建在险要的位置上，2万平方米以上的石城在选址上更讲究些。这些石城并非现代意义上的城市，其经济意义并不重要，突出体现防御特色，军事色彩更浓一些。

阴河中下游的石城并不是孤立存在的，一般都是一大几小组成一个整体，具有相互依存关系。迟家营子疙瘩山石城周围有五处同类遗存，建筑风格和地表遗物表明它们存在的年代相当接近，其中城址四座。大东沟东侧的遗址面积很小，地势最高，未见城墙，但圆形房基清晰可见。车户沟与张家沟之间的城址，离疙瘩山最近。在这三者之间大东沟遗址更像一个哨所，控制迟家营城东北；车户沟遗址控制疙瘩山西南和附近的两条沟，防御结构非常合理。迟家营疙瘩山城址北墙外还有一些石堆，较大的有七个，可能同大东沟遗址具有相同的性质。

阴河中下游石城的结构充分表现了军事防御功能。

其一，选择的地形一般都是前有断崖，两侧是冲沟，或者将城建在山脊、陡坡等地势险要的地方。这种选择的主要目的是便于防守城。另外，城墙完全是为防御修建的，开阔方向一般城墙厚大，其他地势险要的地方用规模较小的城墙，有些地方无墙。

其二，双重或多重城墙以及同城墙相结合的壕沟，是为了防御而修建的，其军事色彩明显。另外，城墙上附属的半圆形建筑，其功能除加固城墙外，更兼有防御功能。因为这类建筑可以使进攻方三面受敌。

其三，南岸的许多陡坡，坡度在20°～35°度之间，根本不具备日常生活条件，如果不是浓厚的军事色彩，很难想象这些城的作用。

其四，阴河中下游石城中的“连城”和“复城”同汉代边塞城障形式相同，功能也应该一致，即用于军事防御。

阴河中下游具有军事意义的大量石城的出现，是夏家店下层文化特有的现象。这种现象表明当时社会的矛盾与斗争非常激烈，军事征战已经成为夏家店下层文化先民社会生活的重要内容。

二、政治意义

在阴河中下游夏家店下层文化石城的总体分布以及个体城址的现象变化上，我们看到当时的社会存在明显的分化，存在着两个到三个社会阶层。七个较大的遗址中，迟家营石城地位最高，其余六个地位次之，这七个遗址是这一范围内的中心遗址。其余围绕中心遗址分布的遗址可视为第三等级，这些中心城址周围的小城也有大小之别。这种等级差别表现在不同规模的城址劳动量投入不同，中心城址的劳动量投入最大，因此中心城址首领的权力最大，只有较大的权力，才能有效地组织起很多人投入到劳动中来。

我们对保存较好的几处遗址内的房址进行了测量，从住宅规模上的差异，也可以证明这种社会等级的存在。大部分房址可以分为三类：其一是大型房址，只有较大遗址中才有；其二是两道墙的较大房子；另一类是单墙小房址。

最引人注目的是有些石城的房址周围另有类似院落的围墙，这类遗存在中心遗址和其附近的重要遗址中有好几处。这种情况可能更多，但由于地表破坏严重，辨识十分困难。佟柱臣先生调查的东八家石城东南部就有一个这样的房址。

石城的房址布局从另一个侧面证明了夏家店下层文化的社会发展水平已达到相当高度。我们在调查中发现许多城址外面有房址存在，有些城址周围的房址数量很多，南城子山（圪塔山）城址就是这样的代表。古籍中所记的“国”与“野”分治现象，早在夏家店下层文化时期就出现了。

夏家店下层文化的城堡在整体上分布和排列有一定的次序和规律；在个体上，除一些小城堡外，也都是独立的政治单元。

三、祭祀功能

在西辽河流域发现的大量有石围墙的建筑，有学者主张是祭祀中心。在调查阴河中下游夏家店下层文化城堡时，发现中型以上的石城都有依附于城墙的特殊建筑——“平台”。这种“平台”大都是圆形或椭圆形，位于城的最高处，是城的中心。

这种堆土成台的建筑是城的中心，同两河流域以神庙为城的中心和印度河流域早期城邦以“池”为中心，应该具有相同的含义。这种“台”是中国古代的文化现象，大体相当于文献中的“社”或“坛”。

应劭在《风俗通义·祀典》中说：“社者土地之主。土地广博，不可遍敬，故封土以为社而祀之，报功也。”后世之祭天地的地方叫天坛、地坛，其先应为“台”。

在中国古代“国之大事，在祀与戎”。城墙与壕沟体现了“戎”，而“平台”则体现了“祀”。商周以后的历代统治者都以“用礼治天下”相标榜，而祭祀活动则是礼的极其重要内容。这种祭祀活动也有一定的等级，所以城内设“平台”，以为祭祀之所，表明其是一个完整的政治单元。

基于阴河—英金河城堡群的西组，对半支箭河流域的调查，使我们认识到实际情况要比上述看法复杂得多。赤峰市松山区五三镇西道村有一处面积达 10 多万平方米的夏家店下层文化遗址，位于半支箭河北岸，北距阴河—英金河中组石城群 20 千米左右。西道遗址对面，河南岸的山坡上，东西排列着若干同时期的小型遗址。西道村西南约 10 千米的城子乡所在地，发现一处比西道遗址规模更大的夏家店下层文化聚落。城子、西道、河南岸小型遗址，又组成了大、中、小三级结构[①]。

在半支箭河的聚落群中，中心的城子遗址和外围的西道聚落，都比其北的阴河—英金河的西组及中组的大、中型遗址规模大得多。半支箭河聚落群体的规格，应在阴河—英金河之上。阴河—英金河石城群应该是半支箭聚落群的外围。如果把赤峰石城当成一个整体进行考察无疑会加深对上述认识的理解。

① “西道遗址发掘获得重大成果”，《中国文物报》，1991 年 3 月 31 日。

第四章

夏家店下层文化青铜器、彩绘陶器、玉器

第一节　中国早期青铜文化的发现与研究

一、中国早期青铜文化的发现及分区

铜是人类最先认识和使用的金属，铜器是人类最早制造的金属器物。早期的铜器多属于铜、锡、铅等不同金属合金的青铜。青铜器的出现，既是社会生产力发展到一定阶段的产物，同时也推动了社会历史的发展，人类社会从此进入了青铜时代。从目前的考古发掘资料看，陕西省临潼姜寨遗址出土的黄铜制品是最早的铜制品，年代约在公元前 4500 年前后。在甘肃东乡县林家遗址发现的一件马家窑类型的青铜刀，长 12.5 厘米，为锡青铜合范铸制，短柄长刃，年代为公元前 2900 年至前 2740 年，这是目前所见年代最早的青铜铸造品[①]。

中国大约在公元前 21 世纪开始进入青铜时代，经过夏代二里头时期的初始阶段，早商时期的发展阶段，到晚商至西周前期达到鼎盛，在西周后期至春秋逐渐衰落，到战国初期被早期铁器时代所代替，其发展历程大

① 白云翔："中国的早期铜器与青铜器的起源"，《东南文化》，2002 年，第 7 期。

约经过了一千五六百年的时间[①]。从夏代到商代早期，是中国青铜文化发展的早期阶段。出土青铜器的文化遗址主要集中在北方地区的陕西、青海、甘肃、内蒙古、山西、河南、河北、北京、天津、辽宁及山东诸省市[②]。由于分布地域广，时间跨度大，它们分别属于若干不同的考古学文化，表现出明显的地域特色和年代差异。许多学者依据地理位置及文化特点，对早期青铜文化的分布进行了系统的研究，提出了不同的观点和看法。

田广金先生认为中国北方系青铜文化可分为三大考古学文化区[③]。东部区包括辽西地区、内蒙古东南部和京津地区，即燕山南北地区；西部包括鄂尔多斯以西北黄河两岸向西南宁夏、甘肃和青海东部地区；中部包括阴山以南的内蒙古中南部地区。

林沄先生认为在相当于夏纪年的范围内（公元前2070～前1600年）中国北方系青铜文化主要有甘肃河西走廊的四坝文化、内蒙古中南部即黄河河套及其东、北部地区的朱开沟文化、内蒙古东南部的夏家店下层文化、河北北部的大坨头文化[④]。

白云翔先生将中国早期青铜文化分为四个区域，即西北地区、北方地区、海岱地区、中原地区[⑤]。西北地区包括甘肃和青海，主要有马家窑文化、宗日文化、马厂类型、齐家文化、四坝文化等；在北方地区内蒙古中南部有朱开沟文化，燕山南北和辽宁西部有夏家店下层文化；海岱地区包括山东和河南东部，有山东龙山文化和岳石文化；中原地区包括黄河中游及支流的关中地区、山西南部、河南中西部及河北南部，有仰韶文化、中原龙山文化、二里头文化。

李伯谦先生认为在二里头文化时期，中国青铜文化可分为四区六支[⑥]。中原地区有二里头文化，目前可分为二里头和东下冯两个类型，到早商时期，先商文化取代了二里头文化；山东、苏北沿海地区是岳石文化；北方地区东部是夏家店下层文化，西部是朱开沟文化；西部甘青地

---

① 李伯谦："中国青铜文化的发展阶段与分区系统"，《华夏考古》，1990年，第2期。

② 华泉："中国早期铜器的发现与研究"，《史学集刊》，1985年，第3期。

③ 田广金："中国北方系青铜器文化和类型的初步研究"，《考古学文化论集》（四），文物出版社，1997年。

④ 林沄："夏代的中国北方系青铜器"，《边疆考古研究》（第一辑），科学出版社，2002年。

⑤ 白云翔："中国的早期铜器与青铜器的起源"，《东南文化》，2002年，第7期。

⑥ 李伯谦："中国青铜文化的发展阶段与分区系统"，《华夏考古》，1990年，第2期。

区，主要是分布于河西走廊的火烧沟文化。早商时期先商文化取代二里头文化。以上四区六支青铜文化，以二里头文化和火烧沟文化发现的铜器最多，冶铸青铜的技术最高。

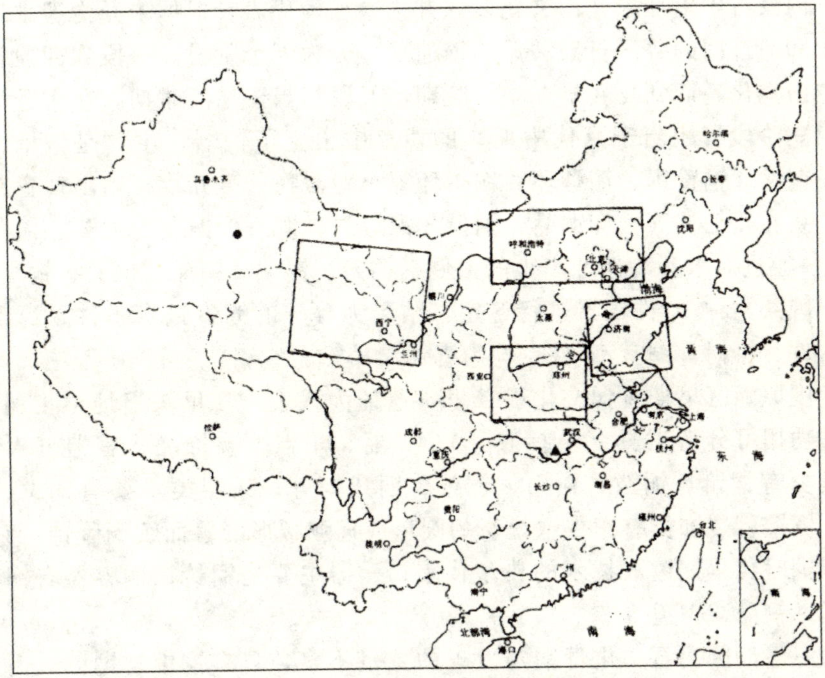

图5 中国早期青铜器分布示意图

从以上的研究成果可以看到，夏—早商时期，具有代表性的青铜文化均位于我国北方地区，自西向东依次为甘青地区以火烧沟青铜文化为代表的四坝文化，内蒙古中南部的朱开沟文化，中原地区以二里头文化为代表，燕山南北和西辽河流域有夏家店下层文化，海岱地区是岳石文化，在下辽河流域还有高台山文化，它们都是中国早期青铜文化的重要组成部分。

二、中国早期青铜文化遗址出土的铜器及特点

中国早期青铜文化，由于分布地区不同，出土的青铜器在数量、种类和形制上都有各自不同的特点。

四坝文化出土的铜器有 270 多件，按其功能可分为工具类、武器类和装饰品类。工具类有铜刀、铜削、铜锥、銎斧等，武器主要有铜矛、铜匕首、铜镞，装饰品有铜耳环、铜指环、铜手镯、铜扣、铜泡、铜圆牌饰、

铜连珠饰等。出土于火烧沟遗址的铜四羊杖首，应是象征部落首领权力的特殊器物。从质料上看，四坝文化出土的铜器有红铜、青铜和砷铜等多种材质①。

内蒙古中南部朱开沟文化以朱开沟遗址为代表，根据朱开沟遗址地层堆积和遗迹间的叠压打破关系，该遗址可分为五个阶段。一段到四段相当于龙山文化晚期到夏代早、中、晚期，五段相当于早商时期。在朱开沟文化第三阶段（相当于夏代中期）的遗存中出土了铜器，主要是铜锥、铜针、铜凿、铜臂钏、铜耳环、铜指环等小型器物。第五段开始出现青铜容器、兵器、工具等，有铜鼎、铜爵、铜短剑、铜刀、铜戈、铜鍪、铜圆牌等②。通过对朱开沟遗址出土的铜剑、铜刀、铜戈、铜鼎、铜爵、铜耳环、铜圆牌共八种20件铜器进行鉴定，结果为含砷的锡青铜有1件、锡青铜有5件、铅锡青铜有14件，均为青铜制品③。

中原地区早期青铜文化以二里头遗址为代表。二里头遗址出土铜器，按其功用可分为工具（包括农具）、兵器、乐器、装饰品、容器五大类。工具类有铜锛、铜凿、铜刀、铜锥、铜鱼钩等；兵器类主要有铜戈、铜戚、铜镞；装饰类有镶嵌绿松石的圆形或近亚腰形的兽面纹铜牌饰，它们是青铜时代早期镶嵌技术的典型代表；乐器主要是铜铃；铜容器有铜爵、铜斝、铜鼎、铜盉等④。

海岱地区岳石文化青铜器发现的数量不多，只有铜锥、铜镞、铜刀、铜手镯和鼻环等⑤。

下辽河流域高台山文化铜器发现较少，主要有喇叭口铜耳环、铜刀及管銎式铜战斧、铜鹿首刀等⑥。

夏家店下层文化出土的铜器有铜刀、铜针、铜削、铜镞、铜戈、铜耳环、铜指环、铜环、铜笄、铜冒、铜钉、铜镦、铜杖首等。

---

① 李水城、水涛："四坝文化青铜器研究"，《文物》，2000年，第3期。

② 内蒙古自治区文物考古研究所、鄂尔多斯博物馆：《朱开沟——青铜时代早期遗址发掘报告》，文物出版社，2000年。

③ 北京科技大学冶金与材料史研究所、内蒙古文物考古研究所："朱开沟遗址早商铜器的成分及金相分析"，《文物》，1996年，第8期。

④ 梁宏刚、孙淑云："二里头遗址出土铜器研究综述"，《中原文物》，2004年，第1期。

⑤ 张翠莲："先商文化、岳石文化与夏家店下层文化关系考辨"，《文物季刊》，1997年，第2期。

⑥ 董新林："高台山文化研究"，《考古》，1996年，第6期。

从总体上看，在青铜时代早期出土的青铜器，其数量、种类及冶炼技术等已比龙山时期进步。此时的青铜器多为小型器物，以工具类、武器类、装饰品类为主，大型礼乐器很少。同时，在一些文化遗址中还发现了镞范、矛范、斧范、刀范，说明此时铜器已批量生产。出土的铜器质料多数是青铜质地，同时还发现有部分红铜及少数的金、银制品。锡青铜、铅青铜和铅锡青铜总比率将近80%，红铜仅占20%稍多些[①]。

第二节 夏家店下层文化青铜器

一、夏家店下层文化青铜器的考古发现

夏家店下层文化是中国早期青铜文化的重要组成部分，主要分布在燕山南北和西辽河流域。在北起西拉沐沦河，南到海河，西起桑干河上游，东到辽河左岸的广大地区都发现了文化遗址。其范围超过二里头文化，与商文化不相上下。就文化类型而言，根据学术界目前的研究成果，笔者赞同“三种类型”说，即在西拉沐沦河流域为药王庙类型，在海河北系为大坨头类型，壶流河流域为壶流河类型[②]。

从考古发掘资料看，夏家店下层文化青铜器（包含与铜器铸造有关的遗物）在三个类型的文化遗址中都有发现。

1. 药王庙类型出土铜器的遗址

在内蒙古赤峰夏家店遗址发现铜屑4颗，最大的直径在0.5厘米左右，可能是铜器上脱落的碎屑，看不出原来的器形[③]。在赤峰县（今赤峰市松山区）四分地夏家店下层文化早期遗址的窖穴中发现陶范1件[④]。内

① 严文明：“论中国的铜石并用时代”，《史前考古论集》，科学出版社，1998年。

② 李伯谦：“论夏家店下层文化”，《纪念北京大学考古专业三十周年论文集》，文物出版社，1990年；张忠培、孔哲生、张文军、陈雍：“夏家店下层文化研究”，《考古学文化论丛》（一），文物出版社，1987年。

③ 中国社会科学院考古研究所内蒙古工作队：“赤峰药王庙、夏家店遗址试掘报告”，《考古学报》，1974年，第1期。

④ 辽宁省博物馆等：“内蒙古赤峰县四分地东山嘴遗址试掘简报”，《考古》，1983年，第5期。

蒙古宁城县小榆树林子出土铜刀 1 件[①]。赤峰市喀喇沁旗大山前遗址出土遗物中有铜器，但发掘简报未详细介绍[②]。赤峰市敖汉旗大甸子墓葬出土铜器最多[③]。主要有铜冒 2 件，铜钉 2 件，铜镦 1 件，杖首 2 件（1 件是青铜，1 件是铅），铜耳环 26 件，铜指环 25 件。其他金属有铅杖首 1 件，金耳环 1 件，铅质仿制贝 1 件。赤峰市翁牛特旗解放营子乡头牌子村敖包山前出土了三件大型青铜器，铜甗 1 件，铜鼎 2 件，在鼎中盛满棕色结晶体矿砂[④]。在内蒙古通辽市库伦旗南泡子崖夏家店下层文化遗址中有青铜刀 1 把[⑤]。辽宁兴城县仙灵寺遗址出土 5 件小型青铜器，有铜镞、铜耳环和铜刀[⑥]。辽宁北票市康家屯夏家店下层文化城址出土青铜刀 1 件[⑦]。辽宁锦县水手营子村夏家店下层文化晚期墓葬中发现连柄青铜戈 1 件[⑧]。辽宁阜新平顶山夏家店下层文化石城址出土铜耳环 1 件[⑨]。

2. 大坨头类型出土铜器的遗址

河北省大厂回族自治县大坨头遗址出土青铜镞 1 件[⑩]。河北省宣化李

① 内蒙古自治区文物工作队："内蒙宁城县小榆树林子遗址试掘简报"，《考古》，1965 年，第 12 期。

② 中国社会科学院考古研究所、内蒙古自治区文物考古研究所、吉林大学边疆考古研究中心、赤峰考古队："内蒙古喀喇沁旗大山前遗址 1998 年的发掘"，《考古》，2004 年，第 3 期。

③ 中国社会科学院考古研究所：《大甸子——夏家店下层文化遗址与墓地发掘报告》，科学出版社，1996 年。

④ 苏赫："从昭盟发现的大型青铜器试论北方的早期青铜文明"，《内蒙古文物考古》，第 2 期。

⑤ 郝维彬："内蒙古库伦旗南泡子崖夏家店下层文化遗址调查简报"，《北方文物》，1996 年，第 3 期。

⑥ 辽宁省文物考古研究所："辽宁近十年来文物考古新发现"，《文物考古工作十年》（1979～1989 年），文物出版社，1991 年。

⑦ 辽宁省文物考古研究所："辽宁北票市康家屯城址发掘简报"，《考古》，2001 年，第 8 期。

⑧ 齐亚珍、刘素华："锦县水手营子早期青铜时代墓葬"，《辽海文物学刊》，1991 年，第 1 期。

⑨ 辽宁省文物考古研究所、吉林大学考古学系："辽宁阜新平顶山石城址发掘报告"，《考古》，1992 年，第 5 期。

⑩ 天津市文化局考古发掘队："河北大厂回族自治县大坨头遗址试掘简报"，《考古》，1966 年，第 1 期。

大人庄遗址出土有铜环[①]。河北易县下岳各庄遗址第一期遗存出土铜镞1件，铜耳环1件，铜笄1件[②]。河北滦南东庄店遗址调查遗物中发现有几颗碎铜屑[③]。河北昌平雪山遗址出土青铜刀1件，铜镞1件，还有一对金耳环[④]。北京房山琉璃河夏家店下层文化墓葬出土青铜耳环1件，绕圈状铜指环1件[⑤]。天津蓟县围坊遗址出土铜刀2件，铜耳环1件[⑥]。天津蓟县张家园遗址第四层出土铜刀1件，铜镞1件，铜耳环2件，小铜疙瘩1块，用途不明。在第三层出土铜镞1件[⑦]。张家园遗址第三次发掘时出土2块铜疙瘩，不辨器形，长分别为3.3厘米和2.7厘米[⑧]。唐山古冶商代遗址出土铜针1件，铜削1件，铜环1件，石范1件。唐山市雹神庙发现5件铜兵器的石范，其中斧范1件，刀范2件，矛范2件。除刀范是对范外，其余都只有对范的一半[⑨]。河北唐山小官庄石棺墓出土铜耳环1件[⑩]。唐山大城山遗址出土2件穿孔铜片[⑪]。

3. 壶流河类型出土铜器的遗址

主要以蔚县遗址为主，在蔚县三关墓地墓葬出土铜耳饰1件。前堡、四十里坡、庄窠、筛子绫罗等遗址发现的铜器有铜刀、铜削、铜耳饰等，铜耳饰为“U”字形喇叭状，另外一种为环状[⑫]。

---

① 张家口市文物事业管理所、宣化县文化馆：“河北宣化李大人庄遗址试掘报告”，《考古》，1990年，第5期。

② 拒马河考古队：“河北易县涞水古遗址试掘报告”，《考古学报》，1988年，第4期。

③ 河北省文物研究所：“河北滦南东庄店遗址调查”，《考古》，1983年，第9期。

④ 北京大学历史系考古教研室商周组：《商周考古》，文物出版社，1979年。

⑤ 北京市文物管理处等：“北京琉璃河夏家店下层文化墓葬”，《考古》，1976年，第1期。

⑥ 天津市文物管理处考古队：“天津蓟县围坊遗址发掘报告”，《考古》，1983年，第10期。

⑦ 天津市文物管理处：“天津蓟县张家园遗址试掘简报”，《文物资料丛刊》(1)，文物出版社，1977年，第12月。

⑧ 天津市历史博物馆考古部：“天津蓟县张家园遗址第三次发掘”，《考古》，1993年，第4期。

⑨ 郑德昆：“中国青铜器的起源”，《文博》，1987年，第2期；严文明：“论中国的铜石并用时代”，《史前考古论集》，科学出版社，1998年。

⑩ 安志敏：“唐山石棺墓及其相关的遗物”，《考古学报》(第7册)，1954年。

⑪ 河北省文物管理委员会：“河北唐山大城山遗址发掘报告”，《考古学报》，1959年，第3期；安志敏：“中国早期铜器的几个问题”，《考古学报》，1981年，第3期。

⑫ 张家口考古队：“蔚县夏商时期考古的主要收获”，《考古与文物》，1984年，第1期。

二、夏家店下层文化青铜器的种类及特点

从目前出土的铜器看，夏家店下层文化青铜器主要有以下几个类型：装饰类有铜耳环、铜耳饰、铜指环、铜环、铜笄；工具类有铜刀、铜削、铜针；武器类有铜镞、铜戈；礼仪类有铜甗、铜鼎、铜杖首等。其他还有铜冒和铜镦（应为斧、钺柄的饰件）、铜钉等。

1. 装饰类

在装饰类铜器中，以铜耳环数量最多，有 30 多件。其中敖汉旗大甸子墓地出土 26 件，2 件残断，出自 16 座墓葬，全部都是青铜质①。据发掘报告介绍，出土耳环的墓葬为男性女性各一半，年龄最小的是 6～7 岁。佩带耳环的形式多样，有两耳各一环和各两环的，也有单耳一环或两环的。M453 墓主人两耳各有两环，并缀有松石串珠。

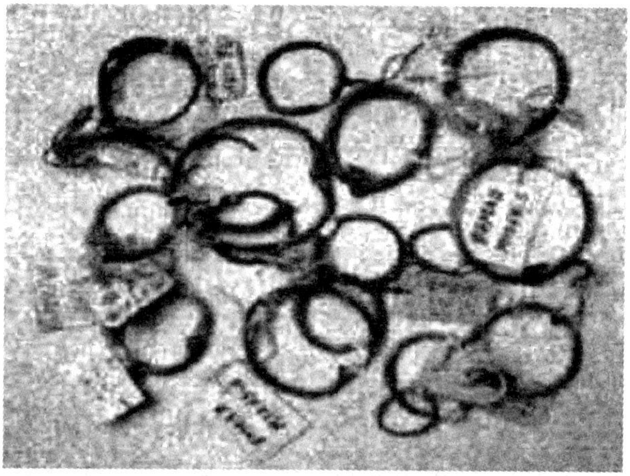

图6 大甸子墓出土铜耳环

依据形制铜耳环分为三种类型。

A 型为圆形，可分为两个亚型，即 Aa 型和 Ab 型。Aa 型共有 14 件，均出自大甸子墓地，大者直径 4 厘米，小者直径 3 厘米左右。横截面略呈圆形，直径都在 0.15～0.2 厘米之间。经过锉磨平整，都有一段铸就的宽扁处，在此处锉断开口，用以钳夹或穿透耳轮。Ab 型有 1 件，出自蔚县

① 中国社会科学院考古研究所：《大甸子——夏家店下层文化遗址与墓地发掘报告》，科学出版社，1996 年。

三关墓地 82YSGM2010 墓葬，形制为圆环形[①]。

B 型为不规则圆形，可分两个亚型，即 Ba 型和 Bb 型。Ba 型为原铸环折断改制，不呈圆形。共有 12 件，均出自大甸子墓地。只保留铸就宽扁的一端，另一端有未经修整的断茬，将两端围合相接。有 2 件绣蚀已碎。Bb 型为椭圆形，在河北易县下岳各庄遗址第一期遗存出土 1 件（H5：13），已残。横截面圆形，一端扁宽[②]。

"C"型环身细长呈"U"形，一端近似喇叭口状。此类耳环在辽宁阜新平顶山夏家店下层文化石城址出土 1 件（G104④:2），长 8.5 厘米，一端扁宽呈喇叭状[③]。天津蓟县张家园遗址第四层出土铜耳环 2 件，完整者 1 件，一端为喇叭口形[④]。河北唐山小官庄石棺墓出土 1 件。通长 1.9 厘米，底端宽 1.2 厘米，厚 0.8 厘米，径 0.2 厘米[⑤]。天津蓟县围坊遗址出土 1 件，一端近似喇叭口状，环身细长[⑥]。蔚县境内的遗址中也有"U"字形喇叭状铜耳饰出土[⑦]。铜指环共有 26 件。大甸子墓葬出土的数量最多、最集中，出自五座墓中，共有 25 件[⑧]。都是青铜质，铸成带状圆环。可分为三种类型：

A 型为单环，共有 22 件，3 件残，全部出自大甸子墓葬。由于环的横截面不同，可分为两个亚型：Aa 型有 10 件，横截面近半圆形，出自 M677 中。环宽 0.7 厘米，厚 0.2 厘米，环内径 1.9 厘米。Ab 型有 12 件，横截面呈矩形，环宽 0.4 厘米，厚 0.15 厘米，6 件内径 0.19 厘米，6 件内径 0.14 厘米。

B 型为双环铸在一起，有 3 件。形状如 Aa 型，两环连铸在一起，均出自大甸子墓葬。

---

① 张家口考古队："蔚县夏商时期考古的主要收获"，《考古与文物》，1984 年，第 1 期。

② 拒马河考古队："河北易县涞水古遗址试掘报告"，《考古学报》，1988 年，第 4 期。

③ 辽宁省文物考古研究所、吉林大学考古学系："辽宁阜新平顶山石城址发掘报告"，《考古》，1992 年，第 5 期。

④ 天津市文物管理处："天津蓟县张家园遗址试掘简报"，《文物资料丛刊》(1)，文物出版社，1977 年，第 12 月。

⑤ 安志敏："唐山石棺墓及其相关的遗物"，《考古学报》(第 7 册)，1954 年。

⑥ 天津市文物管理处考古队："天津蓟县围坊遗址发掘报告"，《考古》，1983 年，第 10 期。

⑦ 张家口考古队："蔚县夏商时期考古的主要收获"，《考古与文物》，1984 年，第 1 期。

⑧ 中国社会科学院考古研究所：《大甸子——夏家店下层文化遗址与墓地发掘报告》，科学出版社，1996 年。

A 型、B 型指环都出自大甸子成人墓葬中。出土时只有 M453 和 M677 未扰乱。M453 出土 Ab 型指环 3 件，套在右手一指上。M677 出土 Aa 型指环 10 件，套在双手五指上各 1 件，并在右手小手指上再加 1 枚 Ab 型指环。

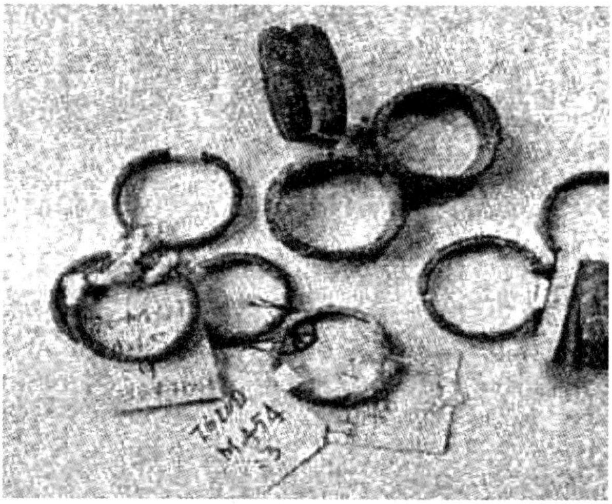

图7 大甸子墓出土铜指环

C 型有 1 件，为绕圈状，出自北京房山琉璃河夏家店下层文化墓葬①。

此外，装饰类青铜器中，还有唐山古冶遗址出土的铜环 1 件，形制为圆形②。在河北易县下岳各庄遗址第一期遗存出土铜笄 1 件，已残。横截面为六菱形，残长 7.8 厘米③。

2. 工具类

工具类铜器中，出土数量最多的是铜刀。在内蒙古通辽市库伦旗南泡子崖夏家店下层文化遗址征集青铜刀 1 把，通长 10.9 厘米，身宽 1.7 厘米，柄长 4.8 厘米。刃部残，弧背，柄端有孔④。辽宁北票市康家屯夏家店下层文化城址出土青铜刀 1 件，长 15.5 厘米，宽 2.3 厘米，连柄铸制。

---

① 北京市文物管理处等："北京琉璃河夏家店下层文化墓葬"，《考古》，1976 年，第 1 期。

② 河北省文物研究所："唐山古冶商代遗址"，《考古》，1984 年，第 9 期。

③ 拒马河考古队："河北易县涞水古遗址试掘报告"，《考古学报》，1988 年，第 4 期。

④ 郝维彬："内蒙古库伦旗南泡子崖夏家店下层文化遗址调查简报"，《北方文物》，1996 年，第 3 期。

刀尖残，弧刃，背部呈锯齿状[①]。天津蓟县围坊遗址出土铜刀2件，均残，分为二式。Ⅰ式1件（T4③：1），仅存刀身的前段。刀尖上翘，刀身断面呈锐三角形，长10厘米。Ⅱ式1件（T4③：2），躬背式刀，仅存刀身中段，长6.4厘米[②]。天津蓟县张家园遗址第四层出土铜刀1件，刀尖上翘，刀柄略残[③]。

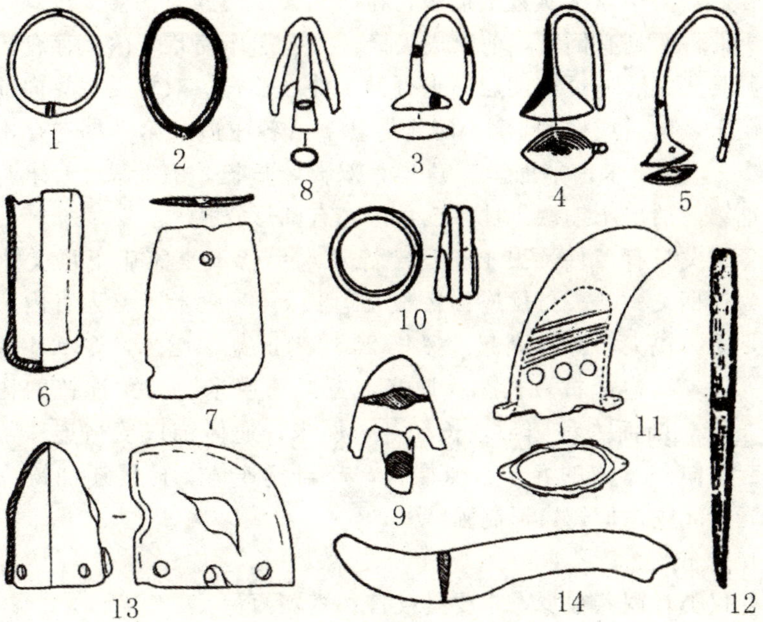

图8 夏家店下层文化出土青铜器

1.10. 指环（大甸子M453：9、琉璃河M2：2） 2～5. 耳环（蔚县三关M2010：2、蓟县张家园F4、唐山小官庄J：1、蓟县围坊T1③：7） 6. 镦（大甸子M715：15） 7. 穿孔垂饰（又称穿孔铜片。唐山大城山T10：②：335） 8.9. 镞（大厂大坨头、蓟县张家园T2④：1） 11. 杖首（大甸子M43：12） 12. 锥（宁城县小榆树林子） 13. 冒（大甸子M683：7） 14. 刀（蓟县张家园T2④：2）

---

① 辽宁省文物考古研究所："辽宁北票市康家屯城址发掘简报"，《考古》，2001年，第8期。

② 天津市文物管理处考古队："天津蓟县围坊遗址发掘报告"，《考古》，1983年，第10期。

③ 天津市文物管理处："天津蓟县张家园遗址试掘简报"，《文物资料丛刊》(1)，文物出版社，1977年，第12月。

此外，在唐山古冶遗址出土铜削1件，仅存柄部，残长7.2厘米，环首残缺①。内蒙古宁城县小榆树林子遗址出土铜器1件，发掘报告认为是刀，据其形制应为铜锥。通长6.7厘米，为扁平，长条形。一端两面出刃，一端尖细②。唐山古冶遗址出土铜针1件，长8.8厘米，针眼残断③。

3. 武器类

在武器类中，铜镞数量最多。在河北大厂回族自治县大坨头遗址出土铜镞1件，两侧有倒锋，前聚成尖锋，脊末端作筒状，内尚存腐朽木屑④。天津蓟县张家园遗址第四层出土铜镞1件，长脊，双翼。双翼向前聚成钝圆的镞末，向后成倒刺形⑤。河北易县下岳各庄遗址第一期遗存出土铜镞1件，长3.2厘米。平面呈三角形，双翼，短铤，有銎⑥。天津蓟县张家园遗址第三层出土铜镞1件，三角形，有圆形脊孔⑦。

青铜戈只有1件，出土于辽宁锦县水手营子夏家店下层文化晚期墓葬，为连柄戈。戈头与柲连体铸成，通长80.2厘米。戈为直内式，援部细长，薄刃锐尖，脊部隆起。援长20厘米，宽4厘米，厚0.6厘米。内为长方形，周边起框，长3.8厘米，宽3.2厘米。与戈连铸的柲，全长26.6厘米，断面为扁圆形，长径2.4厘米，通体饰以菱格连珠纹。柲首上耸起一向外弯曲的卷沟，似柲冒，却与戈连体。柲尾还加铸一扁球形首，光素无纹，似鐏，形制独特⑧。

4. 礼仪类

礼仪类青铜器很少，主要是杖首和容器两种。

---

① 河北省文物研究所："唐山古冶商代遗址"，《考古》，1984年，第9期。

② 内蒙古自治区文物工作队："内蒙宁城县小榆树林子遗址试掘简报"，《考古》，1965年，第12期；白云翔："中国的早期铜器与青铜器的起源"，《东南文化》，2002年，第7期。

③ 河北省文物研究所："唐山古冶商代遗址"，《考古》，1984年，第9期。

④ 天津市文化局考古发掘队："河北大厂回族自治县大坨头遗址试掘简报"，《考古》，1966年，第1期。

⑤ 天津市文物管理处："天津蓟县张家园遗址试掘简报"，《文物资料丛刊》(1)，文物出版社，1977年。

⑥ 拒马河考古队："河北易县涞水古遗址试掘报告"，《考古学报》，1988年，第4期。

⑦ 天津市文物管理处："天津蓟县张家园遗址试掘简报"，《文物资料丛刊》(1)，文物出版社，1977年。

⑧ 齐亚珍、刘素华："锦县水手营子早期青铜时代墓葬"，《辽海文物学刊》，1991年，第1期。

仪仗用具铜杖首 1 件，出自大甸子墓葬，位于人体两股之间。青铜质，形似羊角，通高 5.4 厘米。椭圆銎口，长径 2.7 厘米，短径 1.5 厘米。銎外缘有一匝凸棱，沿棱边上每面横排三个凸起的乳钉和四条平行的棱线①。

礼器容器主要是 1985 年 5 月在赤峰市翁牛特旗解放营子乡头牌子村敖包山前出土的三件大型青铜器，铜甗 1 件，铜鼎 2 件②。

铜甗 1 件，铜色呈暗红色，腹部和足部有黑色烟熏痕迹，无箅，裆部残。通高 66 厘米，口径 41 厘米，腹深 36 厘米，重 14 公斤。腹壁较薄，厚 0.5 厘米。口沿上有两方形耳，耳下部凸出于内壁上，耳高 14 厘米。壁外有三道平行的弦纹。足呈袋状，平底足，实心。在器体一侧，有呈不规则长方形的补铸痕迹，长 30 厘米，宽 19 厘米。其下有七处近椭圆形的小补铸痕，袋足上有四处补铸痕，裆下中间部分全为补铸，但仍留有残孔。

饕餮纹鼎 1 件，暗红铜色。通高 54 厘米，口径 38 厘米，两耳高 9 厘米。口沿外侈，器壁厚 0.5 厘米。直腿，在口沿下有一圈饕餮纹和云雷纹组成的纹饰，腿上有饕餮纹。

弦纹鼎 1 件，暗红色。通高 67 厘米，口径 37 厘米，壁厚 0.5 厘米，耳高 9.4 厘米，一耳脱落。在口沿下腹部上方和足上有三道凸起的弦纹。腿部也留有铸补的痕迹，方法与上述两器同。苏赫先生认为它们应是本地区出土的具有早商风格特点的铜器，是夏家店下层文化发展到一定阶段的产物。但多数学者认为这批铜器属于晚商风格，不是北方地区的器物，应是中原地区流入品③。

5. 其他类

铜镦 1 件，出自大甸子墓葬，用于 M715：15 斧柄末端。形制为长方筒形，通高 4.1 厘米。銎口长方形，长 2.4 厘米，宽 1.6 厘米。镦底凸起一道 0.4 厘米的凸棱④。

---

① 中国社会科学院考古研究所：《大甸子——夏家店下层文化遗址与墓地发掘报告》，科学出版社，1996 年。

② 苏赫："从昭盟发现的大型青铜器试论北方的早期青铜文明"，《内蒙古文物考古》(第二期)。

③ 田广林："关于夏家店下层文化燕北类型的年代及相关问题"，《内蒙古大学报》，2003 年，第 2 期。

④ 中国社会科学院考古研究所：《大甸子——夏家店下层文化遗址与墓地发掘报告》，科学出版社，1996 年。

铜冒2件，出自大甸子墓葬。形制为扁体、圆顶、空心、銎口椭圆型，用以套在斧柄顶端。两件形状、纹饰基本相同，大小不同。标本M715：15，通高3.9厘米，銎口长径4.2厘米，短径2.7厘米。两面都铸有凸起的“目”纹。标本M683：7，通高4厘米，銎口长径4.5厘米，短径2.9厘米。两面都铸有凸起的“目”纹。上有2枚穿入柄内的青铜钉①。

铜钉2件，钉为四棱锥形，半圆形钉冒。钉为合范铸成。钉的范缝在锥体相对的两面。锥形底面宽0.4厘米，高2.2厘米。另一钉已残尖，余长1.7厘米。

另外，在出土的铜器中，还有两件用途有争议的器物。唐山大城山遗址出土两件形状像小型石斧的穿孔铜片，很薄，表面不平整，锻造而成，后端有一小孔。有的称之为穿孔铜片②，而有的则认为是红铜刀③，还有的认为是穿孔垂饰④。

在夏家店下层文化遗址中，还有少量其他金属制品出土。比如，在内蒙古敖汉旗大甸子墓地出土有金耳环1件，铅杖首1件，铅质仿制贝1件⑤。河北香河县庆功台村夏家店下层文化墓葬出土有金臂钏1件（M1：19），形制为圆柱体，两端呈扇形，相对成环状⑥。在河北昌平雪山遗址出土金耳环2件⑦。

三、夏家店下层文化青铜器制作工艺技术

1. 铜器合金成分

目前，在夏家店下层文化遗址中出土的铜器还没有进行全面的检验，

① 中国社会科学院考古研究所：《大甸子——夏家店下层文化遗址与墓地发掘报告》，科学出版社，1996年。

② 河北省文物管理委员会：“河北唐山大城山遗址发掘报告”，《考古学报》，1959年，第3期；严文明：“论中国的铜石并用时代”，《史前考古论集》，科学出版社，1998年。

③ 安志敏：“中国早期铜器的几个问题”，《考古学报》，1981年，第3期。

④ 白云翔：“中国早期铜器的考古发现与研究”，《21世纪的中国考古学与世界考古学》，中国社会科学出版社，2002年；郑德坤：“中国青铜器的起源”，《文博》，1987年，第2期。

⑤ 中国社会科学院考古研究所：《大甸子——夏家店下层文化遗址与墓地发掘报告》，科学出版社，1996年。

⑥ 廊坊市文物管理所、香河县文物保管所：“河北香河县庆功台村夏家店下层文化墓葬”，《文物春秋》，1999年，第6期。

⑦ 北京大学历史系考古教研室商周组：《商周考古》，文物出版社，1979年。

集中检测的只有大甸子墓地的铜器。北京科技大学冶金与材料史研究所和中国社会科学院考古研究所对大甸子墓地出土的57件铜器中的41件进行了检测，结果显示所有被测铜器材质皆为青铜①。

北京钢铁学院的研究人员对小官庄遗址出土的铜耳环进行了扫描电镜能谱分析，结果表明，耳环含锡约为10%，属于锡青铜②。

清华大学化工分析组对唐山大城山出土的两个铜片进行了光谱定性分析，结果显示两件器物成分以铜为主，其中T10②：335有少量的银、铅、镁和微量的铁、砷等杂质，含铜率是99.33%；T10②：339有少量的银和微量的砷，含铜97.97%，另含锡为0.17%，属于红铜，而不是青铜③。从已检测的铜器看，夏家店下层文化铜器主要是青铜器，也有少量的红铜。

2. 铜器制作技术

夏家店下层文化铜器的制作技术主要分为铸造和锻造两种类型。

一是合范铸造。考古发掘出土的各类铸范是夏家店下层文化铜器铸造技术的见证。在赤峰四分地夏家店下层文化早期遗址的窖穴中发现泥质灰陶范1件，长3.4厘米，宽2.4厘米，厚0.7厘米，为合范的一扇。范体呈扁平椭圆形，顶端平齐，制有漏斗形浇口，中间有串珠状凹槽④。在唐山古冶商代遗址发现石范1件（采：16），为单扇，是斧范的一半。长8.6厘米，宽4.6厘米，厚1.8厘米。在半圆形的石块上挖出斧形凹槽，斧形为扁体，宽刃，銎端两侧有平行凸出的两条横棱，上面还残留许多青铜渣⑤。唐山雹神庙出土石范5件，有斧范1件，刀范2件，矛范2件。除刀范是对范，为完整的一对外，其余都只有对范的一半⑥。遗址中出土的各类铸范，不仅为研究铜器铸造工艺提供了宝贵的资料，而且可知当时青铜武器和工具已批量生产。同时，北京科技大学冶金与材料史研究所和中国社会科学院考古研究所等部门的学者对大甸子墓地出土的部分铜器进行检测后发现，11件指环包括Ab型和B型的都是铸造的，2件钉是铸造

---

① 李延祥等："大甸子墓地出土铜器初步研究"，《文物》，2003年，第7期。

② 北京钢铁学院冶金史组："中国早期铜器的初步研究"，《考古学报》，1981年，第3期。

③ 安志敏："中国早期铜器的几个问题"，《考古学报》，1981年，第3期。

④ 辽宁省博物馆等："内蒙古赤峰县四分地东山嘴遗址试掘简报"，《考古》，1983年，第5期。

⑤ 河北省文物研究所："唐山古冶商代遗址"，《考古》，1984年，第9期。

⑥ 安志敏："唐山石棺墓及其相关的遗物"，《考古学报》（第7册），1954年。

的。并且从部分铜器的外观上也可看出其制造工艺。铜杖首（M43：12），表面可见范缝位置。应是对合两块外范，一块范芯铸成。Aa 型指环及铜冒、墩等经观察可知都是铸造而成[①]。

二是锻造技术。分为冷锻和热锻两种。北京钢铁学院冶金史组对河北唐山大城山遗址出土的两件铜牌进行了检测，结果显示，其含铜量为99.33%～99.97%，系冷锻的红铜[②]。北京科技大学冶金与材料史研究所和中国社会科学院考古研究所等对大甸子墓地出土的部分铜器进行了金相鉴定，依据鉴定结果和肉眼的观察，认为 21 件耳环包括大、小及改制型的都经过热锻加工。尤其值得注意的是对使用不同工艺制造的铜器分别进行检测后发现，全部热锻铜器平均含锡 10.5%，全部铸造铜器含锡15.8%。锻、铸铜器含锡量的差别在数量较多的大小圆耳环和 Ab 型指环之间表现得更为突出。13 件耳环（大的 2 件，小的 11 件）平均含锡12%，8 件 Ab 型指环平均含锡 21%。由此可见，当时的工匠已经能够按锻、铸工艺的要求调配青铜的含锡量[③]。夏家店下层文化铜器的铸造技术和工艺已达到了一定的水平。

四、西辽河流域矿产资源及早期青铜冶炼遗物的发现与研究

夏家店下层文化出土的青铜器，从数量、种类及制造工艺技术等方面看，以地处西辽河流域的药王庙类型最具特色。依据地矿专家的研究，西辽河流域矿产资源丰富，有发展冶铜技术的铜、锡两大资源优势[④]。在大兴安岭南段西拉沐沦河以北至乌兰浩特洮儿河以南，面积约有 10 万平方千米，这一地区是我国北方重要的稀有合铜多金属成矿集中区，现已发现大型和超大型矿床 6 处，中型矿床 6 处，小型矿床 20 处，铜多金属矿点114 处。在该成矿区的南部，已划分出黄岗梁—浩布高锡多金属成矿带和敖尔盖—好来宝铜成矿带。其中，黄岗梁—浩布高锡多金属成矿带是长江

---

① 李延祥等："大甸子墓地出土铜器初步研究"，《文物》，2003 年，第 7 期。

② 北京钢铁学院冶金史组："中国早期铜器的初步研究"，《考古学报》，1981 年，第3 期；李先登："试论中国古代青铜器的起源"，《史学月刊》，1984 年，第 1 期。

③ 李延祥等："敖汉旗大甸子夏家店下层文化墓葬出土铜器初步研究"，《有色金属》，2002 年，第 4 期；李延祥等："大甸子墓地出土铜器初步研究"，《文物》，2003 年，第 7 期。

④ 李延祥、朱延平、贾海新、韩汝玢、宝文博、陈铁梅："辽西地区早期冶铜技术"，《广西民族学院学报》，2004 年，第 2 期。

以北已知的最大锡矿带，地质学上称之为锡的"燕辽成矿带"。锡钨矿集中分布在西南部的黄岗梁—林西地区和东北部的浩布高—敖瑙达巴地区，前者为锡铁、锡铜银共生矿床，后者为锡铅锌等共生矿床。在赤峰东部的敖汉旗、南部喀喇沁旗及邻近的河北平泉、辽宁凌源、喀左县、建平等地也有储量丰富的铜矿点。这些矿藏为本地区早期青铜文化的发展提供了资源保障。

从目前的考古资料看，在西辽河流域发现较早的铜器冶炼的遗物是西台遗址出土的红山文化陶质合范，均呈长方形，一件长 3.6 厘米，另一件长 2.5 厘米，当用于铸造钩形饰件，这为探索该地区铜器铸造技术的起源及红山文化铸铜技术提供了宝贵的资料①。

在辽宁建平牛河梁遗址还发现了炼铜炉壁残片。北京科技大学冶金与材料史研究所对牛河梁出土的炉壁残片进行取样检测，获得了重要的学术成果②。首先，确定了牛河梁铜炉壁残片的年代。牛河梁铜炉壁残片曾被认为是红山文化遗存。通过对炉壁残片、红山文化陶片和女神庙红烧土进行热释光年代测定，结果表明，红山文化陶片及红烧土年代为 3900±557～4930±650aB. P.，炉壁残片的年代为 3000±502～3500±574aB. P.，比红山文化陶片及红烧土年代晚约 1000 多年，属于夏家店下层文化年代范围。其次，明确了炉渣的成分及矿源。通过对炉壁和炉渣的扫描电镜无标样定量分析结果显示，炉渣高镁低铝，并含有一定数量的钙、铁，表明炉渣应是由冶炼过程产生的。并且在炉渣中还发现呈繁星状分布，粒度不一的铜颗粒，分析显示其成分为纯铜。炉渣中的镁来源牛河梁附近的矿石。但其具体来源需进一步的考古发掘和调查确定。第三，根据对炉壁残片的测量，复原了炼炉上部结构。炼炉上部炉壁内径 18～20 厘米，外径 21～24 厘米，壁厚 1.5～3 厘米。炉壁小孔应是鼓风孔，内径 3.4～4 厘米。当炉壁垂直时，孔向下倾斜约 35°。孔分上下两排交错排列，两排孔中心间距为 8 厘米。上排两相邻孔中心距为 12 厘米。如按炉壁外径平均值 23 厘米计算，每排应有鼓风孔 6 个，每个炼炉有两排共 12 个鼓风孔。由于没有发现反映底部结构的残片，炼炉全貌难以恢复。炉壁上两排鼓风孔，上

① 刘国祥："西辽河流域新石器时代至早期青铜时代考古学文化概论"，《辽宁师范大学学报》，2006 年，第 1 期。

② 李延祥等："辽西地区早期冶铜技术"，《广西民族学院学报》，2004 年，第 2 期；李延祥、韩淑玢等："牛河梁冶铜炉壁残片研究"，《文物》，1999 年，第 12 期。

下交错，可使鼓入气流分布均匀，利于木炭的燃烧，提高炉温。由此可推断，当时使用的鼓风方式应是用人力以吹管鼓风。人力鼓风达到的冶炼温度最高约为1200℃。在此温度下，液态炉渣虽已形成，但黏度较大，气泡较多，且某些高熔点矿物没有融化，还原出的铜液滴未能完全沉降到炼炉底部而残留在炉渣中，使炉渣含铜升高。冶炼产生的铜液沉降到炼炉的底部，冶炼结束后，须将炼炉下部打破取铜。因此，炼炉为一次性使用，消耗量大，且下部结构破坏待尽，很难找到足够的残片来复原炼炉下部结构。

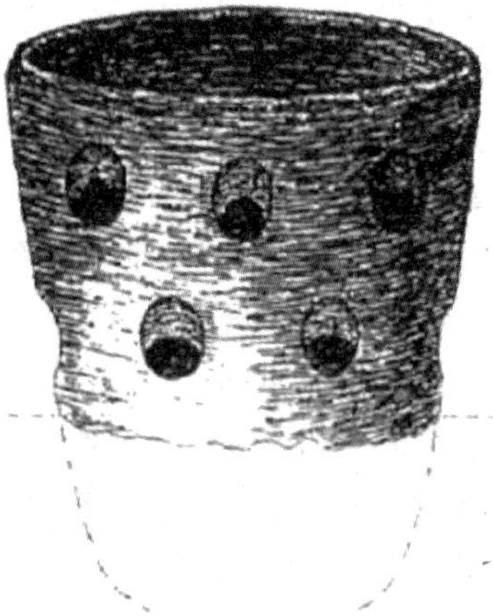

图9 坩埚炉上部结构复原示意图

牛河梁冶铜炉残壁是目前中国发现年代最早的冶铜遗物之一，不仅对探索中国冶金技术的起源有重要意义，而且也反映出西辽河流域青铜时代早期炼铜技术发展到一定水平。

总之，从目前出土的铜器看，夏家店下层文化铜器群由小型装饰品、小型工具、小型兵器以及杖首等仪仗用品组成，其中数量最多、最具有特色的是装饰品，其次是武器和工具，少见大型兵器和礼乐容器。铜器的材质以青铜为主，还有少量的红铜存在。制造工艺为铸造和锻造，冶铸技术均达到了一定水准。

五、从出土青铜器看夏家店下层文化与周边文化的关系

中国早期青铜文化遗址集中分布在北方地区，它们在地理上接近，各文化之间存在着文化交流。仅从出土的青铜器就可以看到，夏家店下层文化与北方系青铜文化之间的关系十分密切。比如环首铜刀不仅在夏家店下

层文化遗址中出土，还见于四坝文化[①]和朱开沟文化[②]带銎镞，在夏家店下层文化和四坝文化中都有发现。多环型指环分别见于四坝文化和夏家店下层文化。夏家店下层文化椭圆形耳环和朱开沟文化、四坝文化同类型的耳环形制和结构大致相同；夏家店下层文化出土的喇叭状的青铜耳环，在四坝文化、朱开沟文化及高台山文化都有发现[③]。

夏家店下层文化与中原二里头文化的关系密切。环首刀应是北方系青铜文化的典型器之一，夏家店下层文化、四坝文化和朱开沟文化都有出土，同类器物在中原二里头遗址Ⅲ区 M2 也出土 1 件，通长 26.2 厘米[④]。并且，在二里头文化东下冯出土的铜刀（T1022④：19）和天津蓟县围坊遗址出土铜刀Ⅰ式（T4③：1）形制相似，都存刀身的前段，刀尖上翘，刀身断面呈锐三角形。同时，夏家店下层文化出土的双翼铜镞不仅见于中原的二里头文化，在山东半岛的岳石文化中也有关系，成为双方文化交流的见证[⑤]。这都是北方文化影响中原文化的表现。而锦县水手营子墓葬出土的连柄戈则是中原系铜戈影响下的产物。水手营子连柄戈应属于二里头文化时代，和二里头三期的铜戈大体相当[⑥]。

此外，林沄先生认为，中国北方地区青铜文化还受到来自欧亚大陆草原地带文化影响，最具代表性的是夏家店下层文化的喇叭口形耳环，其形制与分布在叶尼塞河以西的安德罗诺沃文化的铜耳环十分相似。中国北方地区的喇叭口耳环或鬓环，应源自西方的安德罗诺沃文化[⑦]。

总之，夏家店下层文化出土的青铜器不仅有其自身的发展特点，而且与同期周边的考古学文化之间关系密切，是中国早期青铜文化的重要组成部分。

---

① 李水城、水涛："四坝文化青铜器研究"，《文物》，2000 年，第 3 期。

② 内蒙古自治区文物考古研究所、鄂尔多斯博物馆：《朱开沟——青铜时代早期遗址发掘报告》，文物出版社，2000 年 5 月。

③ 朱永刚："论高台山文化及其与辽西青铜文化的关系"，《中国考古学会第八次年会论文集》（1991 年），文物出版社，1996 年。

④ 中国社会科学院考古研究所二里头队："1980 年河南偃师二里头遗址发掘简报"，《考古》，1983 年，第 3 期。

⑤ 严文明："论中国的铜石并用时代"，《史前考古论集》，科学出版社，1998 年。

⑥ 林沄："夏代的中国北方系青铜器"，《边疆考古研究》（第一辑），科学出版社，2002 年。

⑦ 同上。

第三节　夏家店下层文化彩绘陶器

一、夏家店下层文化彩绘陶器的考古发现

彩绘陶器是夏家店下层文化遗址中出土的重要遗物之一。这些彩陶在居住址中出土的较少，主要是出自墓葬中。从使用功能看，应是随葬的冥器，而非生活用器。

目前在夏家店下层文化考古发掘出土彩绘陶器有赤峰蜘蛛山遗址发现14件彩绘陶器的残片，为泥质黑陶烧成后，再绘以硃红和白色，饰于陶樽、陶鬲、陶豆、陶罐的器表。可辨认的有动物形象的花纹①。在内蒙古赤峰市松山区四分地东山嘴遗址发现彩绘陶片2件②。辽宁北票丰下遗址第二、第三层出土陶器残片20多件。为磨光泥制黑陶，可辨认出器形的有折腹陶盆和陶鬲。系烧好后施彩于外壁、内口沿。色彩以朱色、白色为主，兼或用黄色，多为用折线和曲线勾连组成的云雷纹。其中F12出土的一件彩绘折腹盆残器口径25.5厘米，残高13厘米。内口沿绘朱白二色相间卷云纹带，腹部图案分上下两层，每层以白彩为界分作连续单元，每单元内填朱彩③。在河北香河县庆功台村夏家店下层文化墓葬出土陶质随葬品10件，修复陶器8件，还有不能复原的陶器残片。器形有折腹盆、折肩鬲、折肩罐、三足罐等。多数折腹盆的沿面和鬲、罐的肩部上有残留的红色彩绘痕迹④。平谷县刘家河村夏家店下层文化墓葬出土随葬陶器21件，主要有折肩罐，其次是折腹盆。在罐的肩部多遗有朱红三角或“人”

---

① 中国社会科学院考古研究所内蒙古工作队：“赤峰蜘蛛山遗址的发掘”，《考古学报》，1979年，第2期。

② 辽宁省博物馆、昭乌达盟文物工作站、赤峰县文化馆：“内蒙古赤峰县四分地东山嘴遗址试掘简报”，《考古》，1983年，第5期。

③ 辽宁省文物干部培训班：“辽宁北票丰下遗址1972年春发掘简报”，《考古》，1976年，第3期。

④ 廊坊市文物管理所、香河县文物保管所：“河北香河县庆功台村夏家店下层文化墓葬”，《文物春秋》，1999年，第6期。

字纹等彩绘纹饰[①]。在通辽市库伦旗和奈曼旗调查发现三处墓地，其中两处有彩绘陶器。在河北省张家口蔚县三关村发掘的夏家店下层文化墓葬出土有数件彩绘陶器[②]。内蒙古敖汉旗范杖子夏家店下层文化墓葬数量较多，有88座。在墓中出土了一些陶器，其中有彩绘陶器。发掘者根据墓地的墓向、形制及出土随葬品的特点，将该墓地分为A、B、C三区。A区发掘墓葬41座，随葬品有陶器60多件，彩绘陶器1件。B区发掘墓葬19座，凡是殉有猪、狗的墓葬都出土有彩陶，器形有陶罐和陶鬲两种。M25出土彩绘带盖陶罐1件（M25：2），通高18.9厘米，口径7.5厘米。盖呈蕈形，陶罐为小口微侈，直领，鼓腹，喇叭形圈足。通体着红、白彩，线条流畅，图案形状似丰羽，圈足用红白二色上下交替绘五层三角纹。C区发掘墓葬29座，出土彩绘陶器有陶罐、陶鼎、陶豆等。其中M79彩绘陶罐1件（M79：1），通高16.4厘米，口径10.8厘米，底径9.3厘米。器形为敞口圆唇，束腰，鼓腹内收。最大径接近肩部，假圈足略呈喇叭状，底微凹，口沿至下腹绘彩，为红白两色相套的回折图案[③]。在夏家店下层文化遗址中出土彩绘陶器数量最多、最具有代表性的是内蒙古敖汉旗大甸子墓地。该遗址发掘墓葬804座，随葬陶器的墓有640座，占墓葬总数的80%。各类陶制器皿总计有1583件。器类有陶鬲、陶鬶、陶盉、陶爵、陶鼎、陶罐、陶樽、陶壶、小陶罐、陶盂、陶钵、陶簋、陶豆等，其中陶鬲、陶罐数量最多，是最普遍的随葬器类。从制作和装饰看，均是以随葬为目的的冥器。其中彩绘陶器共有420件，分别出自223座墓中。清晰无损能辨别出花纹的有334件，其余的颜色脱落严重，只残留部分痕迹。彩陶器类有陶鬲、陶罐、陶鼎、陶壶、陶樽、陶簋等。随葬陶器数量多的墓葬大都有彩陶，出土彩陶最多的达10件[④]。由此可见，彩陶作为随葬礼器在夏家店下层文化中是一个普遍现象。

此外，在年代与夏家店下层文化略相当的北方地区若干不同的考古学

---

① 北京市文物考古研究所："十年来北京考古的新成果"，《文物考古工作十年》（1979～1989年），文物出版社，1991年。

② 刘观民、徐光冀："夏家店下层文化彩绘纹式"，《庆祝苏秉琦考古五十五年论文集》，文物出版社。1989年。

③ 内蒙古文物工作队："敖汉旗范杖子古墓群发掘简报"，《内蒙古文物考古》，第3期。

④ 中国社会科学院考古研究所：《大甸子——夏家店下层文化遗址与墓地发掘报告》，科学出版社，1996年。

文化中也有彩绘陶器出现[①]。辽宁旅大单砣子发现有彩绘陶豆、河南陕县七里铺发现彩绘的云纹陶片、陕西长安县客省庄二期文化堆积有彩绘陶片、山西襄汾陶寺墓地有保存完好的二方连续图案及动物形象的纹饰，在山东和二里头遗址也有彩绘陶器出土。

二、大甸子墓地出土彩陶纹饰特点

在夏家店下层文化遗址中，大甸子墓地出土彩陶具有典型性，我们以此为例，依据《大甸子——夏家店下层文化遗址与墓地发掘报告》[②]，对夏家店下层文化彩陶纹饰的特点进行简要分析。

1. 绘制彩陶纹饰使用的颜料和工具

从出土彩陶看，陶器的底色是灰黑色，其上绘有红、白两色花纹。经鉴定红色是 HgS，白色为 $CaCO_3$。器物上的橙黄色是红白两色颜料混合所致。因未对全部的彩陶逐件进行鉴定，颜料是否完全一致，还不能确定。但全部使用矿物质是毫无疑问的。据陶器上的彩绘笔道和颜色浓淡的变化判断，当时使用的绘制工具应是毛笔。

2. 彩绘纹饰的布局

大甸子墓地出土彩陶种类多，形态各异，但纹饰的布局是有一定规律可循的。彩绘图案的位置主要在陶器的腹间，凡是结构复杂、图案单元大的纹饰都集中在这里，它们构成陶器上的主体纹饰。而在陶器的唇沿、颈、足或器盖等部位则绘制较小的单元和简单的纹饰，作为主体纹饰的填充或辅助。

3. 绘画的方式

在陶器表面沿一个方向或分别向两个方向连续延展，画面展开后是一条带型图案。

4. 构成纹饰的基本要素

彩绘图案由横竖直线及大小不同的“C”形、“S”形、“T”形曲线构成。笔者认为“C”形曲线应是勾云纹，这也是中国古代青铜器和玉器上的主要纹饰之一。

---

① 刘观民、徐光冀：“夏家店下层文化彩绘纹式”，《庆祝苏秉琦考古五十五年论文集》，文物出版社，1989 年。

② 中国社会科学院考古研究所：《大甸子——夏家店下层文化遗址与墓地发掘报告》，科学出版社，1996 年。

5. 彩绘纹饰的分类

大甸子墓彩陶纹饰十分丰富，从 334 件彩陶画面上已辨出 171 种样式。依据纹饰在器物上的位置和图案结构内容，发掘报告将纹饰分为两类：A 类是中心纹饰，主要在陶器的腹间，结构复杂。图案单元大的纹饰都集中在这里，它们构成陶器上的主体纹饰。B 类是辅助纹饰，属于边缘画面。在陶器的唇沿、颈、足或器盖等部位，是主体纹饰的补充。

在 A、B 两类中又分为两小类：a 是专用的特殊单元，b 是二方或四方连续单元（图 10）。其中，Aa 为有特殊寓意，体现不同主题的单元，主要是形似兽面或徽帜的图案；Ab 是二方或四方连续图案。Ba 是在鼎足、器盖、器纽及其他不规则的画面空隙所绘适形单元；Bb 是位于边缘的画面，或用于分割主要画面的狭窄纹带中的二方连续图案单元。

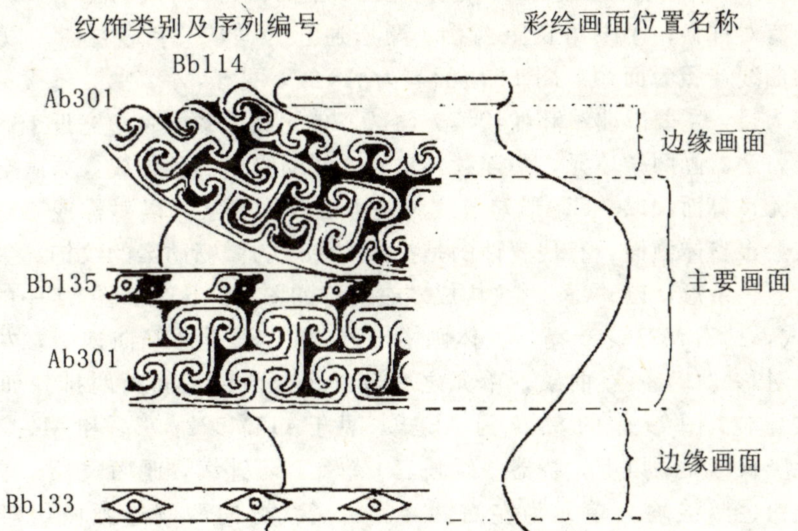

图10 画面位置和纹饰分布示意图

6. 典型彩绘纹饰举例

因大甸子墓地出土彩陶纹饰种类多，在此仅介绍具有代表性的兽面纹、“C”形纹即勾云纹、“T”字形卷曲纹等，其他纹饰见本节“夏家店下层文化彩绘陶器纹饰内涵”部分。

A. 兽面纹

兽面纹似饕餮纹，可分为有目纹和无目纹两种类型。

有目兽面纹有20多种，多数是左右构成一幅没有下颌的兽面。比如，图11中的1为Aa式，见于M371：10罐，用白色画兽面主体图案，红色填底，画于罐肩，一匝有三个单元，不连续，中间隔以Ab115图案，这是唯一一件画有下颌的兽面纹饰。图11中的2为Aa式，见于M317：2罐的腹部，白色已脱落，红色底纹残存，可知此图有对称的眉目，似无下颌，一匝三个单元，不连续，因白色大都脱落，且只有一件，很难复原。图11中的3为Aa式，见于M317：10罐腹的一侧，单元竖长，“C”形卷曲线构图，左右两半对称，但不均衡，左侧一半较宽大。图11中的4为Aa式，见于M761：1鬲，单元高尽器颈以下，绕器一匝画三个单元，不连续，鬲足跗面中分线为单元中线，单元分界在鬲裆，左右两半有对称目，以“T”形卷曲线连缀为额颊。图11中的5为Aa式，见于M751：3鬲，有对称目，小眼角长至鬲裆，两眉通连为“V”字形卷曲，以“T”形卷曲线连缀为面颊。图11中的6为Aa式，见于M827：2罐腹部，以圆圈为目，主要以曲线和蛇纹填充面部。单元高尽罐肩腹，宽近于罐腹周之半，全器画两个单元，不连续，单元之间间隔以白色细线，添满空隙。

无目兽面纹以“C”形勾云纹为基本的纹饰要素，以对称或不对称的形式绘出整体画面，有代表性的是报告上称之为徽帜图案的纹饰。主体画面为竖长条形，以“C”形纹构成左右对称的图案。比如，图11中的7为Aa式，见于M316：1鬲，主体画中部以“T”形卷曲竖向连缀，左右两侧有对称“C”形卷曲纹，单元之间以红、白两色相间画两排并列“C”形纹。本文图11中的8、9为Ab式，见于117M522：6鬲和M4：1罐，单元竖长尽器颈以下，绕器一匝画三个单元，不连续，画面竖长，单元中线画白色竖线均分单元为左右两半。由竖线分向两侧连画两组对称的“C”形卷曲纹。竖线下端至裆歧分“人”字，各与“C”形卷曲纹相连。图11中的10、11为Ab式，见于M663：1鬲和M726：17鬲，画面竖长，单元中线画白色竖线一条为骨，上端似鸟展翅飞翔状，左右两侧对称画有“S”形卷曲纹三组，各与竖线相连接。

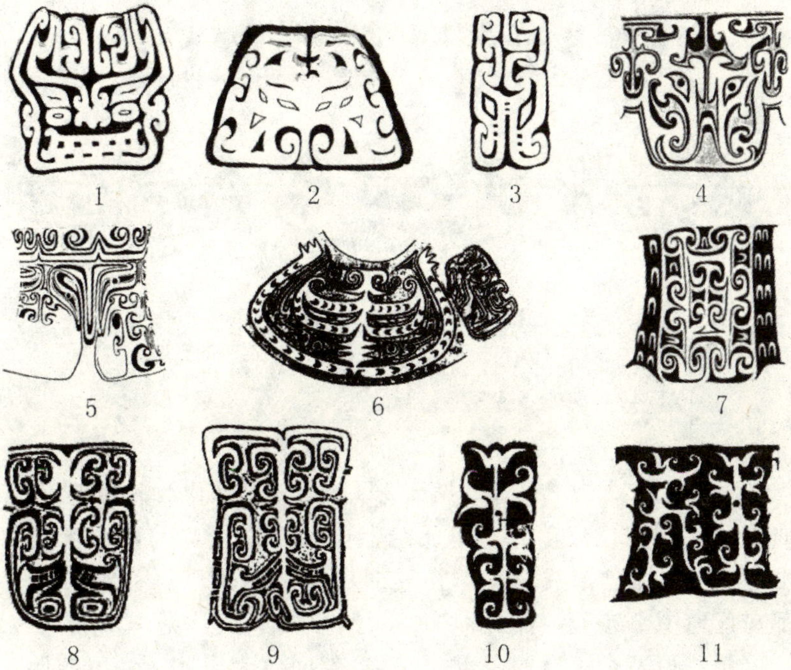

图11 彩绘兽面纹

1.Aa式M371：10罐 2.Aa式M317：2罐 3.Aa式M317：10罐 4.Aa式M761：1鬲 5.Aa式M751：3鬲 6.Aa式M827：2罐 7.Aa式：M316：1鬲 8.Ab式M522：6鬲 9.Ab式M4：1罐 10.Ab式M663：1鬲 11.Ab式M726：17鬲

B. “C”形纹

“C”形纹（勾云纹）不仅是大甸子墓地出土彩陶陶器纹饰中是最常见的纹饰要素，而且也是中国古代特有的纹饰，属于青铜器和玉器上的主要纹饰之一。“C”形纹在大甸子墓出土的彩陶中，见于A类中心纹饰（图11中的7、8、9和图12）和B类辅助纹，并且出现多种变体（图13的1～5）。在器物纹饰的主体画面或辅助画面中，卷曲的“C”形作为基本的纹饰要素，以二方或四方作为连续图案单元的形式出现，图案布局严谨，和谐有序。

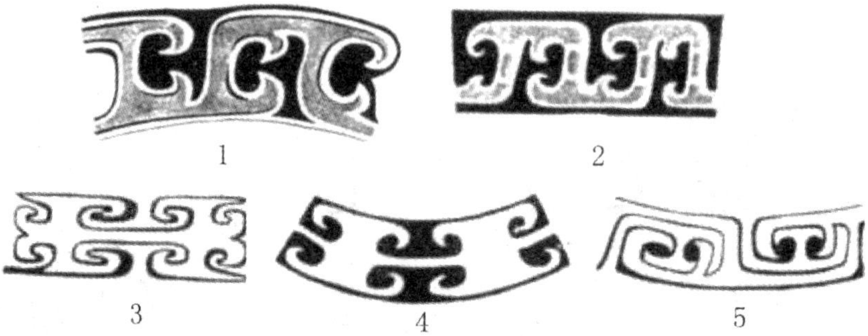

图12 Ab式彩绘纹饰

1.M419：5鬲 2.M713：7罐 3.M771：2簋
4.M741：3罐 5.M373：3罐

图 12 中的 1、2 为 Ab 式，见于 M419：5 鬲和 M713：7 罐，以“C”形卷曲纹反复颠倒连成单元，单元绕器壁。以白线双勾，内填红色者为多，惟 M728 为红色细线双勾，在卷曲尖端填白色。这种纹饰见于 5 座墓，都在墓地中部东侧。图 12 中的 3、4 为 Ab 式，见于 M771：2 簋和 M741：3 罐。以两个相对的白色“C”形卷曲纹为单元，头尾颠倒，中间以白色一笔相连。此图也是 M854：2 罐上的简式图案。图 12 中的 5 为 Ab 式，见于 M373：3 罐。为并列白色“C”形卷曲纹，以折线颠倒相连呈二方连续的纹带。此图在 M373：3 罐为边缘画面，而在 M39 罐和 M830 罐用于主要画面。在彩绘 Bb 式中，“C”形纹饰种类也十分丰富，以单勾云或双勾云为一组，有弧线和折线（似雷纹）的造型。弧线形单勾云纹，如图 13 中的 1 为 Bb 式，见于 M522：6 鬲，两条白线之间横画白色“C”形卷曲纹，卷曲背向上的与向下的相间并列呈纹带，填红底。见于鬲口沿或罐的颈，出土自 3 座墓葬，都在墓地的东南部。图 13 中的 2 为 Bb 式，见于 M901：1 鬲，横画白色“C”形卷曲纹，卷曲背向一边，呈一横线，卷曲横向连续呈纹带，填红底。见于墓地北端相邻的七座墓葬中，都画在鬲或罐的颈间。图 13 中的 3 为 Bb 式，见于 M452：2 罐，横画白线一匝，由白线向下画“T”形卷曲并列一匝，填红底。见于墓地的东南部四座墓。一在罐颈，余在罐腹下一匝。折线“C”形纹，如图 13 中的 4 为 Bb 式，见于 M867：4 罐，单元以上下相对的“C”形错间相对，外缘转角处平直方折。图 13 中的 5 为 Bb 式，见于 M1261：1 鬲，位于鬲

口沿上。纹带中间横画白色平行线两条，分别在两条线外侧画成对的方折“C”形卷曲，填红底。

图13 Bb式彩绘纹饰

1.M522：6鬲 2.M901：1鬲 3.M452：2罐 4.M867：4罐 5.M1261：1鬲 6.M732：3：鬲 7.M732：2鬲

C. “T”字形纹

“T”字形图案在彩陶中出现的比较少，但它属于一种独特的纹样。比如图 13 中的 6 为 Ab 式见于 M732：3 鬲，自器颈一匝白线往下画方折“T”字形卷曲纹一匝。似并列倒悬的“山”字，卷曲两角一钝一锐。在并列的“T”字形卷曲空隙，随其宽窄加方折的“C”形卷曲或短直线。往下再画一匝并悬“T”字形卷曲的横线与上一匝“T”字形卷曲的竖笔相连。结构呈直角折线，画满全器。紧贴白纹描红边一匝，其余透陶器底色，不填红底。此类图案见于两座墓葬，在墓地的东侧。图 13 中的 7 为 Ab 式，见于 M732：2 鬲，自器颈一匝白线往下画方折“T”字形卷曲，自“T”形卷曲竖线一侧旁出横线，与另一匝“T”形卷曲竖线相连。呈直角折线结构，笔道细瘦，“T”形卷曲的横头上下交错。紧贴白纹描红边一匝，贴红线，再用细白线画一匝方格窄边。此外不另填底色。见于两座墓葬，位于墓地中间同一茔区。

其他类纹饰在大甸子报告中已有详细介绍，此不赘述。

三、夏家店下层文化彩绘陶器纹饰内涵

对夏家店下层文化彩绘陶器纹饰进行系统研究的有陆思贤的“夏家店下层文化彩绘陶器纹饰研究”一文①。作者认为，夏家店下层文化彩绘陶器纹饰内涵丰富，可分为以植物为题材的图案，如禾苗、花、果实、树木等；有中国传统的龙凤图案、神人兽面图案；还有体现当时时代特点的巫文化图案等。

草木禾稻是人类生存需要的基本食物，原始的采集及农业生产，为人类提供了基本的生存保障。因此，这些植物成为人们崇拜的对象和艺术创作的题材。大甸子墓地出土的彩陶中就有以此为素材的纹饰。

比如 Aa 式，见于 M452：1 鬲“主纹为白色的‘C’形卷曲纹，连缀两竖行，似书写的两个‘禾’字”。这应是变体的艺术化的禾苗纹（图 14 中的 1）。

Ba 式见于 M610：6 罐，图案如初生的禾苗，呈“众”字形（图 14 中的 2），象征草木生长旺盛。Ab 式见于 M663：1 鬲，像生命之花、生命之树。画面中央画白色一条为骨，上端有一花头，左右两册对称画“S”形卷曲纹三组，为枝叶（图 11 中的 10）。此图案与 Ab 式 M726：17 的右半部完全一致（图 11 中的 11）。夏家店下层文化社会经济以农业为主，这些图案应是农神崇拜的反映。

龙凤崇拜是西辽河流域原始宗教的重要内容，在大甸子彩陶纹饰中也继承了这一传统。彩陶上的龙凤图案主要有 Ab 式，见于 M387：3 鼎，为二方连续纹带，无上下边框，连续横画“S”形卷曲纹，内填红色，外留陶器底色。图似一条条首尾相接的龙，有头、身、尾，如行龙、卷龙（图 14 中的 3）。

大甸子报告中的彩版五之 4，见于 M383：1 鬲，“整个边框如方形旗帜，边框两角画成‘T’形卷曲，形似旗旒”（图 14 中的 4）。旗帜里面用

---

① 陆思贤：“夏家店下层文化彩绘陶器纹饰研究”，《内蒙古文物考古》，2002 年，第 1 期。

三种色彩互为衬托，以红色衬托白色的龙，绕四面一周，龙的头尾相接，龙身围绕一个艺术化、图案化的“巫”。

图14 彩陶纹饰图案

1.M452：1鬲 2.M663：1鬲 3.M387：3鼎 4.M383：1鬲
5.M828：3罐 6.M726：14鼎 7.M723：1鬲 8.M603：2鬲

Aa式图案，见于M828：3罐，“单元为左右两半对称的动物面目，一半似侧视鸟形，画圆目羽冠，有喙，身下为‘C’形卷曲纹，象趾拳。”（图14中的5）如将此图案倒过来观看，上部则为头戴的羽冠，下部酷似猪首，弯眉圆目，鼻梁为三叉垂脊状，嘴部分向前凸。这应是对本地区猪灵崇拜的继承。

Aa式图案，见于M723：1鬲，图案呈条形，是一只白彩的凤鸟，身裹一个陶文“帝”字（图14中的6）。凤鸟是从玄鸟即燕子演变而来的。从考古资料看，小河沿文化和夏家店下层文化是先商文化，夏家店下层文化彩陶上的凤鸟纹也是一个佐证。

此外，在夏家店下层文化彩陶纹饰中还有原始巫文化的内容。陆思贤先生认为原始的巫文化概括了先民们所拥有的一切知识和文化。巫数符号最简单的是一个竖道，表示天地四方、上下六合。进而演变为“十”字纹，而在甲骨文中则为四出十字，四个顶端各加一道短横。夏家店下层文化彩陶纹饰，如Ba式见于M726：14鼎，位于鼎盖上，以白色画小圆圈为中心，向四方各画一个“T”形卷曲纹，填红底，是一个“巫”字图案（图14中的7）。Aa式见于M603：2鬲，图中右上角“亚”形方框的简化单线就是甲骨文中的巫字（图14中的8）。此外，在大甸子报告中有50多个此类的图案。

兽面纹（又称饕餮纹）图案以Ab式117M522：6和M4：1（图11中的8、9）为代表。它们与二里头遗址出土的绿松石镶嵌兽面纹牌饰的图案极其相似（图15中的1、2）。

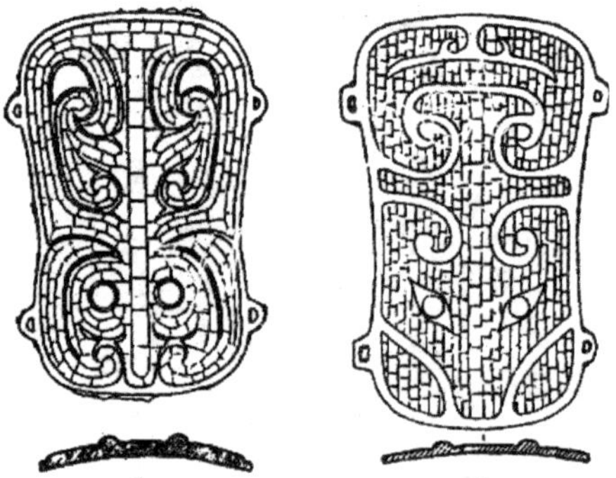

1　　2

图15 二里头遗址出土的绿松石镶嵌兽面纹牌饰

1.M4：5 2.M11：7

夏家店下层文化彩陶纹饰内涵及其丰富，既是当时社会经济生活的缩影，也是本地区原始植崇拜和巫文化的反映。

四、彩陶与墓葬的关系

大甸子墓地出土的彩绘陶器作为随葬品，与墓主人的身份地位有密切的关系[①]。

从彩陶出土的状况看，出土彩陶的数量与墓圹的大小和随葬陶器的多

---

① 刘观民、徐光冀：“夏家店下层文化彩绘纹式”，《庆祝苏秉琦考古五十五年论文集》，文物出版社。1989年。

少有关。例如，墓圹长在2.2米以上的随葬有陶器的墓葬，都有彩绘陶器出土。墓圹长在2.2～1.7米之间出土陶器的墓中，约五分之一有彩绘陶器。而墓圹长在1.7米以下的有少数出土彩陶。

在随葬彩陶的墓葬之间也存在差别。比如，在葬陶鬶、陶爵的，或随葬有三组陶鬲、陶罐的墓中，都有彩绘陶器；随葬五件陶器的墓中，有彩绘的约占80%；随葬四件陶器的墓葬中，有彩陶的占60%以上；随葬三件陶器的墓葬，有彩绘的占40%以上；随葬两件陶器的墓葬有彩陶的仅占20%以上。

同时，高规格的彩陶均出自特定的墓区①。大甸子出土兽面纹全部或部分"有目"图案的墓葬共37座，都是大型或较大型墓葬，在整个墓地的分布与出陶鬶、陶爵的墓相一致，以北区最多，大墓32座，中区次之，南区不见。

由此可见，在墓圹规模大、随葬陶器数量多的墓葬中彩陶出现的频率高，在随葬陶器数量多寡不同的墓葬中出现的等级差别，说明当时已存在明显的社会分化。彩绘陶器作为一种冥器，成为丧葬礼仪中的一种礼遇。

综上所述，夏家店下层文化彩绘陶器虽为随葬的礼器，但其内涵十分丰富，不仅具有艺术审美价值，而且对研究当时宗教信仰、葬俗及社会生活都提供了宝贵资料。

第四节　夏家店下层文化玉器

一、夏家店下层文化玉器的考古发现

夏家店下层文化出土玉器的遗址不多，在出土的玉石制品中，多数为绿松石和玛瑙质，软玉的数量相对较少。目前通过考古发掘和调查出土玉石器的遗址主要有以下几个。

敖汉旗范杖子夏家店下层文化墓葬A区出土绿松石串珠，B区M25出土绿松石串珠3件，均出于耳部。其中M25：12呈圆柱形，中间略凸，

① 郭大顺："大甸子墓地初析"，《古代文明》(2)，文物出版社，2003年。

横截面圆心穿孔，长 1.2 厘米。C 区出土有玛瑙环[①]。

辽宁北票丰下遗址出土玉牌 1 件，深绿色，顶部穿单孔，正面两侧刻凹槽。玛瑙珠 6 件，扁圆形，两面穿孔。绿松石珠 10 件，M1 出土 8 件，扁长形，一面穿孔[②]。

在内蒙古通辽市库伦旗南泡子崖夏家店下层文化遗址调查征集玛瑙玦 3 件，白色透明，横断面为四边形，制作精细。直径分别是 3.5 厘米，5.1 厘米，4.4 厘米[③]。

内蒙古敖汉旗大甸子墓地出土松石珠 332 枚，玛瑙珠 213 枚，玉器 94 件[④]。玉器包括玉珠 36 件，玉玦 10 件，玉环 6 件（包括臂饰 3 种），玉璧 5 件，弧形器 5 件，璇玑形器 1 件，直条形器 6 件，弯条形器 4 件，圆柱形器 3 件，钩形器 1 件，鸟形器 1 件，鱼形器 1 件，龟形器 1 件，矩形器 1 件，楔形坠 1 件，箍形器 1 件，勾云形器 2 件，曲面牌饰 1 件，玉斧 7 件，玉钺 1 件。

二、大甸子墓地出土的玉器及相关问题

大甸子墓地出土的玉器，数量多，位置明确，为研究夏家店下层文化玉器的发展提供了详实的资料。

1. 大甸子墓地玉器出土情况

玉珠 36 枚，占出土玉器总数的三分之一略强。玉珠皆为圆管形，横截面多非正圆，直径多为 2 厘米左右，管长多在 1～5 厘米之间。可分为三型：A 型为长管状（图 16 中的 7），B 型为算珠状（图 17 中的 1），C 型为亚腰圆柱体（图 17 中的 2）。玉珠出自 14 座墓葬，其中 9 座墓各出土 1 枚，位置是系于腰际。墓主男性 5 个，女性 4 个。另外 5 座墓中出土 2～10 枚不等，皆为女性，都是用于项链，与白石珠、玛瑙珠间杂串缀。大甸子墓地出土的玉珠男女均使用，且女性多于男性。年龄最小的 4～5 岁，最大的 55 岁。

---

① 内蒙古文物工作队:“敖汉旗范杖子古墓群发掘简报”,《内蒙古文物考古》,第 3 期。

② 辽宁省文物干部培训班：“辽宁北票丰下遗址 1972 年春发掘简报”，《考古》，1976 年，第 3 期。

③ 郝维彬：“内蒙古库伦旗南泡子崖夏家店下层文化遗址调查简报”，《北方文物》，1996 年，第 3 期。

④ 中国社会科学院考古研究所：《大甸子——夏家店下层文化遗址与墓地发掘报告》，科学出版社，1996 年；刘国祥：“大甸子玉器试探”，《考古》，1999 年，第 11 期。

玉玦10件，出自9座墓。完整的5件，形状如小环，大小相近，外径约3.5厘米，内径约1.5厘米。分为二型：A型截面呈多角形，表面起棱线（图17中的6）；B型为椭圆形，器表光滑（图17中的15）。都有制作的一个豁口，宽约0.2厘米。出土时皆在耳部，或左或右。另外5件是残断，折断的一端皆磨制平整，多数在一端有穿孔，孔径约0.2～0.3厘米，可以串缀。这5件分别出自5座墓中，其中2座男性墓是出自耳部，另外3件出自女性墓中，位置都在腰间或胸前。

玉璧5件，出自5座墓中。形状有正圆形（图17中的7）和不规则圆形（图16中的6），孔径都小于或相当横截面的宽度。出土于胸腰之际。大型墓2座，中型墓2座，小型墓1座。墓主人年龄均在25岁以上，最大者45～50岁。女性3个，男性1个。小型墓墓主年龄和性别未鉴定。从出土的情况看，玉璧应是特殊功用的礼器。

玉环6件，共出自4座墓中。形状为圆形，外径大都为4.5厘米，内径多为2.2厘米。分为三型：A型为圆形，通体光素（图17中的21）；B型为圆形，体外中部有一匝凸棱（图11中的17）；C型为带状椭圆环，环体宽1.4～3.7厘米，外表雕刻花纹。纹有边缘、主纹、地纹之分，局部镂空，主纹由“S”和“C”形卷曲组成的。墓中骨骼已朽，戴式不明（图16中的4）。一座墓出土2件，其余出土1件。大型墓两座，中型墓一座，墓主人均为女性，两位在25岁以上。小型墓一座，无葬具痕迹。玉环均为女性使用，A型应是佩带在前身的装饰品，B、C型为臂饰。

曲面牌饰1件。呈曲面四边形，曲面弦长7.1厘米，宽6.8厘米，最厚处0.4厘米。外表雕刻成瓦纹，四角各有一孔，孔径0.1～0.2厘米（图16中的5）。出自大型墓，墓主人①是25～30岁的男性。出土时位于墓主人的右臂肱骨外侧，应是缚于上臂的一件饰物。

弧形器5件。可分为两型：A型3件，截面为椭圆形（图11中的16）。2件为正圆形的一段，都小于半圆，两端有再加工磨损痕迹，似断裂的玉环，修治两端穿孔而成。1件为新月形片状，似璜形。B型2件，为弧形宽片，外弧边近于四分之一圆（图16中的10）。弧形器出自5座墓中，各出1件，均在葬具内。大型墓2座，中型墓3座，男性3人，女性2人，有成人，也有儿童。应是墓主人随身佩带的坠饰，男女老幼均可使用。

---

① 中国社会科学院考古研究所：《大甸子——夏家店下层文化遗址与墓地发掘报告》，科学出版社，1996年；刘国祥：“大甸子玉器试探”，《考古》，1999年，第11期。

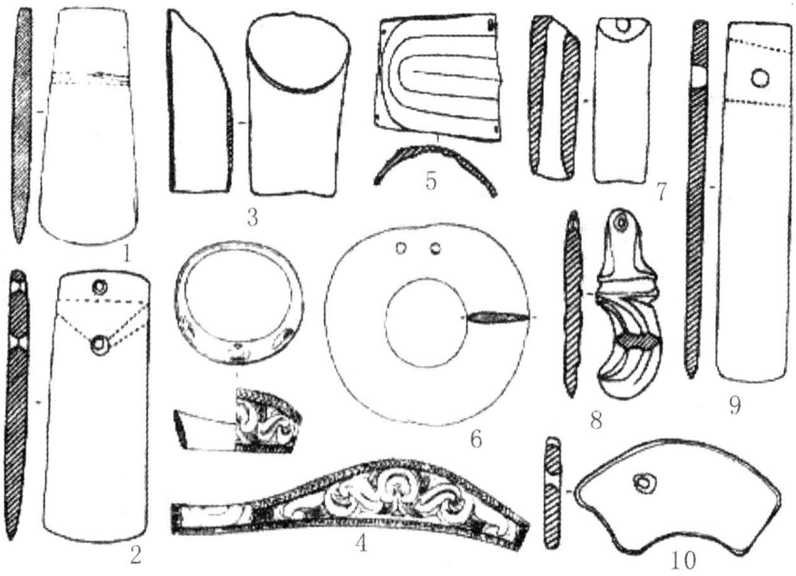

图16 大甸子玉器

1.C型斧 2.B型斧 3.箍形器 4.C型环 5.曲面牌饰
6.B型璧 7.A型珠 8.钩形器 9.A型斧 10.B型弧形器

璇玑形器1件。为璇玑的三分之二，环断处已磨平，剩余二牙角（图17中的14）。出自一大型墓中，位于墓壁龛内，周围摆放有漆器和其他玉石器。墓主人是40～45岁的男性。因器体较小，报告中推断可能是与某物组装在一起的附件。

矩形器1件。长方形薄片状，一端中央有孔（图17中的10）。出自一座中型墓中，位于葬具内，具体位置不详。墓主人是30～35岁的女性。此器应是墓主人佩带的饰物。

直条形器6件，出自6座墓中。分为两型：A型4件，为长条片状（图17中的9），B型2件，两侧带齿（图17中的13）。从出土位置看，3件出自葬具内，无葬具的出自主人骨骼近旁，均为A型。大中型墓各1座，墓主人均为女性，一是成年人，一是儿童；另一座是无葬具的小型墓，性别、年龄未定。另3件出自壁龛内，与陶器、漆器等其他随葬品放在一起。A型1件，B型2件。皆为有木结构葬具的大型墓，墓主人均为30以上的男性，最大者50岁。另外，这3座墓均随葬有鬶、爵等陶礼器。

直条形器一种是墓主人佩带的饰物，限于成年或儿童女性使用；另一种是具有特殊功能，代表主人生前身份和地位、等级，限于少数成年人使用。

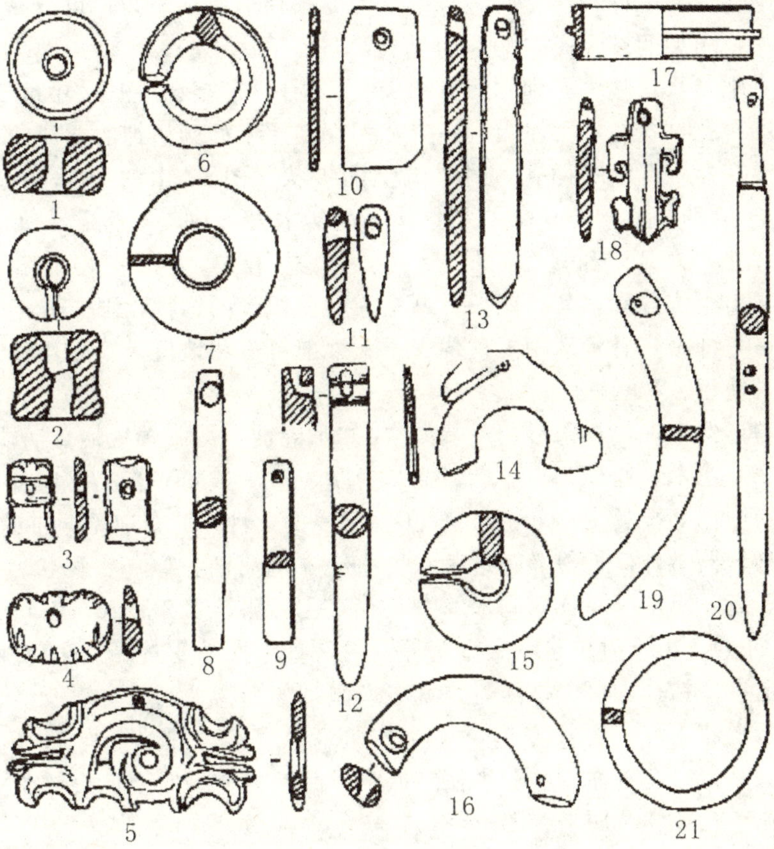

图17 大甸子玉器

1.B型珠 2.C型珠 3.鱼形器 4.鸟形器 5.勾云形器 6.A型 7.A型璧 8.A型柱形器 9.A型直条形器 10.矩形器 11.楔形器 12.B型圆柱形器 13.B型直条形器 14.璇玑形器 15.B型 16.A型弧形器 17.B型环 18.龟形器 19.弯条形器 20.C型圆柱形器 21.A型环

弯条形器 4 件，出自 2 座墓内，每座 2 件。为薄片的弯曲长条状，曲度不成弧，一端有孔（17 中的 19）。一类出自大型墓，主人是 11 岁左右的女童，出土位置在胸前。一类出自墓中的龛内，周围堆放漆器、猪蹄骨等。是一座有木结构葬具的大型墓，墓主人是40～45岁的男性。弯条形器功能可分为两种：一是墓主人佩带的饰物，为女性使用；另一种是具有特殊功能，代表主人生前身份和地位、等级，为成年男性使用。

圆柱形器3件，出自两座墓中。皆为圆柱形，一端有孔可以悬垂。分为三型：A型两端光平，一端有钻孔（图17中的8）；B型一端尖状，另一端光平，从顶端中心到侧面有一穿孔，周围有弦纹（图17中的12）；C型一端有孔，孔径0.1厘米，在有孔一端3厘米处刻稍细的曲线，呈一段柄部。在器中部横穿两孔，另一端呈圆尖状（图17中的20）。一座中型墓出土A型1件，位于墓主人的胸部，墓主人为成年女性；一座大型墓出土2件，为B型和C型，位于墓中的壁龛内。墓主人是40～45岁的男性。从出土位置看，其功能一是墓主人胸前佩带的饰物，限于成年女性使用；另一种是具有特殊功能，代表主人生前身份和地位、等级，限于少数成年人使用。

勾形器1件，长条形，一端似“C”形卷曲，另一端短柄，柄端有孔，孔径2.5厘米。通长7.1厘米，宽2.5厘米，厚0.7厘米（图16中的8）。出自一中型墓葬具内，墓主人是14～17岁的女性，此器应是佩带的饰物。

鸟形器1件，近似椭圆形片状，边缘雕刻简洁，似鸟张翼状。器宽3厘米，高2厘米，厚0.5厘米。中心有一孔，孔径0.2厘米，可悬垂（图17中的4）。出土时位于一大型墓葬具内，墓主人是25～27岁的女性，因器体上有一钻孔，可以推断，是墓主人佩带的饰物。

鱼形器1件，近长方形，长2.2厘米，宽1.3厘米，厚0.35厘米。一面磨平无纹，一面碾磨一半使之低下，凸起另一半似为鱼头，在头部中心穿孔，孔径0.2厘米（图17中的3）。

龟形器1件，片状，以中央一条为主干，两侧各雕出对称的花牙。长3.8厘米，厚0.5厘米。在中央主干的一端有孔，孔径为0.2厘米（图17中的18）。

鱼形器和龟形器均出自一座中型墓中，位于葬具内。墓主人是20～25岁的男性。因器体上有一钻孔，可以推断，是墓主人佩带的饰物。

楔形坠1件。如楔形，上粗下细，中部有一匝刻痕。出自一大型墓中，位于墓葬的壁龛内，墓葬主人是一位40～45岁的男子。推断此物应是与某物组装在一起的一个部件。

箍形器1件，横截面为椭圆形，长筒，一端平口，另一端斜口，长径与短径皆大于平口。筒高14厘米。筒内侧有磨制加工痕，斜口边缘有使用磨损痕（图 16 中的 3)。出自一中型墓，横放在墓主人的后腰部，与脊椎相垂直。墓主人是 50 岁左右的女性。此器边缘有使用磨损的痕迹，推断应是某种礼仪或宗教用具。

勾云形器 2 件，出自两座墓中。形状花纹相同，大小不同。大者完整(图 16 中的 5)，小者残断剩一半。中间雕回字方形卷曲，上缘有 1 孔，孔径 0.1 厘米。回字方形卷曲左右各有一组相背的“C”形卷曲。二墓皆属于中型墓，均位于墓主人的胸部。一座墓主人是 25 岁左右的女性，一座墓主人是 7～13 岁的男童。勾云形器应是墓主人佩带在胸部的饰物。

玉斧 7 件。器体扁平，靠近顶端有一个或两个圆形钻孔，少数无钻孔。刃端平直或圆弧。长度在 13～20 厘米之间。分为三型：A 型平面呈长方形，刃端平直，靠近顶端有一个圆孔（图 16 中的 9)；B 型平面呈梯形，两侧斜直，外凸弧刃，靠近顶端有两个圆孔（图 16 中的 2)；C 型平面近似长方形，外凸弧刃，顶端略窄，无钻孔（图 16 中的 1)。出自 7 座墓中，每座墓 1 件。大型墓 5 座，中型墓两座。位置比较固定，在墓主人的胸前或腰际。斧身与葬具及躯体的方向相垂直，刃部朝向西南或东北。应安装有木柄，殓葬时斧柄顺放，并与躯体捆绑在一起。墓主人均为 20 岁以上的男性，最大者 55 岁。

玉钺 1 件，平面呈梯形。刃端略宽于顶端，两侧斜直，顶、刃两端均呈外凸弧刃形，器体中部偏上钻 1 圆孔。安柄方式及出土位置与斧相似。墓主人为 30～34 岁的男性。玉斧、钺只有少数身份、地位较高的成年男性使用。

2. 大甸子墓地出土玉器的材质和雕琢工艺

大甸子墓地出土的 94 件玉器，多为白玉或黄绿色软玉。玉器多数为几何形，光素无纹，只有少数在器体一侧或两侧雕琢出瓦沟纹、短凹槽纹。

钻孔技术应用普遍。多为一面直钻的圆孔，也有的是两面对钻的。钻孔的位置多靠近器体的一端，也有的处在器体的中部。数量通常一件玉器只有 1 个，少数有 2 个，多并行排列。在少数器体上有镂空。

3. 大甸子墓地出土玉器的种类

依据使用功能可将玉器分为礼器、装饰、特殊功能三类[①]。其中礼器以玉斧、钺为代表，在整个墓地只有极少数男性墓中有些物，它是特殊等级、地位、身份的象征和标志。其次是直条形玉、弯条形玉、圆柱形玉、

① 刘国祥：“大甸子玉器试探”，《考古》，1999 年，第 11 期。

玉璧等，使用对象的性别和使用方式不同，具有礼器功能，在某种程度上起到了标志主任身份地位的作用。装饰类玉器有些是直接佩带在人体的某个部位上，如玉珠、玉玦（完整者）、玉环（B型、C型）分别佩带在颈部、腕部、耳部；也有的是用穿绳的方式间接佩带在人体上，或为衣物上的坠饰及挂饰，如曲面牌饰、矩形饰、部分直条形、弯条形、圆柱形玉等。此外，有些造型特殊的装饰类玉器，如勾云形器、鸟形器、龟形器、鱼形器等，除了有一般装饰功能外，可能具有礼仪和宗教功能。特殊类专指箍形器，可能具有与其他的玉器不同的功能。

4. 大甸子墓地出土玉器在墓葬中的分布及组合关系[①]

在大甸子墓地已发掘的804座墓葬中，仅有49座墓随葬玉器，约占总墓数的6%。49座随葬玉器墓中，大型墓葬有22座，中型墓葬有24座，小型墓葬有2座。49座墓中，鉴定出性别有38座。其中，男性21座，女性17座。大甸子墓地经性别鉴定的个体总数为661例，男女性别比例为1.04∶1。由于尚有11座随葬玉器墓墓主人的性别未能鉴定，因此很难得出两性多寡的准确结论。从已鉴定出的结果看，男性随葬玉器墓多于女性。鉴定出年龄的绝大多数为成年人，其中以青壮年为主。

从玉器在墓葬中的摆放位置看，放置在葬具内的占大多数，有45例，并且斧、钺、玦、勾云形器等主要器类在葬具内的位置比较固定；在壁龛内放置玉器的仅有4例，所见玉器均为直条形、弯条形、圆柱形玉器，墓主人皆为30岁以上的男性。

各类玉器组合以随葬单一种类的玉器为主，共有38例；随葬两三种器类的有6例和4例；最多随葬4种，仅1例，分别为玉环、玉玦、玉珠、玉璧。

还有一个现象值得注意，各墓内随葬玉器种类、数量的多寡与该墓等级、规格的高低并没有必然的联系。玉器的使用方式，多数器类均单独使用，另有少数玉器与其他质料的器类、部件相互串缀或安装成一个整体使用，如玉珠、玉斧、玉钺等。玉珠常与白石珠、松石珠、玛瑙珠串缀在一起组成项链，佩带在主人的颈部；玉斧、玉钺均安装有木柄，个别在斧顶端还安有铜套。

5. 大甸子墓地出土玉器评价

从玉文化发展的视角看，大甸子墓地出土的玉器不仅有鲜明的时代特

---

① 刘国祥："大甸子玉器试探"，《考古》，1999年，第11期。

色，同时又与本地区雕琢、使用玉器的年代有密切的关系。

目前，在内蒙古东南部及辽西地区，已经确立的新石器时代至早期青铜时代的考古学文化主要有兴隆洼文化、赵宝沟文化、红山文化、富河文化、小河沿文化、夏家店下层文化[①]。除了富河文化外，兴隆洼文化、赵宝沟文化、红山文化、小河沿文化、夏家店下层文化均有雕琢与使用玉器的传统，其中，兴隆洼文化、红山文化、夏家店下层文化最具代表性，诸文化间玉文化的发展存在传承关系[②]。

兴隆洼玉器主要有玉玦、玉匕、玉管、玉斧、玉锛等，器形偏小，通体光素无纹，此时已熟练地掌握了抛光、钻孔等技术。就功能而言，可分为装饰类，其中玉玦是耳饰，管状珠是项饰，玉匕可能是身体上的一种挂饰或衣服上的缀饰；仿工具类玉器主要有玉斧、玉锛、玉凿等，它们与石质同类器造型十分相似，只是形体明显偏小，有的在刃端还留有使用痕迹。兴隆洼文化处于我国新石器时代中期偏早阶段，其年代为公元前6200年至前5400年,出土的玉器是目前所知中国乃至世界上最早的玉器。

红山文化是本地区玉文化发展的高峰。自20世纪70年代以来，经过科学考古发掘与研究，目前所知红山文化玉器出土数量已达数百件之多。主要分布在内蒙古东南部、辽宁西部、河北北部地区。玉器多出自墓葬中，可分为五大类：动物类玉器有玉猪龙、双猪首璜、双猪首三孔器、兽面形器、玉鸟、玉鸮、玉龟、玉鱼、玉蚕等；仿工具类有玉斧、玉纺瓜、棒形器、勾形器等；装饰类有玉环、玉镯、玉珠、玉玦、菱形饰等；特殊类有玉箍形器、玉璧、双联璧、三联璧、勾云形玉器等；此外还有人物类等[③]。红山文化玉器种类多，题材丰富，造型独特，雕琢技术发展，并出现了严格的用玉制度，玉礼制出现，标志着本地区玉器的雕琢与使用已进入成熟的阶段。

大甸子遗址为代表的夏家店下层文化已步入早期青铜时代，大甸子和兴隆洼文化玉器年代相距甚远，但二者在一些方面有共性。比如，在雕琢工艺方面，两个时代的匠人均掌握了抛光、钻孔技术。皆为小件品（大甸子玉器少数器体偏大），器类略显单一，其造型题材为装饰类和仿工具类

---

① 杨虎："辽西地区新石器时代——铜石并用时代考古文化序列与分期"，《文物》，1994年，第5期。

② 刘国祥："大甸子玉器试探"，《考古》，1999年，第11期。

③ 刘国祥："红山文化玉器研究"，《海峡两岸古玉学会议论文集》，2001年。

两种，都有玉玦、匕形器、玉珠、玉斧等。

从文化传承看，尽管红山文化与夏家店下层文化没有直接的承继发展关系，但大甸子玉器却在雕琢技艺有造型风格上与红山文化玉器有鲜明的共性。比如，在雕琢技艺方面二者的共性特征是：多数玉器器体光素无纹，只有少数雕琢出阴线纹、短凹道纹、瓦沟纹等纹样；部分玉器的内外侧边缘均磨薄似刃；器体上的钻孔均流行单面直钻的透孔和两面对钻的长孔；个别器体上有特定形状的镂空。在造型风格上，大甸子玉器的造型和题材可分为装饰类、仿工具类（武器）、动物类、特殊类等四种类型，与红山文化玉器造型和题材基本吻合。大甸子墓地出土的玉璧、勾云形器、勾形器、曲面牌饰、箍形器等都是红山文化玉器中具有代表性的器物；玉环、弯条形器、玉管、玉珠等都承继了红山文化的琢玉工艺。

此外，大甸子墓地出土的玉器还受到外来文化的影响。比如，有学者认为璇玑形饰、筒形臂饰，应是来自山东龙山文化的因素。形状如璜的弯条形器物可能是受中原地区龙山文化的影响[①]。

总之，在内蒙古东部——辽宁西部地区新石器时代至青铜时代早期，玉文化发展自成体系，形成了三个不同的发展阶段[②]。第一阶段：以兴隆洼文化玉器为代表，本地区琢玉与用玉进入初级阶段，器类单一，形体偏小，装饰类占主导地位，玉器的雕琢工艺具有一定的原始性；第二阶段：红山文化玉器是在承继兴隆洼文化玉器的基础上发展起来的，代表了本地区玉器发展的繁荣阶段。器类增多，造型题材多样，雕琢工艺水平具有飞跃性的提高，玉器被赋予了浓重的社会属性，玉礼制初步形成。第三阶段：以大甸子玉器为代表的夏家店下层文化玉器多方面承继了红山文化的制玉传统，某些器类的雕琢工艺得到了进一步的提高，部分玉器仍作为礼器使用，但红山文化时期形成了玉礼制系统至此已消失，装饰类玉器无论从种类和数量上均占有突出的地位，玉器的雕琢使用进入了一个新的阶段。

大甸子墓地发掘出土的玉器，不仅基本解决了红山文化玉器的去向问题，而且还可以看到在西辽河流域新石器时代中期至青铜时代早期玉器的雕琢与使用有较强的承继发展关系，对研究中国早期玉文化的发展具有重要意义。

---

① 杨晶：“关于大甸子墓地玉器的分析”，《文物》，2000 年，第 9 期。

② 刘国祥：“大甸子玉器试探”，《考古》，1999 年，第 11 期。

第五章

夏家店下层文化所代表的古代文明

第一节　西辽河流域历史文化传统

一、人本主义传统的奠基

西辽河流域较早阶段的新石器时代文化遗存是距今 8000 年前的兴隆洼文化。其分布范围，东起医巫闾山，西逾大兴安岭，北过乌尔吉沐沦河，南迄渤海湾北岸。兴隆洼文化是西辽河流域独立发展起来的新石器时代文化，以平底筒形罐和“之”字形纹饰为考古文化典型特征，以尚玉崇龙、重人事是为历史文化突出特色，不但影响了后起的新石器文化，甚至青铜文化，而且也奠定了中华文化的人本主义基础。

兴隆洼聚落用环壕围绕起来，130 余间房址，排列有序，纵横向各约 10 排，结构与形制相似，绝大多数属于同一时期。这不仅反映了这个聚落的规模很大，而且说明这一时期的社会结构开始变化。聚落内的房址均未发现门道，但却有灶坑，证明房子是聚落的基本生活单位。居住于每一座房屋内的人们可能还不是独立的家庭，但已看不出母系大家庭的痕迹，应该是对偶婚家庭住所。

兴隆洼文化基本单位由大氏族向小家庭的发展，是社会形态复杂化的前奏曲，也是中国历史上人本主义传统的最坚固根基。兴隆洼文化遗址中发现了数量可观的石刻或蚌雕人物像，说明当时的社会观念中出现了祭祖尚老习俗，表现出强烈的人本主义倾向。在白音长汗和查海遗址，以及兴隆洼遗址，都发现了玉器，说明我国的崇玉习尚早在8000年前就已滥觞。这些玉器设计精巧，超凡脱俗，无疑属于难得的艺术珍品。更重要的是玉器的生产工艺复杂，制作艰辛，它们的产生并不是作为艺术品，而是神圣之物，是像征等级、身份地位的礼器。苏秉琦先生认为："阜新查海的玉器距今8000年左右，全是真玉（软玉），对玉料的鉴别已达到相当高的水平，玉器的社会功能已超出一般装饰品，附加上社会意识，成为统治者和社会上层的象征。没有社会分工生产不出玉器，没有社会分化也不需要玉器，因此，辽西一带的社会分化早于中原。"① 可见，西辽河流域的古文化中，与文明相关的因素早在8000年前就萌发了。

据目前所知，我国的龙神崇拜最早出现在兴隆洼文化。查海遗址出土了两块烧制火候较高，质地细腻，精工制作的陶片上饰有龙纹。在这两块陶片中，较大的一块饰有龙身和尾部纹样，另一块略小带有一段龙身纹样。两块陶片上的龙身，均布满鳞纹。它不是日常生活器具，质量较高，应是有特殊用途的礼器。经专家认定，这是我国目前最早的龙迹②。中国是龙的国度，龙是中华民族的象征，龙神崇拜是中华民族的历史传统，龙也就是中国人心目中的农神。

兴隆洼文化中崇龙尚玉、崇拜祖先、尊敬长者的习俗，为赤峰地区夏家店下层文化达到高峰奠定了坚实的基础，其人本主义的光辉也始终照耀着中华文化。

二、文化交流的典范

兴隆洼文化经历了近千年的发展后，趋于衰落，继之而起的赵宝沟文化、红山文化和富河文化承袭了兴隆洼文化的传统。这是一个新的时代，西辽河流域古代历史文化经过交流、碰撞、裂变与整合，承袭了兴隆洼文化丰厚的历史文化底蕴，开启了文明的大门。夏家店下层文化的先民秉承西辽河流域文化交流的传统，步入辉煌的文明时代。

距今7000年前后，一种以压印几何纹为特征的赵宝沟文化出现了，这种具有沿海文化特色的新的考古文化，吸收融会了土著文化因素后，显

---

① 苏秉琦："关于重建中国史前史的思考"，《考古》，1992年，第6期。

② 郭大顺："文明发端，玉龙故乡"，《中国文物报》，1993年1月31日。

示出一种超乎寻常的创造力。赤峰地区的社会发展面貌达到了相当高的水平，其显著标志是成批有鸟兽纹的精美陶樽和刻有人面纹的彩色石斧的出现[①]。前者专供典礼祭祀，后者则是像征权利的礼仪重器，这是社会进一步分化的标志。

赵宝沟文化堪称奇绝的陶器，是小山遗址出土的陶樽，其纹饰由猪龙、飞鹿和神鸟三种灵物图案构成。这件陶樽已超出日常生活器具的范围，属于神器，因为其纹饰制作很复杂，首先用抛光器把陶樽通体打磨光亮，然后压划出灵物的轮廓线，最后再用较细的线条刻画出缜密规整的网格纹。图案虽然呈猪、鹿和鸟的形状，但却已经远远超脱了单纯写照现实动物形象的境界。鸟头上有高冠，嘴呈巨大的勾形，引颈举目，奋翼翻飞；猪首蛇身，长吻翘鼻，神态肃穆，夸张的獠牙，带有三分野性；鹿目似丹凤，长角分叉，具有写实风格，但四肢腾空，背上生翼，凌空飞翔，又非现实中的鹿。神鸟、飞鹿和猪龙首尾相衔，头向朝右，环绕器腹一周。这三种灵物同时出现在一件特殊的器物上，展示出六七千年前赤峰地区特殊的历史面貌：不同族属的人群和谐相处于西辽河流域，创造出文化融和的典范。此时并存的三种考古学文化在陶樽上展示出来，神鸟是赵宝沟文化先民的图腾；飞鹿是富河文化先民的图腾；猪龙则是红山文化先民的图腾。这三种文化相互融合，共同发展，最终促使西辽河流域神权国家出现。

代表赵宝沟文化图腾的神鸟，是我国后世著名的凤鸟形象，龙凤崇拜是中华民族发祥和中国文化肇端的象征。陶樽上的鸟兽图，便是后世龙凤呈祥图的原生形态。西辽河流域当为中国龙凤崇拜最早发生的地区。

三、神权政治

赵宝沟文化趋于衰落之际，红山文化开始在西辽河流域取得了支配地位。而在西拉沐沦河以北，直接承袭兴隆洼文化传统的富河文化也发展起来，以采集和渔猎见长的富河文化发展势头比红山文化弱，因为西拉沐沦河以北有许多处红山文化遗址，而富河文化则局限于西拉沐沦河以北。红山文化一开始就有着不同寻常的较高起点，不但承袭了兴隆洼人本主义传统，而且汲取了赵宝沟文化兼容并蓄的特色，荟萃优秀文化，创造灿烂文明。

20 世纪 70 年代，在赤峰市北部阿鲁科尔沁旗发现了一件红山文化大

---

① 中国社科院考古所内蒙古队："内蒙古敖汉小山遗址"，《考古》，1984 年，第 6 期。

型彩陶筒形罐[1]。这件陶罐的造型是赤峰地区根深蒂固的文化传统，但陶罐的纹饰却汇集了多种文化因素，来自中亚的菱形方格纹、来自中原的玫瑰花纹和西辽河流域的龙纹，出现在一件器物上，这是亚洲东西和中华南北文化交流融会的典型，红山文化之所以有非常旺盛的生命力，其根源是因为红山文化是多种文化交错，多种文化融合的产物。

1979～1982年，辽宁省喀左县东山嘴发掘出一处红山文化大型祭坛遗址[2]。其整体布局由中心、两翼和前后两端组成，按南北轴线对称分布，中心与两翼主次分明，南北方圆对称。遗址以大多经过加工的石材砌成，位居中心的方形基址面积为112平方米。在前端圆形台址东北侧发现了一具人骨架，两件小型孕妇陶塑像，圆台东北侧发现了大约为真人二分之一的人物坐像残块。在中心方形基址内出土了一件双龙形玉璜，该基址外侧又发现了一件鸮形绿松石饰。

1983～1985年，考古工作者在距东山嘴50余千米的凌源、建平两县交界处的牛河梁，发掘出了被称为“女神庙”的大型遗址和积石冢群，整个遗址分布面积达1.2平方千米[3]。“女神庙”由一个多室和一个单室两组建筑循一中轴线构成。多室在北，为主体建筑，包括一个主室和几个与之相连的侧室、前后室；单室在南，为附属建筑。多室一组基址南北总长18.4米，东西残存最宽达6.9米。全庙规模宏大，结构复杂，主次分明，呈对称结构。其背靠一丘顶“平台”式建筑，南北最长处为175米，东西最宽达159米，边缘砌有石墙，是整个祭祀场所的重要组成部分。环女神庙的积石冢群也已开始发掘，其中编号为牛Ⅱ的积石冢群由4座大墓组成，东西向一字排列，方向一致，浑然一体。规模最大的是2号冢，拥有石棺、石椁和冢顶。地表主体结构为方形，东西长17.5米，南北宽18.7米，四周用规整的石块砌成石墙，残存北墙最高处仍达1.2米，墙内堆石起顶。冢中央是一座大型石棺墓，石椁为正方形，外侧边长3.6米，棺室为长方形，室壁用规整石块、石板砌就，内壁平直，室顶盖有规整的薄石板。2号冢东侧的3号冢是由三圈淡红色石柱围成的三层迭起的圆坛建筑，呈同心圆形，外侧直径22米，内侧直

---

① 苏秉琦：“论西辽河古文化”，《北方民族文化》，1993年。

② 郭大顺、张克举：“辽宁省喀左县东山嘴红山文化建筑群址发掘简报”，《文物》，1984年，第11期。

③ 辽宁省文物考古研究所：“辽宁牛河梁红山文化‘女神庙’与积石冢群发掘简报”，《文物》，1986年，第8期。

径为 11 米。1 号冢中有二次葬的痕迹，但诸墓多有随葬玉器。

红山文化晚期已步入神权国家的行列，牛河梁神庙中的“女神”，同世界其他文明时代的女神具有相同的特征。世界范围内，女神崇拜是一种普遍现象，最早是生殖崇拜，新石器革命后又有农神——丰饶女神崇拜。这两种崇拜多突出性特征和繁殖功能，故全部为裸体形象。但“女神庙”所出土的“女神”形象却是着衣的。其间虽然有裸体的丰饶女神，但着衣女神形象的出现却是一个质的飞跃。两河流域乌鲁克文化三期的石膏瓶表面浮雕中心是女神伊安娜；埃及第一王朝创建者那尔迈调色板顶端也是女性天神；雅典娜则是著名的希腊女神。以女神为主神是早期神权国家的共性。

红山文化大型祭祀礼仪中心的出现，崇尚玉器和龙凤崇拜，都说明“我国早在 5000 年前，已经产生了根基于公社，又凌驾于公社之上的高一级的社会组织”①。

四、有文则明

在红山文化时期，多种外来因素纷纷涌入西辽河流域，小河沿文化迅速崛起。小河沿文化承袭了红山文化的诸多因素，但更主要的是继承了赵宝沟文化的传统，把西辽河流域的新石器文化推向顶峰。分析小河沿文化的内涵，特别是陶器的类型与纹饰，就会发现几何体纹饰是其主流，同赵宝沟文化一脉相承，但其彩陶器座上的八角星纹图案，来源于黄河下游秦沂地区的大汶口文化。其曲腹钵、侈沿曲腹双耳盆，又同内蒙中南部黄河中游的海生不浪文化相似。在小河沿文化的社会中，西辽河流域历史文化传统表现得非常突出，最重要的是出现了标志着社会发展水平的文字。

在赤峰西北约 30 千米，翁牛特旗解放营子乡南沟村的石棚山上，考古工作者发掘了一处小河沿文化墓葬，共清理了 77 座墓葬，出土了几件刻画或彩绘有文字符号或图画的陶器②，其中 52 号墓出土的直筒罐周身刻有文字符号。和小河沿文化有密切关系的大汶口文化也发现了许多刻画在陶器上的符号，大都以图画的形式出现，形体比较复杂，大都是单个的，偶见两个一组也很难找出它们的内在联系。

石棚山墓地 52 号墓出土直筒罐，是赤峰新石器时代从兴隆洼文化开始

---

① 苏秉琦：“辽西古文化古城古国——兼谈当前田野考古工作的重点或重大课题”，《文物》，1986 年，第 8 期。

② 李恭笃：“昭乌达盟石棚山考古新发现”，《文物》，1982 年，第 3 期。

就流行的器物，其周身刻有 7 个符号。这些符号之间是有内在联系的有机整体，表达了一个完整的意思，可以称得上是真正的文字了。

关于文明的起源，考古学上通常以三要素为标志，即城堡、文字和青铜器，其中，文字是最重要的内容之一。联系到小河沿文化与东山嘴、牛河梁遗址年代相当，而且大体以努鲁儿虎山为界，小河沿文化在其北势力最强。而东山嘴类型在其南形成神权国家形态，这种现象是值得进一步探索的课题。

五、兼容并包

中国古代文化由多元结构组成的，这已成为学术界的共识。严文明先生认为，多元中最重要的有三个系统[1]。三个系统的形成及相互关系的演变，成为中国历史的主要内容。

第一个系统是以中原为核心的华北系统，是以鬲为特色的系统，也称为鬲文化系统。第二个系统是以长江中下游为主体的东南系统，由于这里最早出现鼎并长期流行这种器物，所以也称为鼎文化系统。第三个系统是以辽河流域为中心的东北系统，由于这是在史前时代一直以筒形平底罐作为炊器，所以也可称为罐文化系统。赤峰地区处在西辽河、大凌河和滦河的上源，处于东北罐文化的中心地位。这里紧邻华北鬲文化系统，又比较接近于东南鼎文化系统，从而在三个系统相互交往，彼此影响、渗透、斗争与融合的过程中发挥了举足轻重的作用。

西辽河流域继小河沿文化之后出现的夏家店下层文化，是我国境内出现的一种年代较早的青铜文化。分析夏家店下层文化的内涵，充分体现了我国古代三个系统的融合。在夏家店下层文化的丰富内涵中，西辽河流域传统文化仍旧是主流，但属于华北系统和东南系统的文化因素也非常明显。常见的无腰鬲、绳纹甗和浅盘高柄豆、圈足盘等，分别与中原后岗二期文化和山东龙山——岳石文化的同类器物相当，而石城的建筑技术与黄河中游老虎山文化有一致性。特别是大甸子墓葬中出土的鬶、爵、盉等礼器与中原二里头文化的同类器物相似。

夏家店下层文化最具特色的三足器异军突起，结束了西辽河流域平底器为主的历史，它一出现就以丰富的器型，优美的袋足和奇特的图案，代表了三足器的先进形态。三足器具有超强的稳定性，对地形和其他条件的要

① 严文明："中国古代文化三系统说——兼论赤峰地区在中国古代文化发展中的地位"，《中国北方古代文化国际学术研讨会论文集》，中国文史出版社，1995 年。

求都比平底器物低许多，这种器物自身的平稳正预示着一个不平稳的社会出现了。夏家店下层文化的出现是西辽河流域历史发展的里程碑，它不但结束了自兴隆洼文化以来以平底筒形罐和“之”字纹为代表的文化传统，而且结束了西辽河流域多种文化交错分布的局面，多种文化因素趋向统一。夏家店下层文化兼容并蓄所产生的强大生命力，在西辽河流域维持近千年。

第二节　夏家店下层文化与古史传说

自人类诞生后，到文字出现前，人类几百万年的漫长岁月，经历了无数的风风雨雨，但都没有可靠的记载，处于一片混沌之中。在我国古籍中有许多关于远古时代的传说，诸如三皇五帝之说，文献中对哪是三皇哪是五帝有不同的说法，但对三皇五帝前后相继，因相袭却是不约而同的。其实三皇或类似三皇的说法应是古人对洪荒远古的一种推想，包括了人类发展史上近百万年的历程，而五帝则比较集中于同一时代，就是我们通常所谓的英雄时代。司马迁以五帝为信史，著《史记》以《五帝本纪》为开篇。我们如果能抛开后世千古一系的思想，结合史前考古材料，就会发现三皇五帝的传说与中国北方历史有不解之缘。

一、三皇传说表象的背后

古代传说中的三皇有不同的组合，已超出三皇的限制，主要有燧人氏、有巢氏、神农氏、伏羲氏（包羲氏）等四位。《韩非子·五蠹》：“上古之世，人民少而禽兽众，人民不胜禽兽虫蛇。有圣人作，构木为巢，以避群害，而民悦之，使王天下，号曰有巢氏。民食果瓜蚌蛤，腥臊恶臭，而伤害腹胃，民多疾病。有圣人作，钻燧取火，以化腥臊，而民悦之，使王天下，号曰燧人氏。”人类穴居、巢居和用火有非常悠久的历史，几十万年前的旧石器时代中期就有穴居用火的遗迹，大约在距今几万年的旧石器时代晚期，人类已能够人工取火。因此，燧人氏和有巢氏的年代是比较久远旧石器时代。当时人们的生活，正像《礼记·礼运》所载：“昔者先王未有宫室，冬则居营窟，夏则居橧巢。”

我国北方，特别是西辽河流域，自晚更新世以来，就成为人类重要活动舞台，从猿人到新人各阶段的化石及活动遗迹均有发现，在有巢氏和燧人氏时代，就成为中华民族的发源地之一。

《周易·系辞》："古者包羲氏之王天下也，……始作八卦，……作结绳而为罔罟，以佃以渔。……包羲氏没，神农作。斫木为耒，耒耨之利，以教天下。"《白虎通·卷一》："古之人民皆食禽兽肉。至于神农，人民众多，禽兽不足，于是神农因天之时，分地之利，别耒耜教民农耕，神而化之，使民宜之，故为之神农氏。……古之时未有三纲六纪，民人但知其母而不知其父。……于是伏羲仰观象于天，俯察法于地。因夫妇，正五行，始定人道。画八卦以治天下，治下伏而化之，故谓之伏羲氏也。"原始农业的诞生，是新石器革命的最重要成果之一，神农与伏羲是距今一万年以来新石器早中期的传说人物。

全新世之初，气候开始变暖，我国北方的新石器时代早中期文化领先发展起来，兴隆洼文化的聚落形态具有较高水平，同伏羲氏"因夫妇，正五行，始定人道"相合。赵宝沟文化时期的原始农业水平很高，而且以礼治世，陶制礼器精美绝伦。更重要的是赵宝沟文化融农耕、渔猎、采集文化于一体，即"作耒耜"又"作结绳而为罔罟"，代表了神农与伏羲时代的特征。

文献中的三皇，在千古一系思想的支配下，也是前后相继的，《易·系辞》："包羲氏没，神农氏作。"但三皇所开创的事业，皆旷世之举，故谁先谁后似很难分清。《太平御览·卷 77》引《尚书大传》："燧人以火纪，火阳也。阳尊，故托燧皇于天；伏羲以人事纪，故托羲皇以人。盖天非人不固，人非天不成也；神农悉地力，植谷，故托农皇于地。天地人之道备而三皇之运兴矣。"按三才之次序，三皇应为燧人氏、神农氏、伏羲氏。三皇的传说包括了人类在生存发展道路上的几次大的革命性飞跃，即火的应用、新石器革命、神权政治诞生等。这些革命性事件的重心都在我国的北方，其中西辽河流域具有特别重要的地位。

二、五帝时代与中国古代文明

五帝之说早在战国之际就已形成，但各家对五帝为谁，所说都不尽相同。《左传·昭公十七年》记有黄帝、炎帝、共工、太皞、少皞；《国语·郑语》记有祝融；《国语·鲁语》记有烈山氏（《礼记·祭法》称为历山氏）等。司马迁作《史记》以黄帝、颛顼、喾、尧、舜为五帝。自黄帝开始到夏王朝建立这段时间，是我国历史上最具特色的历史时期，是由野蛮向文明过渡的军事民主制时代，也就是通常所说的英雄时代。五帝时期，包括黄帝在内的许多部落联盟首领，在历史舞台上留下足迹，在相互征战的过程中几个比较大的民族集团融合到一起，迎来了文明的曙光。

五帝时代大约可以分为前后两个时期，自黄帝到喾为前期，其活动重心在燕山南北的中国北方；尧舜禹时代的活动重心转到了黄河流域，此时为五帝时代的后期。

《史记·五帝本纪》："黄帝者，少典之子，姓公孙，名曰轩辕。轩辕之时，神农氏衰，诸侯相侵伐，暴虐百姓，而神农氏弗能征。于是轩辕乃习用干戈，以征不享，诸侯咸来宾从。而蚩尤最为暴，莫能伐。炎帝欲侵陵诸侯，诸侯咸归轩辕。轩辕乃修德振兵，治五气艺五种，抚万民，度四方，教熊、貔、貅、虎，以与炎帝战于阪泉之野。三战然后得其志。蚩尤作乱，不用帝命。于是黄帝乃征师诸侯，与蚩尤战于涿鹿之野，遂禽杀蚩尤。而诸侯咸尊轩辕为天子，代神农氏，是为黄帝。"黄帝的崛起同两次大的战争有关系，即黄炎阪泉之战和黄帝、蚩尤涿鹿之战，在打败了炎帝之后，黄帝的势力扩展到了西北；战胜了蚩尤之后，黄帝的势力深入东方。两次大战均发生在燕山脚下的河北中北部，说明黄帝的活动中心应在燕山南北，只有红山文化时空框架可以与之相应。

继黄帝之后的帝颛顼是北方非常有名的大帝。《今本竹书纪年》有："帝颛顼高阳，母见摇光之星，贯目如虹，感已于幽房之宫，生颛顼于若水。"幽为北方古地名，屡见于先秦典籍，《周礼·职方氏》："东北曰幽州，其山镇为医巫闾。"生于北方的颛顼，自然是统治北方的神，《吕氏春秋·十二纪》："冬日，其帝颛顼，其神玄冥，天子居玄堂，立冬之日，迎冬于北郊。"《淮南子·天文篇》："北方水也，其帝颛顼，其佐玄冥，执权而治冬。"颛顼有一个非常理想的归宿，死后葬于附禺山。附禺山见于《山海经》共有三处，郝懿行注释说："海外北经作務隅，海内东经作鲋鱼，北经（大荒北经）又作附禺，皆一山也，古字通用。"《山海经》中的附禺就是幽州镇医巫闾山。医巫闾乃阿尔泰语系民族语言的音译，意为大山，古称甚多，如扶犁、无闾、无虑等，附禺之音与之相同，当为医巫闾音译之一种。

颛顼统辖北方，俱神人与一体，游历于天地之间，抑暴政，扬礼仪，推祭祀，尚音乐，垂范子孙，功传华夏。西辽河流域的先民对祭祀崇尚备致，庙、坛、冢相结合，具备礼的雏形，正同颛顼倡导礼仪教化相符。在五帝中与颛顼齐名的人物是帝喾。"帝喾高辛者，黄帝之曾孙也，……于颛顼为族子。"（司马迁《史记》卷1《五帝本纪》）他们同兴于北方，所代表的部族当相去不远，《史记》集解引张晏语："高阳、高辛皆所兴之地名。"正因他们关系十分密切，所以一些源于北方的部族大都以他们为共同的祖神。这些部族有一样的卵生神话，以鸟为图腾标志。五帝时代是中国社会剧烈变化时期，文明诸因素开始萌发。五帝时代之早期以北方为中心，红山诸文化和夏家店下层文化是其标志。五帝时代后期到三代，中原是中心，龙山文化和二里头文化是其标志。

三、三代与文明

夏商周三代是中国的文明时代，已经具备了文明的要素，这一点已成定论。但三代时期中国社会的面貌是什么样子，社会政治经济结构状况如何，都是需要进一步研究的问题。夏商周三代并没有出现统一的王权，仍旧处于方国时代，甚至夏商周三代也并非完全意义上的前后相继关系，在一定程度上它们是各有中心，独立发展并相互影响，期间存在势力的消长。

先秦典籍中关于三代城的记述非常丰富，很多考古资料也证明三代时期是我国城市迅速发展时期。目前包括夏家店下层文化在内的三代城址已发现了几百处，如河南二里头遗址、尸乡沟商城、郑州商城、安阳殷墟、洛阳洛邑、焦作府城村、辉县孟庄、陕西周原遗址、丰镐遗址、西安老牛坡遗址、清涧李家崖、山西垣曲古城、夏县东下冯、湖北黄陂盘龙城、四川广汉三星堆、北京房山琉璃河等。上述遗址有的未发现城墙，如二里头、殷墟、周原、丰镐等均未见城垣线索，但遗存内有比较丰富的夯土建筑基址等，也被公认为是城市遗址。

夏家店下层文化石城在时间上相当于夏商时期，在规模上与同时期全国其他城相当，在数量上比较多，在三代城中别具一格。

夏家店下层文化已发现的规模比较大的城址均未经详细的考古发掘，但夯土基址或城内有平台性建筑址都是一个普遍现象。因为三代时期我国属于小国林立的方国时代，在夏家店下层文化的分布区内存在诸多方国是完全可能的，而且这些方国同三代有密切关系，特别是同殷商关系更密切，二者不是中原文化辐射到北方，很可能是北方发源，南渐于中原，因为夏家店下层文化从时间上比商代早，从内容上却有很多地方同殷商一致或相似。

殷商文明最具特色的地方在于商族属于东夷集团，商文化带有浓重的夷文化特色。夏家店下层文化的先民则是夷人，是东夷集团的重要组成部分。

东夷乃东方之人，以鸟为图腾，故又称鸟夷。《禹贡》有“鸟夷皮服”，《竹书纪年》载“九夷来御”皆指东夷。东夷环渤海分布于我国东方及东北，有很大的势力，雄居中原的夏王朝在其数百年的对外关系中，主要是同东夷的战争与媾和，夏王朝的贡公是东夷西进的结果。

夏家店下层文化在三代文明中具有非常重要的地位，特别是地处明长城以北的历史上称作“蛮荒”之地，更应引起特别关注，因为中原步入文明之时，这里也有非常发达的青铜文明，而且是商文化的重要源头。夏家店下层文化是我国北方经济水平比较高的青铜文化，是中华文明的源头之一。以夏家店下层文化石城为代表的文化现象，反映了三代时期中国北方西辽河流域的历史特征。

阴河中下游的夏家店下层文化石城几乎都建在险要的位置上，两万平方米以上的石城选址上更讲究些。这些石城并非现代意义的城市，其经济意义并不重要，突出体现防御特色，军事色彩更浓一些。阴河中下游的石城并不是孤立存在的，一般都是由一大几小组成一个整体，具有相互依存关系。迟家营子疙瘩山石城周围有 5 处同类遗存，建筑风格和地表遗物表明它们存在的年代相当接近，其中城址 4 座。大东沟东侧的遗址面积很小，地势最高，未见城墙，但圆形房基清晰可见。车户沟与张宝沟之间的城址，离疙瘩山最近。在这三者之间大东沟遗址更像一个哨所，控制迟家营城东北；车户沟遗址控制疙瘩山西南和附近的两条沟，防御结构非常合理。迟家营疙瘩山城址北墙外还有一些石堆，较大的有 7 个，可能同大东沟遗址具有相同的性质。

石城的房址布局从另一个侧面证明了夏家店下层文化的社会发展水平已达到相当高度。我们在调查中发现许多城址外面有房址存在，有些城址周围的房址数量很多，南城子山（疙瘩山）城址就是这样的代表。古籍中所记的“国”与“野”分治现象，早在夏家店下层文化时期就出现了。

第三节　夏家店下层文化文明的特征

我国史学界在相当长的一段时间里，曾经就我国是否像美索不达米亚的苏美尔、尼罗河的古埃及、南亚古印度一样，有过小国林立的城邦时代展开讨论。夏家店下层文化石城的发现是研究“方国”政治难得的资料，它从一个侧面证明了我国城邦时代的存在，而且对研究邦国间关系有非常重要意义。

一、关于国家形成途径的认识

1985年著名考古学家苏秉琦先生提出古文化古城古国的概念，并指出古文化是指原始文化；古城是指城乡最初分化意义上的城和镇，而不必专指特定含义的城市；古国指高于部落之上，稳定的、独立的政治实体①。红山文化后期的喀左县东山嘴的祭坛遗址、牛河梁的女神庙遗址和附近的积石冢群，是我国早于5000年前，反映原始社会氏族部落制的发展已达到产生基于公社又凌驾于公社之上的高一级的组织形式，也就是古国。

国家是凌驾于氏族部落制之上的一种组织形式，统辖一定地域内聚落，反映在考古学上，国家应该有一个权力中心——城，另外应该有与国相应的礼仪制度及其外在表现，如礼仪性建筑、礼器等。在我国古代聚落被称为邑，其原始字形为“”，是像邑形的附加一个跪坐的人形“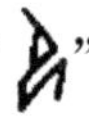”，强调一定范围内居住的人们。邑与邑之间的兼并、组合、分化，形成一个中心大邑，便是国了。国的原始字形作“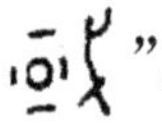”，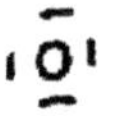表示一定范围内的邑，也就是很多邑，“戈”是标明读音的，也表示国的职能是用武器保护邑。国形成之后，邑开始分化为都和鄙，《左传》庄公廿八年中有“凡邑有先君之主曰都，无曰邑。邑曰筑、都曰城。”有城的中心大邑——都，其职能开始发生变化，成为国的政治中心。早期的古国，规模很小，而数量却很多。《战国策·齐策》记有“……古大禹时，诸侯万国。……及汤时诸侯三千。……当今之世南面称寡者乃二十四。”《荀子·富国》中也有“古有万国，今无十数焉。”可见文明之初，国的数量很多，其规模自然很小。

在距今5000年前古国出现在中华大地时，其数量很少，是文明的滥觞，其后的方国时代国的数量非常多，国与国关系亦非常复杂。纵观国的形成过程，原生型古国的出现是以氏族部落为基础，在其分化的过程中，组织职能发生变化，出现新的组织机构，这个机构的最重要工作是领导祭祀活动。但单纯的氏族部落分化解体是不存在的，比如希腊雅典城邦的形成被认为是在氏族部落解体基础上形成的，而促成其解体的直接原因是多利亚人南下，希腊半岛的土著居民进入阿提卡半岛，打破了血缘界限。

红山文化古国的形成，就汇集了来自中原的、西亚的和本土的因素，是

① 苏秉琦：“辽西古文化古城古国”，《辽海文物学刊》，1986年，创刊号。

"华山玫瑰燕山龙"相结合的产物,这是考古学上的反映。在远古时代,能够携带并传播信息的媒体只能是人本身,所以反映在考古学上的器物类型和纹样的变化,只能是代表不同文化类型的人群直接或间接交往的结果。

距今4000年前后是文明普遍形成时期。洪水结束,黄河中下游平原成为最佳农耕区,吸引来自周边的诸部族,各种文化内聚中原,诞生了诸多的方国。夏家店下层文化正处于这一时代,但夏家店下层文化方国政治与中原地区有区别,也就是说方国形成的途径不一样。

夏家店下层文化是方国时代,其自身吸收了诸多周边文化因素,比如来自东北的高台山文化和来自山东的龙山文化,甚至黄河中游内蒙古中南部的文化因素也影响到这里,加上生产力发展引发的氏族内部分化,具备了形成方国的条件。除这些因素外,更重要的是当夏家店下层文化势力逼近西拉沐沦河时,同以畜牧为主的夏家店上层文化发生冲突。战争的需要不但使国家迅速形成,而且促使城迅速诞生并以超常规的速度发展,在西拉沐沦河以南的广大地区,在临近河谷的台地上,修建了大大小小几百座石城。在我国的历代文献,按照家天下和大一统的思想,推想三代时的夏商或五帝,都实行以天子为中心的分封制,凡国皆为侯国。在这一思想下,理论上可以分封之地是文明的形态,而周边统治很难达到的地方,自然无国了。这种理论同中国历史实际相去甚远,事实上,夏商周三代并不是统一的,也不是单一的主从关系,大多数的方国都是独立的,国与国之间关系是国际关系。

二、夏家店下层文化文明特征

在世界历史上,城邦形态是诸民族普遍经历的早期国家形态。在城邦中,城是非常重要的标志,但在早期国家形态中,城的规模和国的规模都很小。我国在战国之前,城的规模也很小。《战国策·赵策》:"古者四海之内,分为万国。城虽大,无过三百丈者;人虽众,无过三千家者。"郑注《左传》隐公元年有:"侯伯之城方五里,经三百雉"。而《公羊传》隐公元年里说:"城雉者何?五板而堵,五堵而雉,百雉而城。"按这样的规格,阴河中下游石城中的大城——迟家营石城就规模而言,同春秋战国时的诸侯国城相当。

事物的发展过程,是由小到大,由慢到快的渐进过程。国家形态的发展也是这样由一系列城邦小国,经过扩张兼并逐渐壮大。夏家店下层文化处于三代之际,此时的政权方国规模肯定比春秋战国小。而属于夏家店下层文化分布范围的地域非常广泛,除去壶流河流域和海河北大坨头类型,仅就典型的夏家店下层文化——药王庙类型而言,其分布范围包括今天的内蒙赤峰、辽宁朝阳、河北承德，疆域面积在20万平方千米以上，比希腊半岛的面积大多了。所以这一时代西辽河流域会有许多方国存在，这是我们研究夏家店下层文化方国的前提。

夏家店下层文化的城堡整体上有一定的次序和规律，其中阴河中下游以一个大城为中心，六个较大城堡结合周围中小城堡形成一个整体。这个整体已经具有相当的规模。夏家店下层文化石城，特别是大型石城，在个体上也都是独立的政治单元，具备三代方国都城的规模。我们在调查阴河中下游和其他地区的夏家店下层文化城堡时，发现许多石城，特别是中型以上石城都有一个特殊建筑——夯土平台，平台大小不一，以椭圆形为主。这些平台一般位于城的最高处，是城的中心。这些建筑上面有的建有房屋，有的很难分清上面是否有建筑，仅在阴河中下游的石城遗址中，现在能够从地面上分辨出来的平台类建筑就有15处。这类建筑物有的在城内较高的地方修筑，有的依附于城墙内侧（多数还有另外一重城墙），是石城内最显著的地表遗物，具有特别意义。

夏家店下层文化石城中的这种夯土成台，作为城中心的做法，同古代两河流域苏美尔城邦以神庙为城的中心和印度河流域哈拉巴文化的城邦以池为中心，应该具有相同的含义。这种平台是中国古代的文化现象，相当于文献中的“社”或“坛”。应劭在《风俗通义·祀典》中说：“社者土地之主。土地广博，不可遍敬，故封土以为社而祀之，报功也。”后世称祭天地之所为天坛、地坛，最初都是封土而起的“台”。在中国古代有所谓“国之大事，在祀与戎”的说法，夏家店下层文化的城墙与壕沟体现了“戎”，而夯土而成的平台则体现了“祀”。因为三代以后，特别是秦帝国之后的历代统治者都以“用礼治天下”相标榜，而祭祀活动是有一定等级的，城内设坛为祭祀之所，致少表明该石城是一个独立的政治单元。所以说，夏家店下层文化石城是我国方国政治的体现。

第六章

夏家店下层文化与周邻地区考古学文化的关系

第一节　夏家店下层文化与周邻地区考古学文化的关系

夏家店下层文化同时期在其周邻地区分布的考古学文化主要有西北地区的四坝文化、内蒙古中南部的朱开沟文化、中原地区的二里头文化、黄河下游的岳石文化、辽河下游的高台山文化等，它们都属于中国早期青铜文化，在其产生和发展过程中具有各自的文化特点。同时，它们彼此之间存在着文化交流。考古发掘表明，夏家店下层文化与周邻地区考古学文化之间关系十分密切。

一、夏家店下层文化时期周邻地区的考古学文化及特点

1. 四坝文化

四坝文化是分布在我国甘肃省河西走廊地区的一支青铜时代文化。1948年，首次发现于甘肃省山丹县的四坝滩，随着相同类型文化遗址的不

断发现，到 20 世纪 50 年代，安志敏先生将其命名为“四坝文化”[①]。四坝文化遗址和墓地在甘肃酒泉下清河[②]、干骨崖[③]、民乐东灰山和西灰山[④]、山丹县的山羊堡滩[⑤]、玉门火烧沟[⑥]等地都有发现。经过大规模发掘的遗址有火烧沟、干骨崖和东灰山等。四坝文化分布在祁连山北部，其中在东起山丹西至安西一带比较集中。其绝对年代为公元前 1950 年至前 1430 年，经历了 500 多年的时间。

四坝文化的特点[⑦]：四坝文化建筑遗址发现的较少，从残留的遗迹看，房址为夯土墙和砾石垒砌墙。

生产工具有石、骨、陶等不同的质料，以石器为主。石器主要有石锄、石斧、石刀、石磨盘、石磨棒、砍砸器、石凿、石锛等。典型器有有肩石锄、穿孔石锄、有亚腰石斧、双肩形石斧，石刀多为长方形带穿孔，穿孔一般为 1～2 个，个别有 4 个穿孔。骨制工具有骨锥、骨针、骨凿、骨匕和骨纺轮等。

陶器制造业发达，出土的陶器均为夹砂陶，有红陶、褐陶、灰陶等不同的陶色。陶器种类多，器形丰富。器类有陶罐、陶壶、陶盆、陶豆、陶杯、陶方鼎等，多数陶器都有耳把。陶器中罐类最多，有单耳陶罐、双耳小罐、双耳大罐、筒形带盖罐、双耳彩 284 陶罐、四耳带盖陶罐等；陶壶有无耳壶、双耳壶、三耳壶、四耳壶等；陶豆有粗柄豆和细柄豆；陶盆有单耳盆和双耳盆等。器盖形式多样，有圆形、方形、矛头形、花瓣形等。陶器纹饰丰富，除素面陶器外，一般都有纹饰。常见纹饰有绳纹、刻画纹、弦纹、戳印纹、附加堆纹和彩绘等。

四坝文化出土的彩陶数量较多，多数遗址出土的彩陶占陶器总数的四

---

① 安志敏：“甘肃远古文化及其有关的几个问题”，《考古通讯》，1956 年，第 6 期；安志敏：“甘肃山丹四坝滩新石器时代遗址”，《考古学报》，1956 年，第 3 期。

② 甘肃省博物馆：“甘肃古文化遗存”，《考古学报》，1960 年，第 2 期。

③ 李水城：“四坝文化研究”，《考古学文化论集》(三)，文物出版社，1993 年。

④ 宁笃学：“民乐县发现的二处四坝文化遗址”，《文物》，1960 年，第 1 期；甘肃省文物考古研究所、吉林大学考古系：“甘肃民乐县东灰山遗址发掘纪要”，《考古》，1995 年，第 12 期；甘肃省文物考古研究所、吉林大学北方考古研究室：《民乐县东灰山考古——四坝文化墓地揭示与研究》，科学出版社，1998 年。

⑤ 甘肃省博物馆：“甘肃古文化遗存”，《考古学报》，1960 年，第 2 期。

⑥ 甘肃省博物馆：“甘肃省文物考古工作三十年”，《文物考古工作三十年》(1949～1979)，文物出版社，1979 年。

⑦ 谢端琚：“甘青地区史前考古”，文物出版社，2000 年；李水城、水涛：“四坝文化青铜器研究”，《文物》，2000 年，第 3 期。

分之一，有的遗址甚至多达半数左右。彩陶制作工艺精湛，纹饰华美。器表多施紫红色或黄白色陶衣，彩绘涂料多为黑色。施彩绘的器类有陶罐、陶壶、陶盆、陶豆、陶杯、陶盘、陶鼎等。纹饰由直线、斜线、三角和方块等基本要素构成，有条带纹、波折纹、菱格纹、三角纹、卷云纹、回纹、连弧纹、形似狗、马、蜥蜴等动物纹及“X”、“Z”、“S”等符号花纹。

目前，四坝文化遗址出土的铜器有270多件，以小型器类为主，不见容器。按其功能可分为工具类、武器类、装饰品类。工具类有铜刀、铜削、铜锥、有銎铜斧等；武器类有铜矛、铜匕首、铜镞；装饰品有铜耳环、铜指环、铜手镯、铜扣、铜泡、铜圆牌饰、铜连珠饰等；铜四羊杖应属于礼器，为权杖。此外，还有制作精美的金银器，如鼻饮和金耳环等。其中铜刀、铜斧、铜镞、耳环、指环具有代表性。铜器铸造工艺技术进步，有热锻、冷锻、合范铸造等形式，铜器材质种类多，有红铜、砷铜、锡青铜、锡铅青铜、锡砷青铜和锡砷铅青铜等，其冶金工艺的发展大致经历了一个从纯铜到砷青铜，再到锡青铜的演变过程。通过长期的金属冶炼实践，当时人们逐步认识到砷青铜与锡青铜的不同物理性能，并最终以锡青铜取代砷青铜。四坝文化遗址出土的砷铜器是目前中国境内所知的年代最早的一批，填补了我国冶金史上的空白。

四坝文化的墓葬有土坑竖穴墓、带龛墓、偏洞墓、积石墓等不同的形制。葬式有单人仰身直肢葬、侧身屈肢葬、二次扰乱葬、合葬等。其中仰身直肢葬和二次扰乱葬常见。二次扰乱葬为在死者的上肢骨或上半身有意识地进行扰乱。随葬品种类以陶器为大宗，还有铜器、金器、银器、玉器及绿松石珠、玛瑙珠、贝蚌等，随葬的动物以羊和猪为主，也有狗、牛、马等。随葬品的数量多寡不一，以随葬的陶器为例子，比如，干骨崖墓地每个墓葬的随葬品为1～5件，东灰山墓地多的19件，少的仅有1件。

此外，在东灰山遗址发现有少量的卜骨，用动物的肩胛骨加工而成，上有圆形灼孔。说明当时已有占卜的习俗。

四坝文化经济形态属于半农半牧型，由于地理环境的差异，使农牧的比重在各地有所不同。有的地区偏重于农业，有的偏重于畜牧业或狩猎业，同时兼营农业。

2. 朱开沟文化

20世纪70年代末到80年代初，内蒙古考古工作者在内蒙古中南部伊金霍洛旗的朱开沟发现了以蛇纹鬲为代表的文化遗址，在“内蒙古朱开沟遗址"报告中将其命名为"朱开沟文化"[①]。年代为从龙山晚期到殷墟一期。同类性质的文化遗存发现的较多，主要有准格尔旗的大口、张家塔、陈家梁、张家梁[②]、清水河县的白泥窑子、沙峁圪旦、吕家坡、秦明圪台[③]、包头市阿善[④]、呼和浩特市郊区黄土坡、凉城县毛庆沟、板城、杏树背、双古城等[⑤]。正式发掘或试掘的具有代表性的遗址有伊金霍洛旗朱开沟遗址[⑥]、准格尔旗南壕遗址[⑦]、高家坪遗址[⑧]、寨子塔遗址[⑨]、官地遗址[⑩]、凉城县杨厂沟遗址[⑪]、清水河县的白泥窑子遗址[⑫]、庄窝坪遗址[⑬]等。朱开沟文化分布范围主要集中在鄂尔多斯高原的东部到内蒙古凉城县的岱海地区，类似的遗存南至晋中以北和陕北地区，东达张家口，西界未跨过贺兰山。

---

① 内蒙古文物考古研究所："内蒙古朱开沟遗址"，《考古学报》，1988年，第3期。

② 崔璇、斯琴："内蒙古中南部新石器——青铜时代文化初探"，《中国考古学会第四次年会论文集》，文物出版社，1985年。

③ 同上。

④ 内蒙古文物考古研究所包头市文物管理所："内蒙古包头市阿善遗址发掘简报"，《考古》，1984年，第2期。

⑤ 内蒙古文物考古研究所："内蒙古朱开沟遗址"，《考古学报》，1988年，第3期。

⑥ 内蒙古文物考古研究所："内蒙古朱开沟遗址"，《考古学报》，1988年，第3期；内蒙古自治区文物考古研究所、鄂尔多斯博物馆：《朱开沟——青铜时代早期遗址发掘报告》，文物出版社，2000年5月。

⑦ 内蒙古文物考古研究所："准格尔旗南壕遗址"，《内蒙古文物考古文集》（第一辑），中国大百科全书出版社，1994年。

⑧ 伊克昭盟文物工作站："准格尔旗高家坪遗址"，《内蒙古文物考古文集》（第一辑），中国大百科全书出版社，1994年。

⑨ 内蒙古文物考古研究所："准格尔旗寨子塔遗址"，《内蒙古文物考古文集》（第二辑），中国大百科全书出版社，1997年。

⑩ 内蒙古文物考古研究所："准格尔旗官地遗址"，《内蒙古文物考古文集》（第二辑），中国大百科全书出版社，1997年。

⑪ 北京大学考古系："凉城县杨厂沟遗址清理简报"，《内蒙古文物考古》，1991年，第1期。

⑫ 内蒙古社会科学院历史研究所考古研究室："清水河县的白泥窑子遗址K点发掘报告"，《内蒙古文物考古文集》（第二辑），中国大百科全书出版社，1997年；内蒙古社会科学院历史研究所考古研究室："清水河县的白泥窑子遗址A点发掘报告"，《内蒙古文物考古文集》（第二辑），中国大百科全书出版社，1997年；内蒙古社会科学院历史研究所考古研究室："清水河县的白泥窑子遗址D点发掘报告"，《内蒙古文物考古文集》（第二辑），中国大百科全书出版社，1997年。

⑬ 乌兰察布博物馆清水河县文物管理所："清水河县庄窝坪遗址发掘简报"，《内蒙古文物考古文集》（第二辑），中国大百科全书出版社，1997年。

朱开沟文化的主要特点[①]：朱开沟文化的房址均为半地穴式，有单室、双室和三室，前两种最为常见。单室房子平面以“凸”字形为主，双室平面呈“吕”字形，三室平面呈“王”字形。房子居住面常用灰褐土、褐色土或黄黏土铺垫而成。灶址一般设在居住面的近中央，偏于一侧的不多见。形制为圆形，也有不规则形的。有的是浅坑灶，底铺石板，有的为地面式。流行壁炉。居住面周围多有柱洞。

陶器陶质有夹砂、泥质、砂质三类。陶色为灰色、红褐色、灰褐色、黑褐色及红色。陶器以手制为主，采用泥条盘筑法、轮制和轮修的器物不多。器类有陶鬲、陶甗、陶盆、陶罐、陶瓮、陶钵、陶杯、陶豆、陶杯、陶碗、陶盉、陶簋、陶鬶等。典型器为侈口袋足蛇纹陶鬲、花边鬲、敛口陶鬲、实足根陶甗、三足陶瓮等。纹饰主要有蛇纹、绳纹、篮纹、附加堆纹、划纹、弦纹、圆圈纹、指甲纹等，其中以绳纹和附加堆纹为主，多见于陶鬲，陶罐次之。

生产工具有石、骨、铜、陶等质料，以石器为主，其次是骨器。石器主要有石斧、石刀、石锛、石凿、石镰、石铲、石杵、砍砸器等，石斧、石刀最具有代表性，不仅形制多样，而且有自身的发展序列[②]。

骨器有骨镞、骨匕、骨锥、骨刀、骨针等。

朱开沟文化以朱开沟遗址出土的铜器最具代表性。该遗址出土的铜器可分为武器、工具、装饰品和器皿四大类。武器类有青铜短剑、铜戈、环首铜刀、铜镞等，还有护胸铜圆泡和铜鍪等护身用具；工具类有铜凿、铜锥、铜针等；装饰品有铜指环、铜耳环、臂钏、圆牌等；器皿有铜鼎、铜爵。在各文化遗址中，以朱开沟遗址出土的铜器具有代表性。朱开沟遗址自第三段（相当于夏代中期）即出土铜器，有锥、针、臂钏、耳环、指环等小型器物。第五段开始出现青铜容器、兵器、工具等，有鼎、爵、短

---

① 吕智荣：“朱开沟文化相关问题研究”，《华夏考古》，2002 年，第 1 期；田广金、韩建业：“朱开沟文化研究”，《考古学研究》（五）上册，科学出版社，2003 年；岱海中美联合考古队：“2002 年、2004 年度岱海地区区域性考古调查的初步报告”，《内蒙古文物考古》，2005 年，第 2 期；内蒙古文物考古研究所：“内蒙古朱开沟遗址”，《考古学报》，1988 年，第 3 期；内蒙古自治区文物考古研究所、鄂尔多斯博物馆：《朱开沟——青铜时代早期遗址发掘报告》，文物出版社，2000 年 5 月。

② 内蒙古文物考古研究所：“内蒙古朱开沟遗址”，《考古学报》，1988 年，第 3 期；内蒙古自治区文物考古研究所、鄂尔多斯博物馆：《朱开沟——青铜时代早期遗址发掘报告》，文物出版社，2000 年 5 月。

剑、刀、戈、錾、圆牌。典型器物有铜刀、镞、耳环、指环、臂钏等。

朱开沟文化铜器还没有进行全面检测，只有北京科技大学冶金与材料史研究所选择了铜剑、铜刀、铜戈、铜鼎、铜爵、铜耳环、铜圆牌共八种20件，用金相法、扫描电镜能谱分析法测定了成分及组织，并对其制作技术进行了探讨[①]。研究表明，鉴定的20件铜器中，材质分类为含砷的锡青铜1件，锡青铜5件，铅锡青铜14件，均为青铜制品，铜器的加工铸造使用了热加工和冷加工技术。

从葬俗看，朱开沟文化墓葬主要有土坑竖穴墓和瓮棺葬，还有少数是用废弃的灰坑进行埋葬的。有的有随葬品，有的无随葬品。出土的随葬品有陶器、铜器、石器、骨器及少数绿松珠石、玉珠等装饰品，还有猪、羊、狗等动物及蚌饰物、海贝等。

朱开沟文化社会经济形态以农业为主，兼有家畜饲养和手工业等，晚期畜牧业发展，在经济生活中占主要地位。

3. 高台山文化

高台山文化最早1973年发现于辽宁省新民县高台山，此后，随着同类型考古学文化遗址的不断出现，到1989年明确提出了“高台山文化”的命名[②]。高台山文化主要分布在以辽河支流柳河流域为中心的辽北地区。东不过辽河，西至医巫闾山，西北达阜新，东北到法库，南到海滨。其年代为夏代晚期到商代晚期。

高台山文化主要遗址有辽宁新民高台山遗址[③]、新民公主屯后山遗

① 北京科技大学冶金与材料史研究所内蒙古文物考古研究所：“朱开沟遗址早商铜器的成分及金相分析”，《文物》，1996年，第8期。

② 董新林：“高台山文化研究”，《考古》，1996年，第6期。

③ 沈阳市文物管理办公室：“沈阳新民高台山新石器时代遗址和墓葬”，《辽宁文物》，1981年，第2期；新民县文化馆、沈阳市文物管理办公室：“新民高台山新石器时代遗址1976年发掘简报”，《文物资料丛刊》（7），文物出版社，1983年；沈阳市文物管理办公室：“沈阳新民高台山遗址”，《考古》，1982年，第2期；沈阳市文物管理办公室：“沈阳新民东高台山遗址第二次发掘”，《辽海文物学刊》，1986年，创刊号。

址①、彰武平安堡遗址②、法库湾柳遗址③、叶茂台墓地④等。

高台山文化的主要特征⑤：高台山文化遗址多数位于低台地，黑灰土堆积，多见猪骨出土。房址有长方形半地穴式和圆形地面式建筑，以土坯为建筑材料。

陶器出自墓葬和居住址，墓葬中的随葬品和居住址里出土的器物有明显的差别。

墓葬中出土的陶器以夹细砂红褐陶为主，多为素面，外表常施一层红色陶衣，有附加堆纹、划纹、刺点纹等纹饰。主要器类为带耳陶壶、无耳陶壶、双耳陶罐、圈足陶钵、平底陶钵和陶碗等。生活居址常见陶器为夹砂红褐陶器、灰褐陶和黄褐陶，有少量细砂质红衣陶，基本不见泥质陶；素面器占绝大多数，纹饰仅见少量的附加堆纹、刺点纹、乳钉纹、刻画三角纹和锯齿纹等。陶器器耳发达，有桥状耳、鋬耳、盲耳等。其中竖桥状耳常和鋬耳配合使用，贴附于器壁上。器类有陶鬲、陶甗、陶鼎、陶盆、陶甑、陶罐、陶瓮、陶壶、陶钵、陶豆、陶碗等。

生产工具有石、骨、陶等多种质料，以石器为主。石器多为磨制，也有琢制。常见梯形扁体石斧、半月形或长方形双孔石刀以及石镰、石锛、石凿、石镞等。

骨器主要有骨铲、骨耒、骨凿、骨锥、骨笄、骨针、骨镞等。

铜器发现较少，主要有喇叭口铜耳环、铜刀、管銎式铜斧、鹿首铜刀等。

---

① 沈阳市文物管理办公室："新民公主屯后山遗址遗址试掘简报"，《辽海文物学刊》，1988年，第1期。

② 辽宁省文物考古研究所、吉林大学考古学系："辽宁彰武平安堡遗址发掘简报"，《辽海文物学刊》，1989年，第2期；辽宁省文物考古研究所、吉林大学考古学系："辽宁彰武平安堡遗址"，《考古学报》，1992年，第4期。

③ 铁岭地区艺术馆："辽北地区原始文化遗址调查"，《考古》，1982年，第2期；曹桂林："法库县青铜遗址的考古发现"，《辽海文物学刊》，1988年，第1期；曹桂林、许志国："辽宁法库县湾柳街遗址调查报告"，《北方文物》，1988年，第2期；辽宁大学历史系考古教研室、铁岭市博物馆："辽宁法库县湾柳街遗址发掘"，《考古学报》，1989年，第12期；铁岭市博物馆："辽宁法库县湾柳街遗址试掘报告"，《辽海文物学刊》，1990年，第1期。

④ 铁岭地区艺术馆："辽北地区原始文化遗址调查"，《考古》，1982年，第2期；《辽海文物学刊》，1988年，第1期。

⑤ 董新林："高台山文化研究"，《考古》，1996年，第6期；赵宾福："高台山文化若干问题的探讨"，《青果集》，知识出版社，1993年。

高台山文化墓葬均为长方形土坑竖穴墓，绝大多数都没有葬具和二层台。以单人侧身屈肢葬为主。随葬品一般置于下肢骨附近，主要是陶器，基本组合是壶、罐、钵或壶、钵，钵常常覆扣在壶上，葬俗独特。个别墓葬还随葬石（玉）块、石剑或石饰品等。儿童或婴儿墓多分布在居住址周围，少见墓坑和葬具，个别用双耳罐或陶壶与深腹罐扣合做葬具。

高台山文化是辽北地区目前发现的年代最早的青铜文化，为研究该地区青铜文化发展提供了宝贵的资料。

4. 二里头文化

二里头文化因最早发现于河南偃师二里头遗址而得名。夏鼐先生于1962年在“新中国的考古学”一文中正式提出“二里头类型文化”，以后称“二里头文化”①。二里头文化存在的年代为约公元前21至前17世纪。现已发现遗址近百处。经过发掘的遗址主要有河南偃师二里头、洛阳东干沟、矬李、东马沟、陕县七里铺、临汝煤山、郑州洛达庙和山西夏县东下冯、翼城感军等。中心地区为豫西和晋南，根据两地的差异，又区分为“二里头类型”和“东下冯类型”。

二里头文化的性质，学界的争议很大。一是认为二里头文是属夏文化；二是认为二里头文化可分为前、后两阶段，前一阶段属夏文化，后一阶段是早商文化。还有的将二里头文化分为四期，认为二里头文化一、二期属夏代，三、四期属商代。

二里头文化的主要特点②：居住址有半地穴式、地面式和窑洞式三种，平面形状有圆形、方形圆角和长方形等。二里头遗址上层发现有宫殿式建筑，由堂、庑、庭、门等组成，布局严谨，是迄今所知中国最早的宫殿建筑。在各遗址中，居住址附近多有灰坑、窖穴、水井等遗迹，一些遗址中还发现有铸铜、制陶、制骨、琢玉等作坊址。

陶器以灰色为主，多砂质陶。陶器种类多，有陶鼎、折沿深腹陶罐、侈口圆腹陶罐、三足陶盘、深腹陶盆、平底陶盆、陶豆、陶澄滤器、小口高领陶罐和大口陶缸、陶盉、陶觚、陶爵等。纹饰主要有拍印的绳纹，流行鸡冠耳饰和花边口沿，箍状泥条堆纹发达。

生产工具以石器为主，石铲和石镰数量多，还有石斧、石锛、石凿等。

---

① 《中国大百科全书》（考古卷），中国大百科全书出版社，1986年。

② 《中国大百科全书》（考古卷），中国大百科全书出版社，1986年；李维明：“20世纪夏史与夏文化探索综论”，《河南大学学报》（社科版），2000年，第3期。

骨器有骨铲、骨锥、骨凿、骨针、骨镞、鱼叉等。还发现有蚌镰和木耒。二里头文化已经发现的骨器有骨铲、骨锥、骨凿、骨刀、骨针、骨镞、骨簪、骨匕、骨梳、象牙器、雕刻器等。

铜器有铜锥、铜针、铜凿、铜臂钏、铜耳环、铜指环、铜鼎、铜爵、铜短剑、铜刀、铜戈、铜錾、铜圆牌等。出土的铸铜遗物有坩埚、陶范、铜渣。

玉器种类多，有柄形饰、玉戈、玉钺、玉刀、玉琮、玉玦、玉镞、玉圭、玉璋、玉璜等。

出土的动物遗骸有猪、狗、鸡、马、牛、羊、鹿、鱼、獾、獭、龟等动物骨骼。同时还有卜骨出土。

墓葬分三种类型。一是大墓，墓室为长方形竖穴土坑，长 3 米左右。有棺有椁，朱砂铺底，垫席。随葬铜、玉、绿松石等礼器。这类墓主人具有很高的地位。二是中、小型墓，面积只有大墓的五分之一或三分之一，长方形竖穴土坑。仰身直肢葬式，随葬品主要是陶器，有的也有玉器、贝等物。属正常埋葬，墓主人有一定的财产，随葬品的多寡表明其贫富差别。墓葬形式为长方形土坑竖穴墓葬，葬式为仰身直肢。

随葬器以陶器为主，常见陶鼎、陶罐、三足陶盘、陶盆、陶觚、陶盉、陶爵等。多者十多件，少者数件。还有铜器、贝、玉饰件等。三是乱葬，人骨遗骸弃于灰坑、灰层中，有的身、首异处，无随葬品。这部分人一无所有，可能是战俘或奴隶。

二里头文化的经济形态以农业为主，还有渔猎、饲养业、手工业等生产部门，已出现了明显的社会分化。

5. 岳石文化

20 世纪 30 年代，在山东省章丘市（当时属历城县）龙山镇城子崖遗址中，已发现了典型的岳石文化遗物和夯土城墙。此后，陆续发现了一些相同类型的文化遗存。到 1981 年，严文明先生首次将该文化命名为“岳石文化”①，其年代约在公元前 2000 至前 1500 年，相当于夏代至商初。

发现的遗址较多，主要遗址有平度东岳石②、章丘城子崖、牟平照格

---

① 张国硕：“岳石文化研究综述”，《郑州大学学报》，1996 年，第 1 期。

② 中国科学院考古研究所山东发掘队：“山东平度东岳石村新石器时代遗址与战国墓”，《考古》，1962 年，第 10 期。

庄[1]、长岛砣矶岛大口、后口、大黑山岛北庄[2]、海阳司马台和黄县邵家[3]、泗水尹家城[4]、益都郝家庄和寿光火山埠[5]、沂源姑子坪[6]、鹿邑栾台[7]、邹平丁公[8]、天齐庙[9]、昌乐县邹家庄[10]、兖州西吴寺[11]等。岳石文化分布范围达到了鲁西南、豫东、皖北、苏北等地区。由于岳石文化分布范围较广，各地的文化面貌不同，在学术界将岳石文化分为照格庄类型、郝家庄类型、尹家城类型和清凉山类型等四个地方类型。

岳石文化的主要特征[12]：岳石文化的房址均为地面建筑，基址方形或长方形，布局有单间、双间。在城子崖发现有城址，平面近方形，面积为17万平方米。

陶器以夹砂褐陶、夹砂羼云母褐陶和泥质灰陶为主；轮制陶不发达，陶胎厚重；器表以素面为大宗，此外还有少量的弦纹、旋纹、附加堆纹、凸棱纹、戳印纹等纹饰；器类较丰富，以樽形陶器、陶豆、陶盂、陶鼎及夹砂陶罐数量较多，还有一定量的陶器盖、陶盆、陶瓮、陶碗等。

生产工具有石、骨、蚌、陶等多种材质，以石器为主。石器绝大多数为磨制，只有极少数为打制。石刀、石铲最多，其次是石䦆、石斧、石锛，还有少量的石镞、石凿、石镰等。其中以半月形双孔石刀、带亚腰或

① 中国社会科学院考古研究所山东队：“山东牟平照格庄遗址”，《考古学报》1986年，第4期。

② 北京大学考古实习队等：“山东长岛县史前遗址”，《史前研究》，1983年，创刊号。

③ 北京大学考古实习队等：“山东海阳、莱阳、莱西、黄县原始文化遗址调查”，《考古》，1983年，第3期。

④ 山东大学历史系考古专业教研室：《泗水尹家城》，文物出版社，1990年。

⑤ 吴玉喜：“岳石文化地方类型初探”，《考古学文化论集》（三），文物出版社，1993年。

⑥ 任相宏：“沂源县姑子坪龙山文化至周代遗址”，《中国考古学年鉴》，1991年。

⑦ 河南省文物研究所：“河南鹿邑栾台遗址发掘简报”，《华夏考古》，1989年，第1期。

⑧ 山东大学历史系考古专业等：“山东邹平丁公遗址试掘简报”，《考古》，1989年，第5期；“山东邹平丁公遗址第二、三次发掘简报”，《考古》，1992年，第6期。

⑨ 国家文物局田野考古领队培训班：“泗水天齐庙遗址发掘的主要收获”，《文物》，1994年，第12期。

⑩ 北京大学考古实习队：“山东昌乐县邹家庄遗址发掘简报”，《考古》，1987年，第5期。

⑪ 国家文物局考古领队培训班：《兖州西吴寺》，文物出版社，1990年。

⑫ 张国硕：“岳石文化研究综述”，《郑州大学学报》，1996年，第1期；张国硕：“岳石文化的渊源再探”，《郑州大学学报》，1994年，第6期；张翠莲：“先商文化、岳石文化与夏家店下层文化关系考辨”，《文物季刊》，1997年，第2期。

竖向浅凹槽石斧、方孔石锄、石铲、石镬等最具代表性。

骨器数量多，有骨锥、骨笄、骨匕、骨镞、骨针等。

蚌器也较多，有蚌铲、蚌刀、蚌镰、蚌锥、蚌镞等。

青铜器发现的数量不多，有铜锥、铜镞、铜刀、铜手镯等。

此外，还有少量卜骨出土。

由于岳石文化墓葬遗存甚少，研究薄弱，葬俗还不十分明确。

岳石文化的经济生活是以农业为主，狩猎、采集在经济生活中占一定地位。

二、夏家店下层文化与周邻地区考古学文化的关系

1. 夏家店下层文化与四坝文化的关系

夏家店下层文化与四坝文化所处的地理位置不同，但两种文化之间存在着联系。夏家店下层文化遗址中出土的部分器物与四坝文化的同类器物有相同之处，其中青铜器最具有代表性。在装饰类中多环型指环分别见于四坝文化和夏家店下层文化，四坝文化指环将较细的铜丝连续缠绕成螺旋状，一般达三圈以上[①]，北京房山琉璃河夏家店下层文化墓葬出土1件指环也为绕圈状[②]。四坝文化耳环中有用铜、金、银条弯曲而成，一头甚尖，一头齐平并经过锤扁，其形状和北京昌平雪山墓葬出土的金耳环几乎完全一样[③]。“U”字形耳环，环身细长，一端近似喇叭状，另一端为圆锥状，在夏家店下层文化和四坝文化遗址中都有出土，四坝文化遗址出土数量不多[④]。夏家店下层文化遗址出土的数量较多。在辽宁阜新平顶山夏家店下层文化石城出土1件（G104④：2），长8.5厘米[⑤]。天津蓟县张家园遗址第四层出土铜耳环2件，完整者1件，一端为喇叭口形[⑥]。河北唐山小官庄石棺墓出土铜耳环1件，通长1.9厘米，底端宽1.2厘米，厚0.8

---

① 李水城、水涛：“四坝文化青铜器研究”，《文物》，2000年，第3期。

② 北京市文物管理处等：“北京琉璃河夏家店下层文化墓葬”，《考古》，1976年，第1期。

③ 严文明：“论中国的铜石并用时代”，《史前考古论集》，科学出版社，1998年。

④ 李水城、水涛：“四坝文化青铜器研究”，《文物》，2000年，第3期。

⑤ 辽宁省文物考古研究所、吉林大学考古学系：“辽宁阜新平顶山石城址发掘报告”，《考古》，1992年，第5期。

⑥ 天津市文物管理处：“天津蓟县张家园遗址试掘简报”，《文物资料丛刊》（1），文物出版社，1977年12月。

厘米，柄径 0.2 厘米[①]。天津蓟县围坊遗址出土铜耳环 1 件，一端近似喇叭口状，环身细长[②]。蔚县境内的遗址中也有“U”字形喇叭状铜耳饰出土[③]。

夏家店下层文化和四坝文化都出土有带銎铜镞和环首铜刀。河北易县下岳各庄遗址第一期遗存出土铜镞 1 件，长 3.2 厘米。平面呈三角形，双翼，短铤，有銎[④]。四坝文化出土的双翼有銎镞，前端锋刃作三角形，尾端出铤[⑤]。河北唐山古冶遗址出土环首铜刀 1 件，仅存柄部，残长 7.2 厘米，环首残缺[⑥]。四坝文化环首直柄刀数量多于夏家店下层文化，并且器形也比较大，一般长 10 厘米以上，最长超过 20 厘米[⑦]。

2. 夏家店下层文化与朱开沟文化的关系

夏家店下层文化与朱开沟文化间的关系，从考古发掘出土的青铜器和陶器中得到证实。

从出土的铜器看，环首刀不仅见于夏家店下层文化、四坝文化，在朱开沟文化遗址[⑧]中也有出土。比如，朱开沟遗址出土的环首刀（M1040：3）通长 34.9 厘米，柄长 14.8 厘米，刃宽 2.5 厘米。刀身细长，弧背较厚，尖部上翘，环首，与夏家店下层文化同类器物相似。朱开沟文化和夏家店下层文化中的椭圆形耳环，形制和结构大致相同[⑨]。

夏家店下层文化遗址出土的陶器中有与朱开沟文化相似的蛇纹鬲、带纽圆腹罐及三足瓮等陶器，而这些器物是朱开沟文化的典型器物组合[⑩]。朱开沟文化蛇纹鬲多为砂质薄胎，呈灰褐色或黄褐色，外表饰中、细绳纹，在绳纹上有各种形状弯曲细泥条附加堆纹，似蛇爬行状，故称其为蛇纹鬲。在夏家店下层文化中，出土蛇纹鬲的遗址有河北宣化李大人庄、翁

---

① 安志敏：“唐山石棺墓及其相关的遗物”，《考古学报》（第 7 册），1954 年。

② 天津市文物管理处考古队：“天津蓟县围坊遗址发掘报告》”，《考古》，1983 年，第 10 期。

③ 张家口考古队：“蔚县夏商时期考古的主要收获”，《考古与文物》，1984 年，第 1 期。

④ 拒马河考古队：“河北易县涞水古遗址试掘报告”，《考古学报》，1988 年，第 4 期。

⑤ 李水城、水涛：“四坝文化青铜器研究”，《文物》，2000 年，第 3 期。

⑥ 河北省文物研究所：“唐山古冶商代遗址”，《考古》，1984 年，第 9 期。

⑦ 李水城、水涛：“四坝文化青铜器研究”，《文物》，2000 年，第 3 期。

⑧ 白云翔：“中国的早期铜器与青铜器的起源”，《东南文化》，2002 年，第 7 期。

⑨ 同上。

⑩ 田广金等：“鄂尔多斯式青铜器的渊源”，《考古学报》，1988 年，第 3 期。

牛特旗五分地、喀喇沁旗上瓦房、敖汉旗大甸子等[①]。朱开沟文化的带纽圆腹罐在夏家店下层文化也有出土。张家园遗址出土1件（65T2④a：3），为夹砂褐陶，直口，腹微鼓。饰绳纹加划纹，近口部抹掉。唇外附两个对称的小鋬。口径14厘米[②]。唐山古冶遗址出土1件（T1④：175），为灰褐陶，敛口，素面[③]。

这些都是两文化交流的见证。

3. 夏家店下层文化与高台山文化的关系

高台山文化与夏家店下层文化彼此间曾有密切接触。

夏家店下层文化中出土有高台山文化风格的陶器，这类器物在夏家店下层文化东部地区的遗址中发现较多。大甸子墓地出土的陶器中有高台山文化特点的陶器，说明夏家店下层文化中有来自高台山文化的人口[④]。在距离大甸子墓地约15千米的范杖子墓地，出土的随葬品虽有夏家店下层文化特征的A型陶鬲，但常见的陶器组合为罐、碗、壶，或为其中的两种，属于高台山文化的习俗。范杖子墓地共有80多座墓，具有同类特征的陶器的总数，与大甸子800多座墓葬中具有同类特征的陶器数量相当，可见范杖子墓地高台山文化因素已超过了大甸子墓地[⑤]。在夏家店下层文化辽宁北票丰下遗址出土的陶甗（T9③：4），上部为盆形，袋足肥大，裆高，袋足下多附加圆锥形实足，具有高台山文化同类型器的特点[⑥]。赤峰四分地出土1件陶壶（H4：1），口径7厘米，通高11厘米。长颈，圆唇，圆腹、平底，素面磨光，接近高台山文化风格[⑦]。1975年在奈曼旗、库伦旗进行考古调查时发现有高台山文化特点的器物，在阜新平顶山遗址

① 田广金等："鄂尔多斯式青铜器的渊源"，《考古学报》，1988年，第3期。

② 天津市历史博物馆考古队："天津蓟县张家园遗址第二次发掘"，《考古》，1984年，第8期。

③ 河北省文物研究所："唐山古冶商代遗址"，《考古》，1984年，第9期。

④ 刘观民："不同文化之间特征品交叉现象释例"，《中国考古学论丛——中国社会科学院考古研究所建所40周年纪念》，科学出版社，1993年。

⑤ 刘观民："不同文化之间特征品交叉现象释例"，《中国考古学论丛》，科学出版社，1993年。

⑥ 辽宁省文物干部培训班："辽宁北票丰下遗址1972年春发掘简报"，《考古》，1976年，第3期。

⑦ 辽宁省博物馆等："内蒙古赤峰县四分地东山嘴遗址试掘简报"，《考古》，1983年，第5期。

第一期也都发现有高台山文化因素[①]。

此外，在辽宁北票市康家屯夏家店下层文化城址还发现有夏家店下层文化陶鬲、陶甗、陶樽、陶瓮与高台山文化典型器高领陶壶共存的现象[②]。有学者认为在夏家店下层文化墓葬中尽管有高台山文化特征的陶器如陶罐、陶钵、陶壶等在随葬品中出现，但并不是替代了夏家店下层文化特征的陶鬲、陶罐，而是充当了具有夏家店下层文化特征的同类器物[③]。高台山文化居民已融入了当地夏家店下层文化社会生活之中，并得到了夏家店下层文化居民的认同。到了夏家店下层文化的晚期，绳纹灰褐陶系渐衰，出现相当数量的夹砂红褐陶，素面陶增加，高台山文化因素渐盛[④]。

此外，在高台山文化遗址中也发现有夏家店下层文化的因素，例如，在顺山屯等高台山文化墓葬中发现了具有夏家店下层文化风格的盂形器，高台山文化三足器的制作工艺具有夏家店下层文化陶器的风格[⑤]。

4. 夏家店下层文化与二里头文化的关系

夏家店下层文化与二里头文化之间也存在着文化交流。从出土的青铜器看，锦西水手营子夏家店下层文化墓地出土的铜戈，戈援狭长，形制很像二里头三期所见铜戈，但锦西水手营子铜戈柄身连铸的特点及戈柄所饰纹饰都具有浓厚的北方风格[⑥]。在二里头文化 1980 年Ⅲ区 M2 出土的环首铜刀通长 26.2 厘米，与夏家店下层文化环首铜刀十分相似[⑦]。二里头文化东下冯出土的铜刀（T1022④：19）和天津蓟县围坊遗址出土的铜刀Ⅰ式（T4③：1）形制相似，都残存刀身的前段，刀尖上翘，刀身断面呈锐三角形，夏家店下层文化的双翼铜镞在二里头文化遗址中也有出土[⑧]。这些

① 王立新等：“夏家店下层文化渊源刍论”，《北方文物》，1993 年，第 2 期。

② 辽宁省文物考古研究所：“辽宁北票市康家屯城址发掘简报”，《考古》，2001 年，第 8 期。

③ 刘观民：“不同文化之间特征品交叉现象释例”，《中国考古学论丛》，科学出版社，1993 年。

④ 刘晋祥：“大甸子墓地乙群陶器分析”，《中国考古学研究》（一），文物出版社，1986 年。

⑤ 赵宾福：“高台山文化若干问题的探讨”，《青果集》，知识出版社，1993 年。

⑥ 王立新、卜箕大：“对夏家店下层文化源流及与其他文化的关系的再认识”，《青果集》，知识出版社，1998 年。

⑦ 林沄：“夏代的中国北方系青铜器”，《边疆考古研究》（第一辑），科学出版社，2002 年。

⑧ 严文明：“论中国的铜石并用时代”，《史前考古论集》，科学出版社，1998 年。

都是北方文化影响中原文化的具体体现。

从陶器看，大甸子墓地出土了具有明显中原二里头文化特征的遗物，如陶鬶、陶爵，它们与河南省堰师县二里头遗址及洛阳市东马沟遗址出土的二里头文化陶爵、鬶具有明显的共同特征，形制几乎完全一致[①]。从陶质陶色看，二里头文化陶爵、鬶之胎质多坚致细腻，泥质陶爵轻薄，多为灰、白色，夹砂陶爵稍厚重，多呈褐色。陶鬶则以白陶（包括泛黄或泛红者）为主，罕见其他陶色。大甸子陶爵、鬶均表面呈灰褐、灰黑色，内胎多作红褐色，胎质稍软。从器物形制看，二里头陶爵形体匀称，窄流尖尾，流与口有明显分界，陶鬶有平流，有尖流。大甸子陶爵腰瘦高，腹部很小，流与口的界限往往不够分明，尾宽拙。陶鬶未见有尖流者。在装饰方面，二里头陶爵流行在腹部刻画几何纹，或在颈及下腹施附加堆纹，鋬上刻画人字纹，鋬首贴泥丁。陶鬶除了腰部的附加堆纹，少见其他装饰。大甸子陶爵、鬶流行以篦点构成的斜平行线所组成的带状或三角形几何纹。有学者认为大甸子陶爵、鬶虽然都是以中原二里头文化陶爵、鬶为祖型，绝非通过商业贸易、战争掠夺或友好馈赠等方式从中原地区得来的现成制品，而是在当地制造的产品，其制作使用者，当是对中原二里头文化及夏家店下层文化都相当熟悉的人[②]。

另外，在大甸子墓地出土的彩陶上绘制的兽面纹图案（又称饕餮纹，最典型的是大甸子报告中的 Ab 式 M522：6 和 M4：1，见于117M522：6 鬲和 M4：1 罐），与二里头遗址出土的绿松石镶嵌兽面纹牌饰的图案极其相似[③]。117M522：6 鬲和 M4：1 罐上的兽面纹图案，发掘报告中描述为单元竖长尽器颈以下，饶器一匝画三个单元，不连续。画面竖长，单元中线画白色竖线，均分单元为左右两半。由竖线分向两侧连画两组对称的“C”形卷曲纹，竖线下端至裆歧分“人”字，各与“C”形卷曲纹相连。整体图案下部为兽面，上部为兽身[④]。二里头遗址出土的绿松石镶嵌兽面

---

① 李伯谦：“中国青铜文化的发展阶段与分区系统”，《华夏考古》，1990 年，第 2 期；刘观民：“不同文化之间特征品交叉现象释例”，《中国考古学论丛》，科学出版社，1993 年；王立新、卜箕大：“对夏家店下层文化源流及与其他文化的关系的再认识”，《青果集》，知识出版社，1998 年。

② 杜金鹏：“试论夏家店下层文化中的二里头文化因素”，《华夏考古》，1995 年，第 3 期。

③ 见本书第四章第三节夏家店下层文化彩陶图。

④ 中国社会科学院考古研究所：《大甸子——夏家店下层文化遗址与墓地发掘报告》，科学出版社，1996 年。

纹牌饰以 M4：5 和 M11：7 具有代表性[①]。M4：5 长 14.2 厘米，宽 9.8 厘米。板瓦状，圆角，中部呈弧状束腰，两侧各穿孔钮。凸面由长条形、三角形、弯月形、圆形等多种形状的绿松石片粘嵌成若浅浮雕的兽体形象。中为轴线，中轴线用宽的绿松石片粘嵌，突出兽体的鼻、尾和中脊；轴线两侧用绿松石片对称粘嵌，主要用弧线表现出兽体的不同部位，兽体的头部为圆目、大耳、短鼻的动物模样，下体粗且背侧有对称的卷云纹。M11：7 长 18.5 厘米，宽 8～11 厘米。凸面主要用长条的绿松石片粘嵌出兽面形象，中轴线居中，用宽条的绿松石片粘嵌。轴线两侧用窄条的绿松石片对称粘嵌，铜片上浮现出兽面。颜面长，上颚扁平，臣形双目，目的上部有弯卷的双眉和双角。

此外，大甸子墓地出土的似玉圭的长条形器，与二里头遗址同类玉器十分相似[②]。

5. 夏家店下层文化与岳石文化的关系

夏家店下层文化与岳石文化的关系密切，它们之间不仅存在有共同之处，而且也出一些与对方相似的典型器物。张翠莲在“先商文化、岳石文化与夏家店下层文化关系考辨”中进行了系统的研究[③]。

夏家店下层文化与岳石文化二者的房址都是方形和长方形基址，布局都有单间和双间，都发现有红烧土面和柱洞。二者的灰坑都有圆形、椭圆形、方形和不规则形，且均以圆形和椭圆形为主。

二者都发现有大量的陶器、石器、骨器及青铜器等文化遗物。

陶器均有大量的夹砂褐陶和泥质灰陶，且都发现有一部分夹砂陶兼羼云母和滑石；陶器的制法均以手制为主，部分器物口沿经过慢轮修整。均有一部分陶器外表颜色斑驳，灰褐相杂。器表均有一定量的素面和磨光以及少量附加堆纹、划纹及彩绘；器类中均多见陶甗、陶罐、陶盆、陶瓮、陶鼎等。

石器均以磨制为主，打制较少，均有少量细石器存在。器类均多见石刀、石铲、石斧，均有大量的扁平长方形石铲、梯形石铲、圆角长方形石

---

① 叶万松、李德方：“偃师二里头遗址兽纹铜牌考识”，《考古与文物》，2001 年，第 5 期；王金秋：“谈二里头遗址出土的铜牌饰”，《中原文物》，2001 年，第 3 期。

② 杨晶：“关于大甸子墓地玉器的分析”，《文物》，2000 年，第 9 期。

③ 张翠莲：“先商文化、岳石文化与夏家店下层文化关系考辨”，《文物季刊》，1997 年，第 2 期。

斧、矩形石刀等。骨器均有铤身分界不明显的三棱形或圆锥形骨镞、铤身分界明显的身为三角形或圆锥形、铤为圆锥形的骨镞、穿孔或无孔长条形的骨匕。

二者均发现有少量的青铜器，器类中都有铜镞、铜刀等，而且铜刀形制相近，器体扁薄，刀尖上翘。二者的卜骨都选用动物的肩胛骨制成，上面有钻有灼。

在两个文化的遗址中均发现有球形和橄榄形的网坠、扁圆饼形的纺轮等制陶工具。

同时，在两个文化遗址中还出一些与对方相似的典型器。比如，在岳石文化照格庄、郝家庄等遗址发现的陶樽，敞口直腹，下腹内折，与夏家店下层文化南山根、丰下等遗址出土的同类器相似；在岳石文化尹家城遗址出土的绳纹厚胎鬲、弧裆、筒腹，与夏家店下层文化张家园 T2④：1 极为相似。同样，在夏家店下层文化的遗址中也有岳石文化典型器或变体器存在。如在夏家店下层文化东山嘴、丰下遗址出土的泥质黑陶磨光的浅盘豆、厚唇直壁矮圈足盘与岳石文化尹家城、清凉山所出同类器完全相同；在夏家店下层文化蜘蛛山、红山后出土的侈口夹砂罐、丰下遗址出土的覆钵状器盖等与岳石文化典型器无异。在蜘蛛山、大坨头等遗址出土的夹砂罐或泥质钵口沿上发现有叠边或鼓边，而叠边和鼓边正是岳石文化的特征之一。

综上所述，夏家店下层文化在其发展过程中与同一时期周邻地区诸文化存在着一定的联系，它们之间相互影响，共同发展。夏家店下层文化，是中国早期青铜文化的重要组成部分，与同一时期诸文化一样，在中华文明起源和发展进程中都做出了重要的贡献。

第二节　夏家店下层文化的消失及流向

夏家店下层文化存在的年代为 4000～3500aB. P.，在 3500aB. P. 前后突然消失，退出了历史舞台。夏家店下层文化消失的原因及文化流向一直备受学术界的关注。

一、夏家店下层文化消失的原因

许多学者就夏家店下层文化消失的原因进行过探讨，并且提出了不同的观点。比如，有的认为夏家店下层文化消失是由于当地文化交融，发展成了一种新文化；或因异族或因自然灾害的侵袭，迫使先民背井离乡，迁居别地[①]。多数学者认为气候环境的变化是导致夏家店下层文化消失的最主要和最根本的原因[②]。笔者同意此观点。气候环境学的研究表明，在3500aB. P. 气温骤变，此后逐渐出现变干变冷的趋势，干冷期出现，大暖期结束。这一变化对自然生态环境和人类的生存环境都产生了重要的影响，并导致了文化的变迁。

在 3500aB. P. 前后，气温发生了明显的变化。在大暖期年均温度比现在高 2～3℃，降水量比现在也高出许多。而此时（3500aB. P.）年均温度比现在低 1～2℃。与大暖期相比，年均温下降幅度为 3～5℃。降水量也明显的减少[③]。

气候变干、变冷，对中国北方地区影响尤其明显。祁连山冰芯在3000aB. P. 以前的温度以暖为主，而 3000aB. P. 以后，以变冷趋势为主。在同期，北京地区山前平原和山间盆地内中全新世普遍沉积的泥炭停止发育，其开始的时间是在 3000aB. P. 。

在辽宁南部地区，根据沉积地层结构、孢粉组合、14C 年代等方面资料的综合分析，冰后期温暖气候转变为凉爽或比较寒冷气候的界线在2500aB. P. 。

内蒙古中东部冰缘地貌的研究表明，寒冷的第三冰缘阶开始于 2300～2400aB. P. [④]。

---

① 李恭笃、高美璇："夏家店下层文化分期探索"，《辽宁省考古、博物馆学会成立大会会刊》，1981 年。

② 马利清："夏家店下层文化源流考"，《内蒙古大学学报》，1996 年，第 6 期；郭大顺："西辽河流域青铜文化研究的新进展"，《中国考古学会第四次年会论文集》，文物出版社，1983 年；李永化："传承的非稳定性特征——关于辽西考古文化演替规律的思考"，《辽宁师范大学学报》，2003 年，第 5 期；邓辉："燕北地区两种对立青铜文化的自然环境透视"，《北京大学学报》，1997 年，第 2 期。

③ 索秀芬："内蒙古农牧交错带考古学文化经济形态转变及其原因"，《内蒙古文物考古》，2003 年，第 1 期。

④ 邓辉："燕北地区两种对立青铜文化的自然环境透视"，《北京大学学报》，1997 年，第 2 期。

在西辽河流域，从夏家店下层文化和夏家店上层文化遗址中出土的动植物遗存也可以看出气候的变化。比如，在夏家店下层文化敖汉旗大甸子墓出土的野生植物遗存有松、云杉、榆、胡桃、蒿、莎草科、禾本科、豆科和水龙骨、香蒲、麻黄等。其中，喜温耐干的松、沼生草本植物香蒲及喜温的榆、胡桃数量较多，说明当时的气候环境较今天温暖潮湿①。到夏家店上层文化时期，则发生了明显的变化。研究人员对敖汉旗周家地墓地M45墓主残存的腹部取样进行孢粉分析，发现孢粉有213粒，其中禾本科植物花粉占孢粉总数的77.4%，其次是蒿属、藜科、豆科和毛茛科，有一粒松树花粉②。蒿科、藜科等草本植物属于半干旱、干旱气候下生长的植物。两遗址出土的植物种类不同，反映出气候有变干、变凉的趋势。

从出土的动物遗存看，夏家店下层文化遗址出土的动物骨骼以猪骨、狗骨、牛骨、羊骨、鹿骨等为主，夏家店上层文化时期出土动物骨骼有狗骨、猪骨、羊骨、牛骨、马骨等。由于气候干凉，鹿科动物少见，马、牛、羊数量增多，尤其是马在这一时期突然大量出现。马是奇蹄目，马科，马属，其生存环境属于干燥寒冷的草原气候。可见，本地区气候此时明显变干，草原面积扩大。

在同一时期，内蒙古中南部的朱开沟文化的生态环境和文化内涵也发生了变化。从朱开沟文化一期到李家崖文化时期大约600年的时间内，降水量以每100年25～33毫米的速度减少，总降水量减少150～200毫米左右③。气候变干对植被和生态也产生了重要的影响。在朱开沟遗址第一段文化层中蒿、藜科植物花粉的比例仅占50%，以后随着时间的推移这类植物所占比重越来越大，由50%增至70%，至第五段已达到93%，成为占绝对优势的植物。由于蒿科、藜科植物的旱生属性，这类植物比例的增加反映了环境逐渐向干旱方向发展。朱开沟遗址第一段到第五段，随着气候干旱程度逐渐增加，羊、牛与猪之间的比例也有逐渐增加的趋势，经济形态逐渐转向畜牧业转变④。

---

① 赵志军："探寻中国北方旱作农业起源的新线索"，《中国文物报》，2004年11月12日（第七版）。

② 孔昭宸等："内蒙古自治区赤峰市距今8000～2400年间环境考古学的初步研究"，"大甸子——夏家店下层文化遗址与墓地发掘报告》，科学出版社，1996年3月。

③ 方修琦等："3500aB. P. 我国北方农牧交错带降水突变的幅度与速率"，《地学前缘》，2002年，第1期。

④ 韩茂莉："论中国北方畜牧业产生与环境的互动关系"，《地理研究》，2003年，第1期。

不仅如此，在同一历史时期，在整个中国北方地区乃至全球范围内都出现由于气候环境的变化而引起的文化巨变。研究表明，“中国北方地区，包括甘青地区、内蒙古中部到东部及辽西地区出现了历史文化的变迁。目前的考古发掘资料证明，在距今5000多年前的新石器时代，这一地区以原始农业占主导地位并兼有采集、渔猎等经济文化类型。在3500aB. P.前后，在气候变化的背景下，开始向半农半牧经济转变。这一地区具有农牧兼容的经济文化特征，形成了中国北方农牧交错带。甘青地区继马家窑文化之后发展起来的是齐家文化，内蒙古中部地区朱开沟文化畜牧业经济成分增加，内蒙古东部和辽西地区夏家店下层文化被夏家店上层文化取代。这一转变过程正值气候由暖湿向冷干的变化”①。“这种变化不仅限于中国北方地区，与朱开沟文化晚期、夏家店上层文化时代相近，欧亚草原除长城沿线及以北地区的鄂尔多斯青铜器外，黑海北岸的斯基泰文化、咸海沿岸、谢米列奇耶和天山地区的萨基文化、叶尼塞河中游米奴辛斯克盆地的塔加尔文化、图瓦的乌尤克文化、阿尔泰的巴泽雷克文化、蒙古西部的乌兰固文化、蒙古东部和外贝加尔的石板墓文化等都是典型的畜牧文化。这些典型的畜牧文化几乎出现在同一时期，从欧亚草原的中部一直延伸到中国长城沿线，构成世界上连续性最长的文化景观”②。

从全球范围看，国外学者的研究表明，在3500aB. P.，在从非洲北部到印度西北部的广大地区也发生过以显著变干为特征的降水突变，这一变化对古埃及、古印度和古巴比伦三大文明古国的衰亡也产生了深远的影响③。

由此可见，在3500aB. P.气候变化是一个全球性的事件，气温降低，降水减少。随着气候变冷、变干，温性森林减少，草原扩大，以农业经济为主的夏家店下层文化被以畜牧业为主要特色的夏家店上层文化取代，夏家店下层文化消失。

降温事件是导致夏家店下层文化消失的主要原因。

---

① 韩茂莉：“中国北方农牧交错带的形成与气候变迁”，《考古》，2005年，第10期。

② 韩茂莉：“论中国北方畜牧业产生与环境的互动关系”，《地理研究》，2003年，第1期。

③ 方修琦等：“3500aB. P. 我国北方农牧交错带降水突变的幅度与速率”，《地学前缘》，2002年，第1期。

二、夏家店下层文化的流向

在学术界，由于对夏家店下层文化分布范围及文化类型的研究存在不同的观点，因此，在夏家店下层文化消失后，对该文化的流向及承继关系也存在异议。主要观点如下。

认为在约距今3500年前左右，夏家店下层文化消失，代之以畜牧为主要特色的夏家店上层文化①。

夏家店下层文化与上层文化有某种共同因素，有一定的承袭关系，属于同一系统，但中间存在缺环②。

在夏家店下层文化消失之后，出现的是魏营子类型。魏营子类型上承夏家店下层文化，下启夏家店上层文化③。

夏家店下层文化结束后，出现了两个文化分支。即在辽宁西部黄土丘陵地区至努鲁儿虎山，东达医巫闾山，东南到渤海沿岸，存在的是魏营子文化；在北部老哈河、西拉沐沦河流域的则是与之并行发展的夏家店上层文化④。有的学者则认为在辽西的东部地区为魏营子文化，西部地区为夏家店上层文化⑤。

夏家店下层文化消失后出现了三种情形。在原药王庙类型范围内出现的是魏营子类型，大坨头类型范围内出现的是张家园上层类型，原壶流河流域因考古资料不多，情况不明⑥。在夏家店下层文化结束后，燕山南北长城地带曾存在三种不同文化共同体，赤峰及周围地区包括老哈河、西拉沐沦河流域为夏家店上层文化，大、小凌河流域为魏营子文化，燕山山地承德和京津地区为张家园上层文化。三者互相影响，文化特征有某些相似

---

① 马利清："夏家店下层文化源流考"，《内蒙古大学学报》，1996年，第6期。

② 邹衡："关于夏商时期北方诸临境文化的初步探讨"，《夏商周考古学论文集》，文物出版社，1980年。

③ 郭大顺："西辽河流域青铜文化研究的新进展"，《中国考古学会第四次年会论文集》，文物出版社，1983年。

④ 邓辉："燕北地区两种对立青铜文化的自然环境透视"，《北京大学学报》，1997年，第2期。

⑤ 王立新："辽西区夏至战国时期文化格局与经济形态的演进"，《考古学报》，2004年，第3期。

⑥ 李伯谦："张家园上层类型若干问题研究"，《中国青铜文化结构体系研究》，科学出版社，1998年。

之处[①]。

依据目前的研究成果，笔者认为由于气候环境的变化，夏家店下层文化被新的文化类型取代。在老哈河、西拉沐沦河流域的为夏家店上层文化，在大、小凌河流域为魏营子文化，在燕山山地承德和京津地区为张家园上层文化。这三种文化有它们各自的特点，并且相邻文化间有密切的交往。

1. 夏家店上层文化

夏家店上层文化主要分布在老哈河流域和西拉沐沦河流域，东南以努鲁儿虎山为界与魏营子文化毗邻。存在时间自商末周初到战国早期或中期。文化遗址主要分布在今内蒙古赤峰市境内，有夏家店[②]、蜘蛛山[③]、红山后[④]、宁城南山根[⑤]、小黑石沟[⑥]、敖汉旗周家地[⑦]、翁牛特旗大泡子[⑧]、林西大井[⑨]、克什克腾旗龙头山[⑩]等。

① 董新林:“魏营子文化的界定及相关问题略论”,《青果集》,知识出版社,1998 年。

② 中国社会科学院考古研究所内蒙古工作队：“赤峰药王庙、夏家店遗址试掘报告”，《考古学报》，1974 年，第 1 期。

③ 中国社会科学院考古研究所内蒙古工作队：“赤峰蜘蛛山遗址的发掘”，《考古学报》，1979 年，第 2 期。

④ 滨田耕作、水野清一：“赤峰红山后”，《东方考古丛刊》（甲种第六册），东亚考古学会，1938 年。

⑤ 宁城南山根中国社会科学院考古研究所内蒙古工作队：“宁城南山根遗址发掘简报”，《考古学报》，1975 年，第 1 期；辽宁省昭乌达盟文物工作站、中国社会科学院考古研究所东北工作队：“宁城县南山根的石椁墓”，《考古》，1981 年，第 4 期；中国社会科学院考古研究所东北工作队：“内蒙古宁城县南山根 102 号石椁墓”，《考古》，1981 年，第 4 期。

⑥ 项春松、李义:“宁城小黑石沟石椁墓调查清理报告”,《文物》,1995 年,第 5 期。

⑦ 中国社会科学院考古研究所内蒙古工作队：“内蒙古敖汉旗周家地墓地发掘简报”，《考古》，1984 年，第 5 期。

⑧ 贾鸿恩：“翁牛特旗大泡子青铜短剑墓”，《文物》，1984 年，第 2 期。

⑨ 辽宁省博物馆文物工作队：“辽宁林西县大井古铜矿 1976 年试掘简报”，《文物资料丛刊》(7)，文物出版社，1983 年。

⑩ 齐晓光：“内蒙古克什克腾旗龙头山遗址发掘的主要收获”，《内蒙古东部区考古学文化研究文集》，海洋出版社，1991 年。

夏家店上层文化的特点[①]：夏家店上层文化遗址多分布在临河向阳的山坡台地上，已发现数百处。大型遗址面积可达两三万平方米，多集中分布在老哈河、英金河、坤都河、教来河流域。

房址有窖穴式、半地穴式和地面建筑三种形式。平面多为圆形，直径一般3～5米，也有长方形。建筑材料多用自然石块、石板，也有用土坯的。有的居住面经过打夯，在室内有石头砌的炉灶，地面正中都有柱洞，部分房址四周也留有柱子洞。门多设在东南侧向阳处，有的在门前铺有一段甬路，房子外面还砌有围墙。

陶器多呈红色或红褐色。均为夹砂陶，羼有大量的石英砂粒，质地粗糙，火候低。皆为手制，分段套接装成器，有轮制，但工艺粗糙。器表多为素面磨光，只见篦点纹，一般仅在甗的腰部附加堆纹一周。流行在陶鬲、陶罐、陶盆、陶钵的口沿附加泥条形成外叠唇，部分器物领口或腹有器耳，器耳有錾耳、桥状耳、盲耳等。主要器类有陶鬲、陶甗、陶鼎、陶罐、陶豆、陶盆、陶钵、陶碗等。其中陶鬲、陶鼎等为炊器，陶罐、陶豆、陶盆、陶钵、陶碗等为食器和盛贮器。陶鬲、陶罐、陶豆、陶盆出现比例高，为基本的陶器组合。

出土的生产工具有石、骨、青铜等多种质料。石器多发现在聚落遗址中，有打制、磨制和细石器等三种，多为磨制。有穿孔锤斧、双孔弧背半月形刀、环形石器、石臼、石杵等。用于松土的石铲、石锄等工具罕见，这一点与夏家店下层文化有明显区别。

骨器种类多，都以动物肢骨劈锯成坯，然后磨制而成。有骨针、骨匕、骨镞、骨锥和卜骨等。卜骨一般系用猪的肩胛骨为原料，未经修治，仅有灼烤而不钻。

青铜器多出自墓葬，种类繁多。有礼器、兵器、生产工具、饰物、车马具等，其数量、工艺、质量等都超过夏家店下层文化时期。青铜礼器以容器为代表，有双环耳圜底鼎，犬纹双耳鼓腹鬲、豆形器、马纹钮双联罐等，形制与陶器完全一致或基本相似。兵器有銎柄式短剑、各种形式的曲刃短剑、犬纹銎式戈、銎筩钺、柱脊柳叶形镞、三棱翼有铤镞、剑鞘和头

① 朱永刚："夏家店上层文化的初步研究"，《考古学文化论集》（一），文物出版社，1987年；靳枫毅：《夏家店上层文化及其族属问题》，《考古学报》，1987年第2期；董新林："魏营子文化初步研究"，《考古学报》，2000年，第1期；邓辉："燕北地区两种对立青铜文化的自然环境透视"，《北京大学学报》，1997年，第2期。

盔等。工具有扇刃方銎斧、銎筩附加重冠铜斧、铜镐、方銎两面刃铜凿、齿柄铜刀、四楞形铜锥等。马具有两端有齿的衔、鹿首或铃首镳、双螭形銮铃等。饰物有兽形铜牌及人面形、双尾形、鸟形铜饰、联珠形铜扣，还有螺旋式铜耳环和金臂钏等。青铜器上的纹饰有动物纹和几何纹两种，以动物纹为主。常见以犬为母题的装饰，其他还有马、牛、鹿、蛇、蛙、鸟等纹饰。几何形纹常见三角形和三角锯齿形纹。礼器、兵器具有中原风格，短剑、生产工具、动物牌饰物等有地方特色和民族特色。

墓地一般都选择在向阳的山坡和临河的台地上。有的墓葬在遗址内，有的在遗址之外有单独的墓地，但都距同类文化遗址不远。墓葬以长方形石椁（棺）墓为主，也有梯形竖穴坑墓、袋状坑套梯形竖穴坑墓。依据随葬品的多少和葬具的形式还可分为大型石椁木棺墓、小型石椁木棺墓、石棺墓、木棺墓四种。埋葬形式流行东西向，头向多朝东或东南的居多，以单人仰身直肢葬为主，侧身葬少，男女合葬墓少。有殉狗习俗。随葬品的种类以铜器和陶器为主。铜器有铜容器、兵器、车马器、装饰品等。随葬品因身份地位及性别的不同而有差别。男性主要有箭头、头盔、兵器、铜牌饰等。女性多随葬骨针、铜锥、骨或陶纺轮、装饰品等。墓葬规模不同，其随葬品的数量相差悬殊。例如，南山根大型石椁墓随葬的各种青铜容器、兵器、马具、工具等多达五百多件，而同期的小型石棺墓仅有一两件陶器和几件简单的铜器。而因某种原因埋入非正式墓葬的，则没有任何随葬品。

夏家店上层文化经济形态以畜牧业为主，农业占一定的比重。其文化的总体特征有别于夏家店下层文化。

关于夏家店上层文化族属，有的认为是东胡族[①]，也有的认为是山戎族的遗存[②]。

2. 魏营子文化

魏营子文化（也有学者称其为魏营子类型），因最早发现于辽宁省朝阳县前魏营子村而得名。主要分布在大凌河、小凌河流域。时间为商末到

---

① 靳枫毅："夏家店上层文化及其族属问题"，《考古学报》，1987 年，第 2 期。

② 朱永刚："夏家店上层文化的初步研究"，《考古学文化论集》（一），文物出版社，1987 年。

两周之际。文化遗址主要有义县向阳岭[①]、阜新平顶山[②]、喀左县后坟[③]、朝阳魏营子[④]、建平水泉[⑤]、喀左县南沟门[⑥]、兴城仙灵寺[⑦]、锦州山河营子[⑧]等。墓地有喀左县道虎沟[⑨]、喀左县和尚沟[⑩]等。铜器窖藏坑有凌源马厂沟[⑪]、喀左县北洞[⑫]、山湾子[⑬]、小波汰沟[⑭]、义县花尔楼[⑮]、兴城杨河[⑯]、绥中冯家村[⑰]、青龙抄道沟[⑱]等。

---

① 辽宁省文物考古研究所："辽宁省义县向阳岭青铜时代遗址发掘报告"，《考古学集刊》（第13辑），中国大百科全书出版社，1999年。

② 辽宁省文物考古研究所、吉林大学考古系："辽宁阜新平顶山石城址发掘报告"，《考古》，1992年，第5期。

③ 喀左县文化馆："记辽宁喀左县后坟村发现的一组陶器"，《考古》，1982年，第1期。

④ 辽宁省博物馆文物工作队："辽宁省朝阳县魏营子西周墓和古遗址"，《考古》，1977年，第5期。

⑤ 辽宁省博物馆朝阳市博物馆："建平水泉遗址发掘简报"，《辽海文物学刊》，1986年，第2期。

⑥ 郭大顺："试论魏营子类型"，《考古学文化论集》（一），文物出版社，1987年。

⑦ 高美璇："兴城县仙灵寺商周时期古遗址发掘收获"，《锦州文物通讯》，总2期，1985年；"兴城县仙灵寺夏家店下层文化遗址"，《中国考古学年鉴》，文物出版社，1985年。

⑧ 刘谦："锦州山河营子遗址发掘报告"，《考古》，1986年，第10期。

⑨ 郭大顺："试论魏营子类型"，《考古学文化论集》（一），文物出版社，1987年。

⑩ 辽宁省文物考古研究所、喀左县博物馆："喀左和尚沟墓地"，《辽海文物学刊》，1989年，第2期。

⑪ 热河省博物馆筹备处："热河凌源县海岛营子村发现的古代铜器"，《文物参考资料》，1955年，第8期。

⑫ 辽宁省博物馆等："辽宁喀左县北洞发现殷代青铜器"，《考古》，1973年，第4期；喀左县文化馆等："辽宁喀左县北洞村出土商周青铜器"，《文物》，1977年，第12期。

⑬ 喀左县文化馆等："辽宁省喀左县山湾出土的殷周青铜器"，《考古》，1974年，第6期。

⑭ 郭大顺："试论魏营子类型"，《考古学文化论集》（一），文物出版社，1987年；辽宁省博物馆文物工作队："概述辽宁省考古新收获"，《文物考古工作三十年》，文物出版社，1979年。

⑮ 孙思贤、邵福玉："辽宁义县发现商周铜器窖藏"，《文物》，1982年，第1期。

⑯ 锦州市博物馆："辽宁兴城县杨河发现青铜器"，《考古》，1978年，第6期。

⑰ 王云刚等："绥中冯家发现商代窖藏铜器"，《辽海文物学刊》，1996年，第1期。

⑱ 河北省文化局文物工作队："河北青龙县抄道沟发现一批青铜器"，《考古》，1962年，第12期。

魏营子文化的特点[①]：魏营子文化遗址多位于背山靠水的红色黄土台地或山坡上，文化层一般较薄。

房址发现较少，主要有圆形和圆角方形，为半地穴式或地面式建筑。

出土的陶器以夹砂质红陶和红褐陶为主，陶质疏松，火候低。夹砂素面陶较多，部分内外壁打磨，纹饰少见，偶有附加堆纹、浅绳纹和压印三角窝纹等。其中附加堆纹为多，绳纹细密而浅，大多数拍印绳纹后又抹平，多在颈肩和腹足交接处，通体绳纹少见。主要器类有陶鬲、陶瓮、陶罐、陶钵、陶豆、陶鼎、陶甗、陶盆等。其中口沿及领部系附加堆纹鼓腹鬲、外叠唇盆、素面瓮、附加堆纹罐、高领罐、敞口钵为基本组合。

生产工具主要有石器、骨器和青铜器。石器以单孔长方形斧、长条形直背直刃双孔刀、半月形双孔刀、网坠等最具特色。骨器有骨匕、短茎镞。

铜器出土于窖藏及墓葬中，种类较多，有青铜礼器、兵器、工具、车马具、生活用具、装饰品等。可分为两种风格，一类具有中原特点，主要出自窖藏，也见于墓葬中。代表性器物有铜鼎、铜甗、铜簋、铜卣、铜壶、铜鬲、铜盘等礼器和銮铃、軎、铜泡等车马器。另一类具有本地区的地方特色，以窖藏和墓葬居多，也见于遗址中。代表性器物主要有铜器盖、带嘴钵形器、铜镜等生活用具；短茎式曲刃剑、齿柄刀、銎内喙戈、管銎战斧、环首刀等武器以及耳环和金臂钏等装饰品。

从葬俗看，魏营子文化墓葬结构为土坑竖穴式，有木椁或填膏泥。葬式为东西向，单人仰身直肢葬。墓葬分为铜器墓、陶器墓和无随葬品墓三类。随葬陶器多放置于头前。此时有殉猪、牛的习俗。

魏营子文化经济形态以畜牧经济为主，农业经济占一定的比重。

3. 张家园上层文化

张家园上层文化（有学者称其为张家园上层类型）是以天津蓟县张家园遗址第一次发掘的 T1 第③层及下叠的部分灰坑、房基等为代表的一类文化遗存。主要分布在京、津、唐地区，其地域与夏家店下层文化大坨头类型基本范围重合而略有变动。典型遗址有北京昌平雪山、卢龙东阚各

① 郭大顺："西辽河流域青铜文化研究的新进展"，《中国考古学会第四次年会论文集》，文物出版社，1983 年；郭大顺："试论魏营子类型"，《考古学文化论集》（一），文物出版社，1987 年；董新林："魏营子文化初步研究"，《考古学报》，2000 年，第 1 期。

庄[①]、天津蓟县张家园[②]、围坊[③]、唐山古冶[④]等。其年代晚于夏家店下层文化，到西周燕的出现而逐渐消亡。

张家园上层文化的特点[⑤]：张家园上层文化遗址多坐落在浅山、丘陵向阳坡地和山前平地的河流、湖泊岸边。一般规模较小，堆积薄，叠压在夏家店下层文化之上。

房基以圆形、椭圆形半地穴式为主，带门道，有的砌石墙。

陶器以夹砂或云母片灰陶、红褐陶为主，有少量泥质陶。制法以手制为主，分段套接成器，也有模制，少见全部轮制。常见器类为陶鬲、陶甗、陶瓮、陶樽、陶盆、陶钵、陶碗等。陶器有素面也有纹饰，纹饰以绳纹、间断绳纹为主，还有附加堆纹、压印三角窝纹。

石器有磨制、打制和细石器。磨制石器有石斧、石锛、石刀、石铲、石镞等，还有少量的打制石器和细石器。

铜器有铜礼器、铜釜、铜锅形鼎、铜器盖等；武器有匕首式铜短剑、銎内带胡铜戈、铜钩戟、管銎铜戚、头铜盔等；工具有铃首或兽首铜刀、三銎铜刀、穿鼻铜斧、铜弓形器；装饰品有铜耳环和铜臂钏等。礼器形制、花纹多同于中原商周同类铜器，武器和工具多具有北方风格。

墓葬发现不多，卢龙东阚各庄、蓟县张家园等地发掘的墓葬多为东西向的土坑竖穴墓，流行俯身葬式。随葬品主要有铜器和陶器等。

张家园上层文化经济形态以农业为主，畜牧业和狩猎占一定的比重。

在夏家店上层文化三种类型的文化中，张家园上层类型与夏家店下层文化大坨头类型基本衔接，并且它们之间有许多相似之处[⑥]。魏营子类型

① 河北省文物研究所："河北卢龙东阚各庄遗址"，《考古》，1985年，第11期。

② 天津市文物管理处："天津蓟县张家园遗址试掘简报"，《文物资料丛刊》(1)，文物出版社，1977年，第12月；天津市历史博物馆考古队："天津蓟县张家园遗址第二次发掘"，《考古》，1984年，第8期；天津市历史博物馆考古部："天津蓟县张家园遗址第三次发掘"，《考古》，1993年，第4期。

③ 天津市文物管理处考古队："天津蓟县围坊遗址发掘报告"，《考古》，1983年，第10期。

④ 河北省文物研究所："唐山古冶商代遗址"，《考古》，1984年，第9期。

⑤ 李伯谦："张家园上层类型若干问题研究"，《中国青铜文化结构体系研究》，科学出版社，1998年；董新林："魏营子文化初步研究"，《考古学报》，2000年，第1期。

⑥ 李伯谦："张家园上层类型若干问题研究"，《中国青铜文化结构体系研究》，科学出版社，1998年。

与当地夏家店下层文化二者差别大，但有承继的因素，与夏家店下层文化晚期有接近点[①]。夏家店上层文化与当地的夏家店下层文化之间差异最大，承继关系不十分明显，属于两种不同系统的文化，它们之间是替代而不是演替的关系[②]。

① 郭大顺："试论魏营子类型"，《考古学文化论集》（一），文物出版社，1987年。

② 邓辉："燕北地区两种对立青铜文化的自然环境透视"，《北京大学学报》，1997年，第2期。

结 语

蒙古高原东南边缘地带主要是以西拉沐沦河流域为中心，包括辽宁省西部，内蒙古自治区东南部（赤峰市和通辽市）及北京、天津、河北三省市的北部地区。这一地区属大兴安岭南缘，多山多水。燕山、七老图山、努鲁尔虎山和医巫闾山自西向东相间分布；乌尔吉沐沦河、西拉沐沦河、老哈河、教来河、大小凌河、滦河自北向南网布其中。整个地势大体为西北高，多山地；东南低，多丘陵平原。具有由蒙古高原向松辽平原和辽南海岸逐步过渡的性质。这一地区至迟 8000 年前就形成了相对稳定的古文化区。

蒙古高原东南边缘的新石器时代、青铜时代考古工作开始较早。1921 年，安特生发掘了锦西沙锅屯遗址；1930 年，梁思永先生对林西锅撑子遗址进行了调查①；1935 年，日本人在赤峰红山后进行了发掘，确认了两种考古学文化，就是赤峰第一期文化和赤峰第二期文化②。1954 年，对这一地区的古代文化研究有一篇重要文献，这就是尹达先生关于红山文化的一篇文章。他指出，这种以细石器为特征的文化，是与中原仰韶文化结合的一种文化③。1960 年，当时的中国科学院考古研究所内蒙古工作队，在刘观民先生的主持下，对夏家店遗址进行了发掘。这次发掘，第一次区分

① 梁思永："热河查不干庙等处所采集之新石器时代石器与陶片"，《梁思永考古论文集》，科学出版社，1959 年。

② ［日］滨田耕作、水野清一："赤峰红山后——热河省赤峰红山后先史遗迹"，《东方考古学丛刊》（甲种第 6 册），东亚考古学会，1938 年。

③ 尹达：《新石器时代》，生活·读书·新知三联书店，1955 年。

了夏家店下层文化和夏家店上层文化[①]，修正了1935年日本学者在赤峰红山后发掘的，把两种不同时代、不同谱系的文化混在一起的错误观点。20世纪60年代上半期，内蒙古工作队对赤峰的富河沟门进行了发掘，从而揭示出一种新的考古学文化，即富河文化[②]。80年代以后，这一地区的考古工作进入了一个全新的时期，发现和确认了兴隆洼、赵宝沟、小河沿和小河西等文化。应着重提到的是苏秉琦先生对于这一地区古代文化的研究和他进行的组织工作，特别是一些富有重要意义的指导性意见，对推动这里的工作，尤其是对指导红山文化和夏家店下层文化深入研究，起到了极为重要的作用[③]。本文在参考徐光冀、朱延平先生"辽西区古文化（新石器至青铜时代）综论"[④]一文的基础上，结合近几年发掘整理的考古资料及学术界最新研究成果对辽西地区新石器至青铜时代考古学文化序列与谱系进行系统阐述。

一

20世纪80年代初，内蒙古敖汉旗文物管理所在孟克河沿岸及附近地区进行文物普查时，发现十余处以素面陶为特征的遗址，并在1990年10月召开的"内蒙古东部地区考古学术研讨会"上提出了"千斤营子类型"的命名[⑤]，认为这类遗存时代较早。1987年中国社会科学院考古研究所内蒙古工作队发掘了位于敖汉旗孟克河左岸的小河西遗址，提出了"小河西

① 中国科学院考古研究所内蒙古工作队："内蒙古赤峰药王庙、夏家店遗址试掘简报"，《考古》，1961年，第2期。

② 中国社会科学院考古研究所内蒙古工作队："内蒙古巴林左旗富河沟门遗址发掘简报"，《考古》，1964年，第1期。

③ 苏秉琦："辽西古文化古城古国——兼谈当前田野工作的重点或大课题"，《文物》，1986年，第8期；苏秉琦："迎接中国考古学的新世纪"，《华人·龙的传人·中国人》，辽宁大学出版社，1994年。

④ 徐光冀、朱延平："辽西区古文化（新石器至青铜时代）综论"，《苏秉琦与当代中国考古学》，科学出版社，2001年。

⑤ 1990年10月"内蒙古东部地区考古学术研讨会"资料。

文化”的命名[①]。1988年9～11月，中国社会科学院考古研究所内蒙古工作队对位于敖汉旗孟克河右岸的榆树山遗址和西梁遗址进行了发掘，共发掘1500平方米，揭露房址23座，灰坑7座。发掘者认为小河西文化与兴隆洼文化在房址的形制和建筑方法、器物群类别与某些器形方面都有一定的相似性，同时两者又有明显的差异。两者相似性是因其年代相近，处于同一个大的历史发掘阶段，经济类型相同的反映[②]。1988年9月内蒙古文物考古研究所在发掘林西县白音长汗遗址时，在遗址南部发现了少量的夹砂褐陶素面筒形罐[③]，发掘者认为这类遗存属小河西文化，并且认为小河西文化是内蒙古东南部—辽宁西部地区目前已确认的年代最早的新石器时代考古学文化，兴隆洼文化和小河西文化两者存在一定的文化承继发展关系。朱延平先生将素面夹砂筒形罐为代表的遗存的年代定为与兴隆洼文化大致相当，同属公元前6000年到5000年的文化，处在辽西区新石器时代第一发展时期，并从20世纪50年代调查材料中辨认出出土这一类陶器的地点有内蒙古林西县锅撑子山和巴林左旗福山地[④]。徐光冀先生与朱延平先生在“辽西区古文化（新石器至青铜时代）综论”中将素面陶为特征的文化划归与兴隆洼文化大体同时，但从素面陶更为原始的造型和古朴的装饰手法看，很可能先于兴隆洼文化出现在辽西地区。白音长汗遗址发掘者根据白音长汗遗址兴隆洼文化白音长汗类型一期房址打破小河西文化房址，认为在白音长汗遗址小河西文化早于兴隆洼文化[⑤]。

由于这一地区新石器时代考古学文化堆积较薄，绝大多数遗址文化层破坏殆尽，往往房址、窖穴、灰坑等遗迹开口在表土层下，打破生土，也少见遗迹间的叠压打破关系。已发掘的小河西文化遗址中的小河西遗址、榆树山遗址、西梁遗址、大新井遗址，均开口在表土层下，打破生土，不

---

① 杨虎：“敖汉旗榆树山、西梁遗址”，《中国考古学年鉴》（1989年），文物出版社，1990年。

② 杨虎：“敖汉旗榆树山、西梁遗址”，《中国考古学年鉴》（1989年），文物出版社，1990年。

③ 索秀芬、郭治中：“白音长汗遗址小河西文化遗存”，《边疆考古研究》，2004年，第2期（电子版）。

④ 朱延平：“辽西区新石器时代考古学文化纵横”，《内蒙古东部区考古学文化研究文集》，海洋出版社，1991年。

⑤ 徐光冀、朱延平：“辽西区古文化（新石器至青铜时代）综论”，《苏秉琦与当代中国考古学》，科学出版社，2001年。

见不同文化遗迹间打破关系。白音长汗遗址发现一组房子间打破关系，为小河西文化相对年代提供了地层证据。白音长汗遗址兴隆洼文化白音长汗类型房址 BF63 打破小河西文化房址 BF64，BF63 属于白音长汗类型早期阶段，是目前发现的兴隆洼文化最早阶段的遗存，因此，小河西文化早于兴隆洼文化早期阶段①。分布在查海遗址西北部以素面陶为特征的房址被以三段式纹饰布局为特点陶器的兴隆洼文化房址打破②，查海遗址兴隆洼文化遗存处于兴隆洼文化中期阶段，虽然查海遗址素面陶文化性质有待确定，但从遗迹间叠压打破关系看，素面陶遗存早于兴隆洼文化中期，从一个侧面反映出素面陶遗存较早的相对年代关系。小河西文化以素面夹砂陶为主，烧制火候低，陶质极为疏松，多采用贴塑法制作陶器，器型多见平底筒形罐，制陶水平原始。从陶器和石器原始性分析，小河西文化可能早于兴隆洼文化，属新石器时代早期文化遗存。根据 14C 测年，兴隆洼文化年代在公元前 6400 年至前 5200 年（经树轮校正）③。白音长汗遗址兴隆洼文化发现最早的房址打破小河西文化房址，因此，可以推知小河西文化年代约距今 8400 年④。2003 年吉林大学边疆考古研究中心和内蒙古文物考古研究所联合对西梁遗址的发掘，共清理出半地穴式房址 11 座，灰坑 2 座，出土一批具有典型特征的陶、石、骨、蚌器和较多的动物骨骼。从出土遗物的特征看，陶器均手制，多采用泥圈套接法成器，器表呈黄褐、灰褐色，均夹砂，质地疏松。器类较少，以平底筒形罐为主，还有小型陶杯。器表多分段施纹，素面陶器较少。纹饰种类以细泥条附加堆纹和压划线纹为主，还有少量戳压窝点纹。细泥条附加堆纹多装饰在陶罐颈部或肩部，主要样式有横带状、间断横带状、斜带状、波折状、菱形格状、连弧状等，有的在细泥条上戳压密集的窝点纹。压划线纹多作为主体纹饰装饰在器腹，主要有交叉纹、网格纹、横、竖“人”字形纹、平行短斜线纹或短斜线组成的三角形纹饰⑤。王立新认为井沟子西梁遗存介于小河西文化

---

① 索秀芬：“小河西文化初论”，《考古与文物》，2005 年，第 1 期。

② 辛岩、方殿春：“查海遗址 1992～1994 年发掘报告”，《辽宁考古文集》，辽宁民族出版社，2003 年。

③ 杨虎：“辽西地区新石器——铜石并用时代考古文化序列与分期”，《文物》，1994 年，第 5 期。

④ 索秀芬：“小河西文化初论”，《考古与文物》，2005 年，第 1 期。

⑤ 吉林大学边疆考古研究中心、内蒙古文物考古研究所：“内蒙古林西县井沟子西梁新石器时代遗址”，《考古》，2006 年，第 2 期。

与兴隆洼文化之间，填补了小河西与兴隆洼文化之间的缺环①；刘国祥根据西梁遗存筒形陶器上的细泥条附加堆纹和压划线纹与兴隆洼一期聚落遗存陶器装饰风格具有鲜明的共性，并结合房屋形制、聚落布局和其他类出土遗物的典型特征判知，西梁遗存与兴隆洼一期聚落遗存应属于同一考古学文化，并处于相同的发展阶段，即兴隆洼文化早期②。

小河西文化结束或后期这一地区发展起来的是兴隆洼文化。自从敖汉旗兴隆洼遗址发掘以来，已了解到兴隆洼文化的分布很广，乌尔吉沐沦河上游的金龟山遗址，表明至少在赤峰市的北边，仍是典型的兴隆洼文化分布带，该文化的东北部至少可以到吉林省通榆的兴隆山之敖包山和张俭坨子等遗址，西南方面有北京平谷的上宅（该遗址第8层）、河北省迁西的东寨等遗址，但这些还不是兴隆洼文化分布的南限。山东省邹平县曾发现有兴隆洼文化的陶片，说明在天津以南的冀东南和鲁北一带，很可能曾是兴隆洼文化出没的地方。近来，俄罗斯学者在勒拿河上游维季姆河流域的乌斯季·卡拉坎遗址的下层发掘到年代较早的陶器，其中部分陶器和石器与兴隆洼文化有些相似，这似乎表明兴隆洼文化在赤峰以北还可能有相当的领地③。

徐光冀、朱延平认为，并不是说兴隆洼文化由始至终都占领着像前面所说的那样广阔的地域，也许某一阶段分布面偏南，而另一阶段又向北移动。但总的来看，兴隆洼文化波及的范围仍是很广的④。当然，在这广阔的地域内兴隆洼文化的面貌有着种种差别，往往被学者们认为是需要进一步划分类型。根据陶器形制和纹饰的变化，可以对兴隆洼文化进行分期探索，大约早期以素面大敞口小底斜直壁的筒形罐为特征，中期筒形罐仍为敞口斜直壁，底部已较大，饰刻画不够规整的网格纹或“之”字纹，晚期除斜直腹的筒形罐外，出现了鼓腹的筒形罐、盆钵类，纹饰也较为复杂，除以较整齐的压印“之”字纹为主以外，还可以见压印斜平行线纹、“回”字纹、附加堆纹等，且这几种花纹常常同时使用，并有主有次。根据目前

① 席永杰：“中国·赤峰首届红山文化国际高峰论坛纪要”，《赤峰学院学报》待刊。

② 刘国祥：“西拉沐沦河北部兴隆洼文化早期遗存探索”，中国文物信息网。

③ 徐光冀、朱延平：“辽西区古文化（新石器至青铜时代）综论”，《苏秉琦与当代中国考古学》，科学出版社，2001年。

④ 徐光冀、朱延平：“辽西区古文化（新石器至青铜时代）综论”，《苏秉琦与当代中国考古学》，科学出版社，2001年。

考古资料分析兴隆洼文化主要有三个类型：查海类型包括了该文化早、中、晚期，兴隆洼类型主要为中期和晚期遗存，白音长汗类型主要为晚期遗存①。而刘国祥根据多年来对辽西地区兴隆洼文化考古发掘资料，将兴隆洼文化大致分为三期：一期以兴隆洼一期聚落、北城子聚落遗存为代表，距今年代约为8200～8000年前；二期以兴隆洼二期聚落、兴隆沟聚落、查海聚落、南台子聚落遗存为代表，距今年代约为8000～7600年前；三期以白音长汗聚落遗存为代表，距今年代约为7500～7200年前。由此可知兴隆洼文化在这一地区经历的时间很长，但分布不均衡。

无论从分布地域的广度还是从所营聚落的规模来看，兴隆洼文化的势力远超过在这地区所认知年代较早的小河西文化。尽管兴隆洼文化的遗址中常可见到较多的鹿类等兽骨，并有证据表明当时的先民也曾采集坚果，但未必能就此否认农业在兴隆洼文化时期已占相当比重。当然，从兴隆洼文化发现的工具来看，当时的农业生产水平要低于辽西区下一阶段。

二

大约在辽西区的兴隆洼文化晚期时，该区文化面貌发生了较大的变化。这时的兴隆洼文化已接近尾声，西拉沐沦河以南至努鲁尔虎山一带，此时已很难见到兴隆洼文化，代之而起的是红山文化和赵宝沟文化，在这块共同分布的地域内，两种文化基本上是交错并存的，而在西拉沐沦河以北，乌尔吉沐沦河流域存在的富河文化，该文化因1962年内蒙古巴林左旗富河沟门遗址的发掘而得名，是从“细石器文化”中区分出的一种新的考古学文化②。其后又同时在南杨家营子遗址和金龟山遗址进行发掘，南杨家营子遗址的发掘，确认了富河文化晚于红山文化的地层③，学术界在认识富河文化性质和年代问题时，将富河文化作为继红山文化之后在西拉

① 郭大顺、张星德：《东北文化与幽燕文明》，江苏教育出版社，2005年。

② 中国社会科学院考古研究所内蒙古工作队：“内蒙古巴林左旗富河沟门遗址发掘简报”，《考古》，1964年，第1期。

③ 徐光冀：“富河文化的发现与研究”，《新中国考古发现与研究》，文物出版社，1984年。

沐沦河以北发展起来的一支独具特色的考古学文化，距今年代约为5500年。金龟山遗址的发掘，发现有富河文化遗存，同时还发现早于富河文化的房址和陶器。随着考古新发现和研究的深入，特别是兴隆洼文化的发现与研究，对于金龟山遗址进行分期，将之分为金龟山一期文化和二期文化。一期文化年代与兴隆洼文化相当，二期文化性质和年代与富河沟门遗址相当，属于富河文化。虽然对富河文化整体内涵的认识因资料匮乏尚认识不足，但关于富河文化的年代，与兴隆洼文化、赵宝沟文化、红山文化的关系问题，近年来，朱延平、刘国祥等学者根据相关考古学资料有了新的认识①。从目前的调查和发掘资料看，富河文化主要集中在西拉沐沦河以北地区，可能往北的分布要更为广阔，有的学者认为与东北方向的嫩江流域新石器时代文化有着较多的相似性，有可能属于另一个相对独立的考古学文化区②。从房址形制看，富河文化与兴隆洼文化白音长汗类型相近，特别是位于室内中心部位的方形土坑或方形石板灶，如出一辙。从陶器群的组合关系看，富河文化与兴隆洼文化陶器组合相仿。但兴隆洼文化的筒形罐以敞口、斜直腹罐为主，富河文化多为敞口、斜弧腹筒形罐。从器表施纹看，兴隆洼文化晚期“之”字纹占据主导地位，与富河文化相近，不同之处在于兴隆洼文化晚期仍盛行分段施纹，直线或弧线形“之”字纹为主，而富河文化则流行腹壁通施“之”字纹，篦点式“之”字纹开始流行。兴隆洼文化的石器和骨器组合与富河文化相近，兴隆洼文化类型中流行的亚腰石铲在富河文化中仍为典型的掘土工具。兴隆洼文化诸遗址中发现的骨梗石刃器亦在富河文化遗址中发现。由此可见，富河文化和兴隆洼文化具有直接性文化承继关系。而与赵宝沟文化相比，在房址形制和聚落布局方面具有一定的共性，房址均成排分布，流行方形土坑式灶。富河文化的敞口、斜弧腹陶罐在赵宝沟文化中依旧是典型器类，线形和篦点式“之”字纹在两个文化中均存在。不同之处在于赵宝沟文化的陶器群种类明显多于富河文化，圈足鼓腹罐、椭圆底罐、樽形器等典型器类在富河文化中不见，圈足器在赵宝沟文化中常见，在富河文化中少见；在陶器施

① 朱延平：“富河文化的若干问题”，《内蒙古文物考古文集》（第1辑），中国大百科全书出版社，1994年；刘国祥：“兴隆洼文化与富河文化比较研究”，《北方文物》，2006年，第2期。

② 王立新：“辽西区史前社会的复杂化进程”，《吉林大学社会科学学报》，2005年，第2期。

纹方面，赵宝沟文化的几何形纹饰和动物形纹饰在富河文化中未见，富河文化部分筒形罐颈部附加窄泥带堆纹，在赵宝沟文化中未见。上述特征表明，赵宝沟文化在形成和发展过程中，吸收了富河文化的某些因素。从红山文化陶器种类、纹饰分析看，红山文化陶器群质地、种类和数量较富河文化丰富，但富河文化筒形罐的造型和施纹风格对红山文化产生了一定的影响。如红山文化的筒形罐均流行敞口、斜弧腹的风格，同时线形和篦点式“之”字纹也是红山文化的典型纹样之一，陶罐颈部附加窄泥带堆纹的风格在红山文化中较为普遍。同时也应看到，红山文化陶器群的整体面貌与富河文化迥然有别，如斜口器、无底筒形器、敛口垂腹罐、双耳小口鼓腹瓮、筒形器座等在富河文化中均未见，红山文化彩陶的大量出现亦与富河文化有别。通过对富河文化房址形制、聚落布局、遗物及经济形态研究结果分析，刘国祥认为富河文化处于兴隆洼文化与赵宝沟文化繁荣期之间的过渡阶段，其年代约为距今7200～7000年前，与红山文化之间未曾产生承继或演变关系①。

受兴隆洼文化影响，在辽西地区西拉沐沦河以南的区域内，红山文化和赵宝沟文化交错并存。从目前所了解到的情况看，在红山文化和赵宝沟文化共同分布区内，两者的村落往往相邻对峙。比如兴隆洼一号遗址的B区是一处红山文化村落，这个村落或其中部分房址被废弃的年代在距今5000年前，其形成的时间当比这更早，距此村落500米的对面山坡上是属于赵宝沟文化的小山遗址，他的废弃年代也在距今5000年前。对这样不同文化的村落相邻而居的现象，有研究者这样解释：一是两种村落的居民在定居时间上互有交存，也就是说，上述两个属于不同群体的村落所存在的时间虽同处一个大的阶段，但他们各自从开始形成到废弃的过程并不很长，两者在时间经历上甚至本无重合的部分，只是留下的遗物不足以反映这短暂的时间变化，而给今人以两者并存的“错觉”；二是上述两个村落确曾有过一个平行发展、相邻并存的阶段，从两类文化村落相邻分布的实例一再出现的情况考虑，后一种可能性也许更大些②。赵宝沟文化与红

---

① 刘国祥：“兴隆洼文化与富河文化比较研究”，《北方文物》，2006年，第2期。

② 郭大顺、张星德：《东北文化与幽燕文明》，江苏教育出版社，2005年；杨虎：“辽西地区新石器——铜石并用时代考古文化序列与分期”，《文物》，1994年，第5期；刘晋祥：“赵宝沟文化初论”，《庆祝苏秉琦考古五十五年论文集》，文物出版社，1989年；苏秉琦：《中国通史》（第二卷），上海人民出版社，1994年。

山文化除了年代相近外，在陶器上也不无相似之处，如二者都有一定数量的口沿下一窄条被烧成红色的红顶钵．某些赵宝沟文化陶器的底部也留有像红山文化筒形罐习见的那种席状编织物印痕，尤其是这两种文化的横压数排“之”字纹都起源于前一阶段兴隆洼文化的同类纹饰，但尽管如此，它们各自的主要渊源仍有差别，以至于二者陶器群的整体风格迥异①。红山文化陶器中，夹砂陶和泥质陶各占一半的比例，且泥质陶系独立形成一组器物群。筒形罐是大口，小平底，体形较粗，器底多印有编织物纹。斜口器是红山文化经常出现的器物。赵宝沟文化那种以磨光黑色陶为主，以压划的各种勾连回纹为主，以樽形器和椭圆形器为主的诸多特征并不见于红山文化②。白音查汗遗址曾见红山文化的遗迹打破赵宝沟文化遗迹的现象，但那里的红山文化与赤峰西水泉遗址的红山文化遗存在陶器面貌上比较接近。从目前辽西地区考古学资料分析，赵宝沟文化与兴隆洼文化可能存在着更直接的先后继承关系。兴隆洼文化陶器是夹砂、厚胎、大敞口、斜直壁的筒形罐逐步向薄胎矮直腹演变，晚期出现勾连“回”字纹，这些都与已知的赵宝沟文化相近。由于在这一地区尚未找到红山文化与兴隆洼文化直接的衔接关系，只能从某种意义上认为赵宝沟文化的开始时间应比红山文化要早。

红山文化与赵宝沟文化交错并存的情况是否还见于其他地域，还是有待进一步研究的问题。而西拉沐沦河以北和滦河、潮白河——泃河流域则都存在各自的特色。根据目前的发现，西拉沐沦河以北属于本阶段的至少有红山文化、赵宝沟文化、富河文化以及兴隆洼文化晚期这四种遗存，但彼此之间进一步的关系仍不能说得很清楚③。地处京东和廊坊的泃河流域此时主要是上宅文化。而滦河流域基本上由赵宝沟文化占据，这一点从赵宝沟文化所见的红顶碗类的渊源关系可知，红顶碗类遗物应是一种受外来文化影响的因素所致，拒马河以南的华北地区南部从新石器时代中期起发达的红顶碗，应是赵宝沟文化这类外来文化因素的来源，燕山以南的迁安西寨、新安庄诸遗址出土红顶碗多余于燕山以北地区的赵宝沟文化遗址，

---

① 徐光冀、朱延平：“辽西区古文化（新石器至青铜时代）综论”，《苏秉琦与当代中国考古学》，科学出版社，2001年。

② 郭大顺、张星德：《东北文化与幽燕文明》，江苏教育出版社，2005年。

③ 徐光冀、朱延平：“辽西区古文化（新石器至青铜时代）综论”，《苏秉琦与当代中国考古学》，科学出版社，2001年。

也可说明这一点。关于上述诸考古学文化的年代，参考赵宝沟、小山、小善德沟、兴隆洼 F133、上宅、北埝头的测年值，大体上在 7200～6000 年前之间。

三

进入辽西区下一阶段，显赫一时的赵宝沟文化突然中断其发展，至少目前尚未发现确属本阶段的赵宝沟文化。由上一阶段发展而来的只有红山文化仍在继续，也许正是在这样的历史背景下，红山文化得以迅速成长，不仅遗址数量空前增多，其分布面也显为扩张。东越医巫闾山，但未过下辽河，在内蒙古通辽市科尔沁左翼中旗新艾力和辽宁北的康平县境内发现的红山文化遗存是该文化最东的发现地点；南界东段沿六股河等到达渤海沿岸；南界西段越燕山山脉到达华北平原北部，在内蒙古东部乌兰察布市的商都县发现了红山文化与内蒙古中南部的新石器文化的接触，在张家口地区的桑干河上游发现了红山文化与仰韶文化相遇的现象，这里可视为红山文化分布的西界；红山文化这一阶段向北分布甚广，不仅越过西拉沐沦河，而且沿乌尔吉沐沦河、新开河等向北分布，有继续向蒙古高原深入的趋势①。本阶段的红山文化之所以有繁缛的彩陶，彩陶多为涡纹、双勾纹、平行斜线纹、重叠三角纹组成的图案，主要是受到同时期仰韶文化庙底沟类型的影响。诚然，庙底沟文化同红山文化的碰撞与交流是不可忽视的一个史实，在同样的时代背景下，二者都产生了绚丽多姿的彩陶，但红山文化的彩陶却并非对庙底沟文化彩陶的移植，而是出于在自身基础上的创造，其根源来自本地区古文化的底蕴。比如人们常常提到的那种组成连钩状的弧线三角纹，就未必是受庙底沟文化弧线三角纹的影响，而是起源于辽西区上一阶段赵宝沟等文化的陶器中的一种常见的连勾纹。又如，本阶段红山文化的彩陶菱形纹多半是在辽西区固有的“之”字纹基础上的翻新，而那斯台出土的彩陶鳞状纹则明显同上一阶段赵宝沟文化的鳞状纹有着渊源关系，即便是像南杨家营子、那斯台、蜘蛛山、红山后那样的重环

---

① 郭大顺：《二十世纪中国文物考古发现与研究丛书——红山文化》，文物出版社，2005 年。

状彩陶鳞纹，也可由本地区上一阶段的某种陶器纹饰中找到祖型①。

从社会发展上讲，本阶段红山文化的表现亦很突出。在前两个阶段，似乎还只能看到属于一个聚落或一个聚落群的祭祀遗迹，如盆瓦窑、白音查汗的兴隆洼文化祭祀址和赵宝沟遗址旁的石堆，其特点是规模都比较小。在赤峰市英金河流域和敖汉旗对红山文化遗址的普查表明，红山文化聚落已有了明显的层次性分化②。英金河两岸长达 150 千米范围内发现的 18 处红山文化遗址，都位于高出河床 10～40 米的山坡和山冈上，多在南坡和东坡，文化堆积薄，一般仅厚 0.5 米左右，最厚达 2 米，这与红山文化经济的多样性和定居不够稳定有关。敖汉旗境内的 502 处红山文化遗址已表现出较多规律性。它们以河流为纽带分组群分布，全旗 6 条河可以分出近百群聚落，每群 3～20 个不等，值得注意的是每群中大都可分出大小等级，小遗址一般在四五千平方米，大遗址达 3 万～10 万平方米，更大的达 2～3 平方千米，最大的一座遗址竟可达到 6 平方千米。本阶段红山文化还出现了规模较大的积石冢群，在积石冢中发现大量高规格的玉器随葬③，说明这一时期红山社会出现了更高一级的社会组织，已率先跨入了国家形态演进的第一阶段，即“古国”阶段④。

不过，红山文化即便如此发达，也没有形成辽西区唯一的文化。根据我们的发现，小河沿文化至迟在本阶段已出现在辽西区。比照周围地区同时期文化的年代，可将本阶段红山文化的时间估计在 6000～5500 年前后⑤。

① 徐光冀、朱延平：“辽西区古文化（新石器至青铜时代）综论”，《苏秉琦与当代中国考古学》，科学出版社，2001 年。

② 中国社会科学院考古研究所：《新中国的考古发现与研究》，文物出版社，1984 年；邵国田：“概述敖汉旗的红山文化遗址分布”，《中国北方古代文化国际学术研讨会论文集》，中国文史出版社，1995 年。

③ 郭大顺：“中华五千年文明的象征——牛河梁红山文化坛庙冢”，《牛河梁红山文化遗址与玉器精粹》，文物出版社，1997 年。

④ 苏秉琦：“迎接中国考古学的新世纪”，《东南文化》，1993 年，第 1 期。

⑤ 徐光冀、朱延平：“辽西区古文化（新石器至青铜时代）综论”，《苏秉琦与当代中国考古学》，科学出版社，2001 年。

四

辽西区下一阶段，即5500～5000年前后的时期，目前所见主要是红山文化和小河沿文化两种遗存（在西拉沐沦河以北发现的一种以饰凸起的条纹筒形罐为特征的文化遗存），与松嫩平原的昂昂溪等史前文化面貌相近，阿鲁科尔沁旗发现的彩陶三足盘式鼎等，形制已近于辽东半岛和山东半岛龙山文化时期的盘形鼎，暗示着红山文化一类以彩陶为主要特征的遗存在西拉沐沦河以北可能延续时间较长[①]。但属于本阶段的红山文化，迄今只发现了东山嘴、牛河梁、城子山等与礼仪活动相关的重要遗址，一般性聚落研究尚未深入，可能与目前调查发掘资料匮乏有关。

从陶器群不难看出，此时的红山文化是上一阶段红山文化发展的继续。牛河梁坛、庙、冢的特定结构不仅从此前的红山文化那里可以找到前身，且与前述更早阶段的盆瓦窑等祭祀遗迹也构成一脉相传的发展关系。故此可以相信，红山文化“古国”脱胎于辽西古文化之中[②]。王立新在“试论红山文化的社会性质”一文中，通过对牛河梁遗址群的分析，曾将红山文化这种超部落社会组织的一些突出特征概括为：(1) 流行以女神崇拜为中心的多神崇拜；(2) 出现了权力阶层；(3) 权力阶层内部有等级之分；(4) 高阶层的管理权主要是通过对“通神”权的控制而获得的；(5) 丧葬礼与祭礼已初步形成。并进一步提出，红山文化的部落联合体属于前国家阶段的酋邦社会的较高阶段，是一种以团体为本位的复杂酋邦社会[③]。

也就是在这一阶段前后，黄河流域和长江流域的广大地区相继步入

---

① 郭大顺：《二十世纪中国文物考古发现与研究丛书——红山文化》，文物出版社，2005年。

② 徐光冀、朱延平：“辽西区古文化（新石器至青铜时代）综论”，《苏秉琦与当代中国考古学》，科学出版社，2001年。

③ 王立新：“试论红山文化的社会性质”，《红山文化研究——2004年红山文化国际学术研讨会论文集》，文物出版社，2006年。

"古国"阶段。像陇东的大地湾①、黄河下游的大汶口②、长江下游以莫角山为中心的良渚文化遗址群③，都出现了类似牛河梁那样的"古国"的标志。可见，红山文化"古国"并不孤立，它是南北方文化区发生划时代变革中的一个局部缩影。

实际上，这一系列的连锁反应也暗示了本阶段相邻的各"古国"间当具有某种内在联系。那么，辽西区在这些联系中究竟起了怎样的作用呢？苏秉琦先生曾一直关注着陶寺早期大墓中出土的陶盘内的蟠龙纹④，其身上鳞纹图案与红山文化的彩陶鳞纹十分近似⑤，陶寺早期比红山文化"古国"的年代要晚数百年。龙是辽西区古文化的传统作品，陶寺大墓中的蟠龙纹陶盘亦为重器。正因为吸收了包括辽西区在内的不同方面的文化精髓，"才产生陶寺这样一直独具特色的文明火花"⑥。所以，这个时期的红山文化"古国"对黄河流域等地的推动作用不能低估。同时，就整个东北亚而言，红山文化"古国"显然处于龙头的位置，它是将这种先进的信息传播到东北亚方面的重要起点⑦。

此时的小河沿文化（典型遗址如小河沿、大南沟）自然要比上一阶段有很大发展，小河沿文化的陶器群中，有些器形，如高领双耳壶、侈口双耳罐、敛口曲腹钵（盆）、敞口折腹钵（盆）等，与内蒙古中南部的庙子沟文化的同类器相似。此外，小河沿文化陶器上绳纹的出现，可能也是受到庙子沟文化的影响⑧。而小河沿文化南台地彩陶器座（F4：3）上的八角星图案，与大汶口文化刘林期大墩子彩陶盆（M44：4）上的八角星图

① 甘肃省文物工作队："甘肃秦安大地湾 901 号房址发掘报告"，《考古》，1986 年，第 2 期。

② 山东文物管理处等：《大汶口——新石器时代墓葬发掘报告》，文物出版社，1974 年。

③ 费国平："浙江余杭良渚文化遗址群考察报告"，《东南文化》，1995 年，第 2 期。

④ 中国社会科学院考古研究所、临汾地区文化局："1978～1980 年山西襄汾陶寺墓地发掘简报"，《考古》，1983 年，第 1 期。

⑤ ［日］滨田耕作、水野清一："赤峰红山后——热河省赤峰红山后先史遗迹"，《东方考古学丛刊》（甲种第 6 册），东亚考古学会，1938 年。

⑥ 苏秉琦："关于编写田野考古发掘报告问题"，《辽海文物学刊》，1987 年，第 1 期。

⑦ 徐光冀、朱延平："辽西区古文化（新石器至青铜时代）综论"，《苏秉琦与当代中国考古学》，科学出版社，2001 年。

⑧ 内蒙古文物考古研究所："内蒙古察右前旗庙子沟遗址考古纪略"，《文物》，1989 年，第 12 期；内蒙古文物考古研究所：《庙子沟与大坝沟——新石器时代遗址发掘报告》，中国大百科全书出版社，2003 年。

案相似[①]，其彩陶花纹的构图方法基本相同。小河沿文化的磨光黑陶、细绳纹及盂形器、折腹盆等，已表现出向当地夏家店下层文化过渡的迹象。

关于小河沿文化的来源问题，传统观点认为是由本地区红山文化发展而来的，如泥质陶减少和黑灰陶逐渐增多，作为红山文化主要特征的饰压印“之”字纹的筒形罐渐被饰绳纹的鼓腹罐所代替，由红山文化盆钵类向夏家店下层文化的盂形器演变，由红山文化的彩陶鳞纹向雷纹演变等变化趋势[②]。近年来，部分学者对此提出异议，认为小河沿文化起源于本地区的赵宝沟文化，首先从年代上看，小河沿文化的年代晚于赵宝沟文化，其次从器形上分析，赵宝沟文化和小河沿文化均以樽为典型陶器，这种樽从赵宝沟文化到小河沿文化的演变趋势十分明显，即由双腹变为单腹；由敛口经直口，最后变为敞口；由溜肩变成鼓肩，最后变为端肩。此外赵宝沟文化与小河沿文化的筒形罐均较矮胖，腹腔较浅。从刻画纹筒形罐的演变趋势来看，赵宝沟文化三期的小山 F2②：36 似乎是小河沿文化大南沟 M52：1 的祖型。从器表装饰分析，小河沿文化的彩陶图案和刻画纹，与赵宝沟文化的刻画几何纹十分相似，以小山 F2②：31 陶盂为代表的赵宝沟文化三器直线几何纹，应是小河沿文化云雷纹的祖型，而小河沿文化彩陶图案中的对顶弧形内夹三角纹，应是赵宝沟文化三期钩形曲线的变体[③]。

五

距今 5000～4000 年前左右，中原地区是龙山文化存在期，而辽西地区这一时期的文化似乎停止了前进的步伐。是不是红山文化和小河沿文化突然消失，从而使辽西区变成人迹罕至的空白地带，学者也在思考这些问题，红山文化因何而衰落，原因有宗教所致、环境恶化的结果等，从小河

---

① 南京博物馆等：“江苏邳县四户镇大墩子遗址试掘报告”，《考古学报》，1964 年，第 2 期。

② 郭大顺：《二十世纪中国文物考古发现与研究丛书——红山文化》，文物出版社，2005 年。

③ 赵宾福：“关于小河沿文化的几点认识”，《文物》，2005 年，第 7 期。

沿文化本身所接受来自各个地域不同考古学文化的影响，可以肯定的是这一时期辽西地区已经历了一次动荡期，最近环境考古学研究多少能说明一些问题①。彰武平安堡二期遗存②的发现，证明这个阶段辽西区并非是蛮荒之地，确实有些古文化在继续。正是由于辽西地区由蒙古高原向华北平原过渡的自然地理形势和既是文化生长点又是多元文化交汇地带的特点，在4000年前左右辽西地区出现了又一个文化繁荣期，表现为遗址分布之密集、文化堆积之丰厚，居址和墓地、陶器所表现的连续性之强，文化面貌的统一性，都要超过以往。诚然，夏家店下层文化中含有不少南来的成分，陶器上反映得十分明显。但夏家店下层文化遗址群的结构，特别是那些山丘上的特殊性遗址却重现了辽西区古文化的特征，是在承袭了盆瓦窑等特殊遗址的基础上的新创。而且，大甸子夏家店下层文化墓葬中出土的一些玉器，与牛河梁等地的红山文化玉器几无二致，随葬陶器上的彩绘纹样也不乏与红山文化彩陶类似者。说明夏家店下层文化相当程度上还保持着昔日的礼制传统③。

实际上，以陶器为例，刘观民、刘晋祥二位先生以为，夏家店下层文化陶器中最具特点的盂形鬲，“由原来的敞口筒腰扁圆腹的形状，将小平底敛口钵变为小平底敞口浅盘，与中部筒腰相接诞生了折腹盆。也就在这个过程中，在受到新的启示下，在折服盆的敞口筒腰的下面安接了三个空足合成的下段，诞生了夏家店下层文化的A型鬲。形态中明显地保留着

① 裘善文：“科尔沁沙地形成与演变研究”，《中国东北平原第四纪自然环境形成与演化》，地图出版社，1990年；孔昭宸、杜乃秋、刘观民、杨虎：“内蒙古自治区赤峰市距今8000～2400年间环境考古学的初步研究”，《大甸子——夏家店下层文化遗址与墓地发掘报告》，科学出版社，1998年；宋豫秦等：《中国文明起源的人地关系简论》，科学出版社，2002年；夏正楷、邓辉、武弘麟：“内蒙西拉沐沦河流域考古文化演变的地貌背景分析”，《地理学报》，2000年，第3期；李宜垠、崔海亭、胡金明：“西辽河流域古代文明的生态背景分析”，《第四纪研究》，2003年，第3期；赵志军：“小米起源的研究——植物考古学新资料和生态学分析”，中国·赤峰首届红山文化国际高峰论坛讲稿；孙永刚：“西辽河上游科尔沁沙地环境演变与红山文化经济模式分析”，《辽宁师范大学学报》，2007年，第1期。

② 辽宁省文物考古研究所等：“辽宁彰武平安堡遗址”，《考古学报》，1992年，第4期。

③ 徐光冀、朱延平：“辽西区古文化（新石器至青铜时代）综论”，《苏秉琦与当代中国考古学》，科学出版社，2001年。

土著传统的直筒形腹腔。”① 是很有道理的。其实从兴隆洼文化单一的筒形罐，到红山文化时期筒形罐与彩陶器的共存，到小河沿文化大量新因素出现后独有筒形罐得以保留，再到夏家店下层文化的盂形鬲，可以体会到当地文化传承之顽强。以至到了春秋战国时期的燕文化，仍然可以寻找到当地早期筒形罐的影子，那就是燕文化特有的“燕式鬲”②。甚至红山文化系统的陶器上的“之”字纹，到夏家店下层文化之时也未必没有得到延续，比如，夏家店下层文化南邻的岳石文化就屡见“之”字纹陶片③，甚至在更南面的马桥文化④，也能见到一些以“之”字纹为装饰的日用陶器。所以，夏家店下层文化仍是辽西区古文化在新的历史条件下的继续。

六

距今4000～3400年前后，是辽西区夏家店下层文化活跃的时期。根据目前了解，夏家店下层文化遗址就分布在今内蒙古东南部、辽宁西部西拉沐沦河、老哈河及其支流两岸河川地带附近的低台地和高度不同的山冈上，局部地区遗址分布十分密集，有的密集程度超过近代村落，且有一定规律可循，从而形成若干个遗址群。夏家店下层文化的北界未越过西拉沐沦河（内蒙古巴林右旗博物馆进行文物普查时，在西拉沐沦河以北也发现了夏家店下层文化遗物）。向东未越过医巫闾山，界限较为清楚，但在东北部与下辽河流域的高台山文化广为接触；向南则直达渤海湾沿岸；向西南更越过燕山山脉进入华北平原；西界大约在河北省张家口地区的壶流河流域，最南已超过拒马河流域。可见夏家店下层文化有一个广阔的分布面。

---

① 《中国考古学研究》编委会：《中国考古学研究——夏鼐先生考古五十年纪念论文集》，文物出版社，1986年。

② 郭大顺：“红山文化研究新动向”，中国·赤峰首届红山文化国际高峰论坛讲稿。

③ 山东大学历史系考古专业教研室：《泗水尹家城》，文物出版社，1990年；北京大学考古实习队等：“山东省海阳、莱阳、莱西、黄县原始文化遗址调查”，《考古》，1983年，第3期。

④ 上海市文物管理委员会：“上海市闵行区马桥1993～1995年发掘报告”，《考古学报》，1997年，第2期。

另外，在阴河—英金河流域，还存在显然是经过统一规划东西向延伸的“石城”群，根据中国社会科学院考古研究所内蒙古工作队1964年的调查，当铺地到大庙之间的阴河南北两侧，都密集分布着夏家店下层文化石城[1]。尽管这些“石城”的性质不一定都和通常理解的防御有关，但它们的出现，反映出是受某个统一组织的控制。与它们同时被控制的地域，恐怕至少也有当今几个县的面积那么大。因此，将这里的夏家店下层文化称为“方国”，既能体现其规模，又突出了它的古文化根基。总之，夏家店下层文化的“方国”在它统治的范围内，结构更复杂，各区域的联结更紧密[2]。

另一方面，夏家店下层文化“方国”与内地的联系也比以往辽西区与黄河流域的交流更为加深。如大甸子发现的夏家店下层文化墓葬中，出土的陶鬶、陶爵，这些陶器不见于其他夏家店下层文化遗址或墓葬，却与中原地区二里头的同类典型器物十分相似。它们在夏家店下层文化墓葬中出土，不仅表明夏家店下层文化与二里头文化的年代相同，而且反映出两者之间曾发生过直接的交往。透过这个现象，似乎可以觉察到夏家店下层文化“方国”与夏王朝之间已有了非同一般的礼仪往来。另外，在大甸子墓地中出土了高台山的陶器。而在高台山文化遗址中也曾出有夏家店下层文化陶盂[3]。联系到夏家店下层文化晚期文化内涵中，高台山文化因素的增加，以及敖汉旗范杖子墓地[4]与高台山文化墓地相邻的现象，似有理由认为，夏家店下层文化晚期，与高台山文化存在密切联系。

因此，至少在4000～3500年前左右，燕山以北的辽西地区已形成了统一的地区性国家，从地域范围和防卫系统的规模来看，这种国家统一体显然已超越了国家最初萌生的阶段，而达到了控制领域相当广的比较成熟

---

① 徐光冀：“赤峰英金河、阴河流域石城遗址”，《中国考古学研究——夏鼐先生考古五十年纪念论文集》，文物出版社，1986年。

② 徐光冀、朱延平：“辽西区古文化（新石器至青铜时代）综论”，《苏秉琦与当代中国考古学》。

③ 新民县文化馆、沈阳市文物管理办公室：“新民高台山新石器时代遗址1976年发掘简报”，《文物资料丛刊》（7），文物出版社，1983年；沈阳市文物管理办公室：“新民高台山新石器时代遗址和墓葬”，《辽宁文物》，1981年，第1期；沈阳市文物管理办公室：“沈阳新民县高台山遗址”，《考古》，1982年，第2期。

④ 内蒙古自治区文物工作队：“敖汉旗范杖子古墓群发掘简报”，《内蒙古文物考古》，1983年，总第3期。

的水平[1]。并且，夏家店下层文化存在多层次的聚落群群体，这些群体内部普遍区分为中心和外围；城乡分化已经产生；并开始出现了贵族墓域。尤其是北部前沿普遍存在的防御性组织，说明夏家店下层文化时期极有可能在辽西地区组成了统一的地区性国家，并足可与中原时期的夏王朝相媲美。

七

3500～3000 前，西辽河流域发现古文化遗存较少，主要是晚商时期青铜礼器，与此年代相当的陶器并不确定[2]。关于这一时期的考古学研究还需在新资料的基础上进行深入研究。以往学术界认为 3500～3000 年前，西辽河流域的考古学文化是魏营子类型，但是随着魏营子类型的深入探讨，魏营子类型是从东向西发展的，并未在西辽河地区占据主要地位。2005 年，三座店砚台山遗址[3]的发掘，属于晚商时期遗存，似乎填补了夏家店下层文化与夏家店上层文化之间的缺环。

3000～2300 年前（西周至春秋时期），西辽河地区的主要考古学遗存是夏家店上层文化。夏家店上层文化房址分半地穴和地面建筑两种形式。墓地多发现于聚落近旁，墓葬排列整齐有序，竖穴土坑，发现个别石椁木棺，墓葬规模相差悬殊。陶器都是夹砂红褐陶，质地疏松；陶器种类较少，有鬲、甗、鼎、豆、罐、钵、碗等；器表多为素面，饰有少量附加堆纹和篦点纹等。石器种类较少，有双孔半月形石刀、穿孔垂斧等，没有用于松土的锄、铲之类的石质工具。青铜器种类繁多，有刀、锥、凿、镞、矛、短剑、鼎、鬲、豆、罐等。出土有马、牛、羊、猪、犬等家养动物，野生动物有獐、狼、狐狸、熊、兔等。在龙头山遗址发现了谷物遗存。夏

---

① 朱延平："夏家店下层文化的社会发展阶段"，《中国北方古代文化国际学术研讨会论文集》，中国文史出版社，1995 年。

② 苏赫："从昭盟发现的大型青铜器试论北方的早期青铜文明"，《内蒙古文物考古》，1982 年，第 2 期。

③ 刘文锁："赤峰砚台山发掘夏家店下层文化和辽金时期聚落遗址"，《中国文物报》，2006 年 1 月 4 日。

家店上层文化居民过着定居生活，经营着粗放农业[①]。但是，这一时期夏家店上层文化居民加大了经营畜牧业的比重，用于补充粗放农业经济的不足，建立起农牧并重的经济结构。这也是近年来环境考古学对这一地域关注所得到的较为科学的论断。

通过对西辽河流域新石器时代至青铜时代考古学文化进行分析可知，西辽河流域的古代社会经历了一个由简单到复杂的发展过程，自兴隆洼文化至红山文化时期，社会组织结构得以不断的复杂化。由兴隆洼文化那种分散的村落组织，到赵宝沟文化时期流行的部落，再到红山文化时期脱颖而出的复杂酋邦，表现出持续进步的演进态势。但物极必反，红山文化晚期所达到的较高的人口密度以及多样化的经济模式，对西辽河流域脆弱的生态环境产生了深远的影响，加之这一时期气候环境恶化，人为因素与自然因素交互作用，最终导致红山文化的消亡，进入了社会发展程度较低的小河沿文化时期。4000 年前左右，由于受到中原、海岱及北方区域考古学文化先进因素的影响，加之自身发展的延续与承继，燕山以北的辽西地区已形成了统一的地区性国家，从地域范围和防卫系统的规模来看，这种国家统一体超越了国家最初萌生的阶段，而达到了控制领域相当广的比较成熟的水平，并足可与中原时期的夏王朝媲美。夏家店下层文化在这一地域结束后，代之而起的是自北向南发展的夏家店上层文化，西辽河流域同中国其他地区一样处于气候寒冷期，加之受科尔沁沙地扩张的影响，已经逐步进入以农牧并重的经济形态为依托的频繁迁徙、逐水草而居的游牧社会。

① 朱永刚："夏家店上层文化的初步研究"，《考古学文化论集》(一)，文物出版社，1987 年。

参考文献

一、论　著

中国社会科学院考古研究所：《新中国考古五十年》，文物出版社，1999 年。

中国社会科学院考古研究所：《新中国考古发现与研究》，文物出版社，1984 年。

辽宁文物考古研究所、（日）中国考古学研究会（秋山进午）：《东北亚考古学研究——中日合作研究报告书》，文物出版社，1997 年。

中国社会科学院考古研究所：《赵宝沟——新石器时代聚落》，中国大百科全书出版社，1997 年。

辽宁省文物考古研究所、赤峰市博物馆：《大南沟——后红山文化墓地发掘报告》，科学出版社，1998 年。

中国社会科学院考古研究所：《大甸子——夏家店下层文化遗址与墓地发掘报告》，中国大百科全书出版社，1998 年。

中国社会科学院考古研究所：《半支箭河中游先秦时期遗址》，科学出版社，2002 年。

内蒙古自治区文物考古研究所、鄂尔多斯博物馆：《朱开沟——青铜时代早期遗址发掘报告》，文物出版社，2000 年。

内蒙古文物考古研究所：《岱海考古（一）——老虎山文化遗址发掘报告集》，科学出版社，2000 年。

内蒙古文物考古研究所：《岱海考古（二）——中日岱海地区考察研究报告集》，科学出版社，2001 年。

内蒙古文物考古研究所编著：《岱海考古（三）——仰韶文化遗址发掘报告集》，科学出版社，2003年。

苏赫：《中国北方古代文化国际学术研讨会论文集》，中国文史出版社，1995年。

高延青：《北方民族文化新论》，哈尔滨出版社，2001年。

宋新潮：《殷商文化区域研究》，陕西人民出版社，1991年。

田广金、郭素新：《北方考古论文集》，科学出版社，2004年。

中国社会科学院考古研究所：《考古求知集——96年考古研究所中青年学术讨论会文集》，中国社会科学出版社，1997年。

张忠培、许倬云：《中国考古学的跨世纪回顾与前瞻》，科学出版社，2000年。

张光直：《中国青铜时代》(第一集)、(第二集)，三联书店，1983年。

苏秉琦：《苏秉琦考古学论述选集》，文物出版社，1983年。

张忠培：《中国北方考古文集》，文物出版社，1986年。

《庆祝苏秉琦考古五十五年论文集》，文物出版社，1989年。

内蒙古文物考古研究所：《内蒙古文物考古文集》（第一辑），中国大百科全书出版社，1994年。

内蒙古文物考古研究所：《内蒙古文物考古文集》（第二辑），中国大百科全书出版社，1997年。

内蒙古文物考古研究所：《内蒙古文物考古文集》（第三辑），科学出版社，2004年。

张忠培：《中国考古学走向与推进文明的历程》，紫禁城出版社，2004年。

李伯谦：《中国青铜文化结构体系研究》，科学出版社，1998年。

宿白：《苏秉琦与当代中国考古学》，科学出版社，2001年。

郭大顺：《龙出辽河源》，百花文艺出版社，2001年。

郭大顺、张星德：《早期中国文明——东北文化与幽燕文明》，江苏教育出版社，2005年。

河北省文物研究所：《环渤海考古国际学术讨论会论文集》，知识出版社，1996年。

苏秉琦：《中国文明起源新探》，生活·新知·读书三联书店，1998年。

邹衡：《夏商周考古学论文集》，文物出版社，1980年。

《中国考古学研究——夏鼐先生考古五十年纪念论文集》，文物出版社，1986年。

苏秉琦：《考古学文化论集》（1），文物出版社，1987年。

苏秉琦：《考古学文化论集》（2），文物出版社，1989年。

苏秉琦：《考古学文化论集》（3），文物出版社，1997年。

苏秉琦：《考古学文化论集》（4），文物出版社，1997年。

林沄：《林沄学术文集》，中国大百科全书出版社，1998年。

《内蒙古东部区考古学文化研究文集》，海洋出版社，1991年。

苏秉琦：《华人·龙的传人·中国人》，辽宁大学出版社，1994年。

吉林大学考古学系：《青果集——吉林大学考古专业成立二十周年考古论文集》，知识出版社，1993年。

吉林大学考古学系：《青果集——吉林大学考古系建系十周年纪念文集》知识出版社，1998年。

中国社会科学院考古研究所：《中国考古学论丛——中国社会科学院考古研究所建所四十年纪念》，科学出版社，1993年。

田广金、郭素新：《早期中国文明——北方文化与匈奴文明》，江苏教育出版社，2005年。

辽宁省文物考古研究所：《辽宁考古文集》，辽宁民族出版社，2003年。

水涛：《中国西北地区青铜时代考古论集》，科学出版社，2001年。

牛森：《草原文化研究资料选编》（第一辑），内蒙古教育出版社，2005年。

田广林：《中国东北西辽河地区的文明起源》，中华书局，2004年。

教育部人文社会科学重点研究基地吉林大学边疆考古研究中心：《边疆考古研究》（第1辑），科学出版社，2002年。

教育部人文社会科学重点研究基地吉林大学边疆考古研究中心：《边疆考古研究》（第2辑），科学出版社，2003年。

教育部人文社会科学重点研究基地吉林大学边疆考古研究中心：《边疆考古研究》（第3辑），科学出版社，2004年。

徐馨、沈志达：《全新世环境——最近一万多年来环境变迁》，贵州人民出版社，1990年。

中国环境考古学会：《环境考古研究》（第一辑），科学出版社，1991年。

周昆叔、宋豫秦：《环境考古研究》（第二辑），科学出版社，2000年。

周廷儒等：《中国北方农牧交错带全新世环境演变与预测》，地质出版社，1992年。

宋豫秦：《中国文明起源的人地关系简论》，科学出版社，2002年。

赤峰中美联合考古研究项目：《内蒙古东部（赤峰）区域考古调查阶段性报告》，科学出版社，2003 年。

陈淳：《考古学的理论与研究》，学林出版社，2003 年。

张光直著，郭净译：《美术、神话与祭祀》，辽宁教育出版社，2002 年。

王惠德：《夏家店下层文化石城研究》，国际华文出版社，2001 年。

张光直：《学苑英华——青铜挥麈》，上海文艺出版社，2000 年。

杨建华：《春秋战国时期中国北方文化带的形成》，文物出版社，2004 年。

周廷儒、张兰生等：《中国北方农牧交错带全新世环境演变及预测》，地质出版社，1992 年。

《中国大百科全书》（考古卷），中国大百科全书出版社，1986 年。

《文物考古工作十年》编辑委员会：《文物考古工作十年》（1979～1989 年），文物出版社，1991 年。

《文物考古工作三十年》编辑委员会：《文物考古工作三十年》（1949～1979），文物出版社，1979 年。

《文物资料丛刊》（1），文物出版社，1977 年。

《中国考古学会第八次年会论文集》（1991 年），文物出版社，1996 年。

钱宪和：《海峡两岸古玉学会议论文集》，台湾大学地质系，2001 年。

北京大学中国考古学研究中心、北京大学震旦古代文明研究中心：《古代文明》（2），文物出版社，2003 年。

《史前考古论集》，科学出版社，1998 年。

中国社会科学院考古研究所：《21 世纪的中国考古学与世界考古学》，中国社会科学出版社，2002 年 12 月。

北京大学历史系考古教研室商周组：《商周考古》，文物出版社，1979 年。

《中国考古学研究——夏鼐先生考古五十年纪念论文集》，文物出版社，1986 年。

内蒙古文物考古研究所：《内蒙古文物考古文集》（第一辑），中国大百科全书出版社，1994 年。

内蒙古文物考古研究所：《内蒙古文物考古文集》（第二辑），中国大百科全书出版社，1997 年。

内蒙古文物考古研究所：《内蒙古东部区考古学文化研究文集》，海洋出版社，1991 年。

二、论 文

【日】滨田耕作、水野清一："赤峰红山后——热河省赤峰红山后先史遗迹"，《东方考古学丛刊》（甲种第6册），东亚考古学会，1938年。

王树芝、王增林、朱延平："内蒙古赤峰市大山前第一地点夏家店下层文化的植被和生态气候"，《华夏考古》，2004年，第3期。

李伯谦："论夏家店下层文化"，《纪念北京大学考古专业三十周年论文集》，文物出版社，1989年。

李经汉："试论夏家店下层文化的分期和类型"，《中国考古学会第一次年会论文集》，文物出版社，1980年。

陈平："夏家店下层文化研究综述"，《北京文物与考古》（第五辑），2002年。

王立新、齐晓光、夏保国："夏家店下层文化渊源刍论"，《北方文物》1993年，第2期。

李恭笃、高美璇："夏家店下层文化分期探索"，《辽宁省考古、博物馆学会成立大会会刊》，1981年。

郭大顺："丰下遗址分期再认识"，《文物与考古论集》，文物出版社，1986年。

郭大顺："西辽河流域青铜文化研究的新进展"，《中国考古学会第四次年会论文集》（1983），文物出版社，1985年。

郭大顺："北方古文化与商文化的起源"，《中国商文化国际学术讨论会论文集》，中国大百科全书出版社，1998年。

西辽河流域早期青铜文明

作　　者　席永杰　王惠德　崔岩勤　任晓辉　孙永刚
责任编辑　那　顺
装帧设计　马东元
出版发行　内蒙古人民出版社
地　　址　呼和浩特市新城区新华大街祥泰大厦
印　　刷　内蒙古地矿印刷厂
开　　本　720×1000　1/16
印　　张　15.25
字　　数　256 千
版　　次　2008 年 3 月第 1 版
印　　次　2008 年 3 月第 1 次印刷
印　　数　1— 4000 册
书　　号　ISBN 978－7－204－09416－5/K・534
定　　价　35.00 元